高等院校小学教育专业系列教材

GAODENG YUANXIAO XIAOXUE JIAOYU
ZHUANYE XILIE JIAOCAI

U0646635

XIAOXUE DEYU KECHENG YU JIAOXUE

小学德育课程与教学

陈光全 杨争林 主编

图书在版编目（CIP）数据

小学德育课程与教学/陈光全，杨争林主编. —北京：北京师范大学出版社，2013.1（2023.8重印）
ISBN 978－7－303－15171－4
（高等院校小学教育专业系列教材）

Ⅰ. ①小…　Ⅱ. ①陈…　②杨…　Ⅲ. ①小学教育－德育－高等学校－教材　Ⅳ. ①G621

中国版本图书馆CIP数据核字（2012）第182891号

图书意见反馈：gaozhifk@bnupg.com　010－58805079
营销中心电话：　010－58802755　58800035
北师大出版社教师教育分社微信公众号　京师教师教育

出版发行：北京师范大学出版社　www.bnup.com
　　　　　北京市海淀区新街口外大街12－3号
　　　　　邮政编码：100875
印　　刷：天津旭非印刷有限公司
经　　销：全国新华书店
开　　本：730 mm×980 mm　1/16
印　　张：17.25
字　　数：350千字
版　　次：2013年1月第1版
印　　次：2023年8月第6次印刷
定　　价：32.00元

策划编辑：陈红艳　王剑虹　　　责任编辑：陈红艳
美术编辑：高　霞　　　　　　　责任印制：马　洁
责任校对：陈　民　段立超

序

杜时忠①

　　我与作者是在从事小学德育课程改革的实验工作中相识相知的。他们对课改的忠诚,对德育新课程的衷心热爱以及注重在实践沃土上"深耕"的研究品质,令我感动。《小学德育课程与教学》是作者推出的一部新作,我有幸成为书稿的第一位读者,仔细地读过全书后,感受最深的有五点。

　　一、学"新"的气度

　　学"新",是指学习新的理念、新的思想、新的经验、新的知识。钱伟长先生曾说:对于新知识、新理论"我们不仅要一窥究竟,而且要有掌握它、驾驭它的气度"。我以为,作者就有这种学"新"的气度。他们酷爱读书,孜孜不倦地学习新的理念、新的教学观、教材观、学生观、学习观、知识观、评价观;在敏于学习新的教育思想的同时,他们还特别注重学习广大教师亲历课改所创造的新鲜的、宝贵的经验。作者曾坦露心迹说:"悠悠十年,我们收获了太多的新思想、新理念雨露的滋润,收获了太多的面对教师的创造成果而引发的心灵震撼。"从书中可以发现,有不少阐述文字,就是作者通过学习、内化"新知""新理""新观",重建自身知识结构后的一种情不自禁地表达或写真。勤于读书,作者才会经历一次次认识的升华、思想的凝练、心灵的洗礼和创造的冲动。我以为,具有学"新"的气度,是作者能够出色完成书的创意、建构、铸魂的第一推力。

　　二、开拓的情韵

　　《品德与生活》《品德与社会》是国家在义务教育阶段设置的崭新德育课程。如何建构完善的课程理论体系,拓展课程理论的实践支点,既是深化课程改革的需要,也是作者的情意所向、抱负所在。小学德育课程尚处在开创阶段。对于德

---

　　① 杜时忠,华中师范大学教育学院教授、博士生导师,全国教育科学规划办德育学科规划组成员,中宣部马克思主义理论与建设工程项目(《德育原理》)核心成员,教育部新世纪优秀人才、中国教育学会德育专业论委员会副主任。

育新课程的各个要素如何把握？特别是如何让教师领悟课程要素的内涵、特征和价值，并能有效地对这些要素整合，最后落实到学生的最佳发展上，这些都没有现成的文献可供参考，而是需要发扬开拓精神去研究、去突破。作者甘愿做开拓者，针对新课程建设中的一个个难题，实践、思考、突破，再实践、再思考、再突破，从而实现了认识的升华，思想的建构。

这部论著历经十年时间，可谓"十年磨一剑"。全书共八章，主要围绕小学德育课程教材分析、教学设计、课程资源、活动教学、对话教学、学生学习、作业创新以及课程发展趋势等重大问题展开论述，其立论之高度、论据之充分、观点之清晰、案例之鲜活、概括之全面、解析之透彻、提炼之精准，在全国同类著作中实属罕见。我以为，全书的各部分都充盈着开拓者的那种执着耕耘，勇于突破的情韵。例如，教材是教学的基本要素之一。怎样解读小学德育课程教材？怎样把握教材的体系、架构、特点？怎样分析教材中的课题、话题、案例、文字、图画、留白？作者在起始一章给读者提供了一串串钥匙，帮助读者步入小学德育课程教材的殿堂。这一章的开拓性表现在对小学德育教材的生活性、对话性、活动性、意义生成性、综合性、价值引导性、语言的儿童性七大基本特点的概括和提炼；表现在作者采用"微格研究"法，对新教材各个构件的细化分析。这些内容对于引导教师走进教材深处，了解和把握教材各要素的价值以及教材编写者的创意很有帮助。又如，第二章对小学德育课程教学设计整体优化的运筹思路和实践智慧的论述，对小学德育课程教学设计如何利用相关学科的课程资源，如何与校内外相关活动的沟通与整合的论述，等等，都具有一定的开拓性，读时让人的眼睛为之一亮。

三、创新的亮色

"推陈出新"是一句成语。"推陈"与"出新"是辩证统一的关系。只有"推陈"，方能"出新"。作者针对课改前的小学思品课和德育新课程的根本差异，从课程的理论基础、课程要素、教与学行为等各个方面进行比较，评析其得失，反思其教训。例如第七章作业，作者在反思和批判原有思品课作业种种弊端的基础上，系统建构了小学德育课程的作业观，主要内容包括：小学德育课程作业的意义；小学德育课程作业的四大转变；小学德育课程作业设计理念的创新、作业内容的创意以及作业形式的创新。作业是工具，它关系教师的教、学生的学，关系教学评价，更直接关系小学德育课程能否最大化地达成教学目标。作业是课程中最灵动的元素，涉及课程的方方面面，绝不可小觑！作者立足于课程目标，从作业切入，深刻论述了小学德育课程中学生实现学与做、懂与用、知与行统一的必要性及其路径；小学德育课程课内学习与课外学习、校内演练与校外延伸相衔接的必要性;教师与家长、学校与社区相互沟通、彼此协同的机制。对于实现小学德育课程教学在真正意义上赢得高效、赢得长效具有重大价值。作业这一章闪耀创新的光彩,不仅可以填补德育课程专业论著中的"作业空白",而且有助于丰富和提升教师的作业观念和实践智慧。

四、管用的佳品

着眼于和服务于教师的发展,是本书确立的根本指导思想。书中没有使用故作高雅或有意生僻的学术用语,没有生硬地塞入晦涩难懂的概念。作者在阐述小学德育课程学理时,注重匹配相关的经典、精彩的案例;在表达教学理念、教学思想时,注重添加和融入情感因素;在运筹教学思路时,注重提供与之匹配的教学策略、方法。本书做到了感性与理性、论"理"与寓"情"、阐述观点与呈现案例、提炼思想与感悟教法的深度融合,读者读后自然会感受到亲切、实在、给力和管用。例如第五章对话教学,主要阐发了教师与学生的对话、学生与德育教材文本的对话以及教师引领对话教学的艺术。对话是新课程的主流教学形态,然而却成了课程实施中尚未突破的一大难点。观照当下的德育课堂,对话不是真正意义上的对话,而是师生间的问与答,或是缺乏思维元素的介入,缺乏思维品质培养的简单、肤浅的交流。针对这一弊端,本书着眼于和服务于教师的专业发展,侧重从三个方面进行精加工。其一,精要概括、提炼了有效对话教学的五大特征(即对话教学是彰显师生生命状态的教学;是学生自主建构、生成意义的教学;是关注差异,促进每一个学生发展的教学;是凸显民主精神的教学;是师生共享经验、融通智慧、共进双赢的教学);其二,概括、提炼了师生提升对话教学的五要素(即注重优化对话场域、注重优化对话话题、注重优化对话情境的创设、注重建构师生间的倾听关系、注重培养学生参与对话的能力和学习品质);其三,对教师引领学生对话的十三种方法(即"示例点化法""重复凸显法""设置情境法""呵护呼应法""角色扮演法""幽默风趣法""延迟评价法""借'机'生'蛋'法""'接口'点评法""化'虚'为'实'法""理性引导法""积极幽默法"和"讲授匹配法")的阐述,包容之全面,解析之细化,点评之精要,既是对小学德育课程理论的丰富,同时对指导广大教师的教学实践也是很实惠、很管用的。

五、清新的语言

全书语言简明、生动、形象、隽永。无论是阐述、解析,还是示例、评点,其言其语都注重载理传情。作者具有感染力和穿透性的语言,让人读起来有如面拂春风,渴饮甘泉,细品香茗的美好感受。例如第八章第一节,作者从呵护童心的诗意性、激活教材的诗意性、建构课堂环境的诗意性、催生真情涌动的诗意性、助推意义建构的诗意性、营造教学境界的诗意性、修炼教学语言的诗意性七个层面阐发了小学德育教师营造诗意课堂的艺术,品尝其语言,真可谓字字珠玑、句句精彩。

《小学德育课程与教学》有诸多特色、优点,同时也免不了存在一些缺失。由于受篇幅容量的制约,本书对于小学德育课程所涉问题的阐述还不够全面。我相信再版时,书的内容一定会更加充实、更加完善。

于 2012 年 7 月

目　录

第一章　小学德育课程教材分析

本章重点

- 小学德育课程教材的基本特点
- 小学德育课程教材的体系、教育单元、单课教材的结构
- 小学德育课程教材的课题、话题与案例的特点与功能
- 小学德育课程教材的文字、图画、留白的特点、功能与分类

第一节　小学德育课程教材的基本特点

教材是教学不可或缺的最基本的要素之一。何谓教材？教材是指"根据课程标准编制的系统反映学科内容的教学用书，是学校教育的一种象征"①。

小学德育课程为了建设如陶行知先生所说的"真的、活的、动的、用的"教材，自 2002 年起，国内有关出版社组织专家团队，相继开发和出版了 15 套《品德与生活》《品德与社会》新教材。小学德育新教材与课改前的小学思品课教材迥然不同。它体现了课改的新理念，展示了新形象，给人们以强烈的视觉冲击和全新的感受。小学德育新教材有哪些基本特点呢？

一、小学德育课程教材的生活性特点

小学德育课程教材遵循儿童生活的逻辑，坚持以儿童生活为基本资源，着眼于儿童在生活中的发展，在发展中生活的设计思路，以学生的"学期历"为基本时间线索，以儿童扩大的生活圈为空间范畴，组织教学单元；注意将学生生活中经常遇到的带有普遍意义的生活事件与德育主题同步融合。例如，《自画像》②一课，主要是引导学生达成"了解自己的特点，发扬自己的优势，有自信心"的教学课程目标。教材将各种生活事件精心地加以组合。首先，开展"自画像活动"与"心中的啄木鸟"的内省活动，发展学生客观地认识自我的能力；其

---

① 曾天山．国外关于教科书功能论争的述语[J]．西南师范大学学报(哲学社会科学版)，1998(2)．

② 鲁洁．九年义务教育六年制小学教科书(实验本)品德与社会三年级上册[M]．南京：江苏教育出版社，北京：中国地图出版社，2003．

次，设计了"同学寄语"和"父母眼中的我"活动，旨在强化成长过程中的他律；最后，以"快乐收藏包"为题，引导学生记录自我成长的过程。这一系列精心编织的"自己眼中的我""他人眼中的我""自己期望的我""他人期望的我""真实的我"等生活事件，是对学生熟悉而有意义的真实生活的锤炼和重新组合，因而有效地将课程目标纳入了学生的意义世界。类似这样的教育主题，都是学生日常生活中的所遇、所感、所思、所惑、所求，因而能够激发学生主动学习的愿望，有利于学生在真实的世界中感受、体验、领悟，提高他们对生活的认识，改变生活方式，提高生活质量。

二、小学德育课程教材的对话性特点

课改前的小学思品课教材采用独白式语言，无疑为"说教"开辟了捷径，为教师在课堂上实现话语"霸权"提供了依托。按照《品德与生活》《品德与社会》的设计理念，新教材是一种对话文本。其对话性特点主要表现在三个方面。

(一)小学德育教材为师生间对话提供了话题、素材和指导

例如，《寸金难买寸光阴》一课设计了四个话题：上课时怎样珍惜时间？完成作业后怎样珍惜时间？课外怎样珍惜时间？你还有哪些珍惜时间的好方法推荐给同学们？这四个话题把全文有机地贯穿起来，话题链中的每一个话题，都是针对儿童生活中的问题、困惑来设计的，能充分调动起儿童已有的经验与体验，能够与作为生命体的学生发生相互作用，并能激起他们解决这些问题的愿望和需要。围绕这些问题对话与反思，学生从中感悟到了时间的价值，分享了珍惜时间的方法，重组了生活经验，滋养了生活智慧。

(二)小学德育教材助推了儿童与文本的对话

《品德与生活》《品德与社会》"教科书在儿童面前就好像是一个跟他进行对话的另一个人，它不是一个客观对象，一个与儿童不相关的'他'，而更像是一个面对儿童对话的'你'，这个'你'是和儿童相对的，能够激起和它热忱交往的朋友、伙伴"①。一方面，儿童围绕文本中朋友提出的问题，结合自己的生活经验进行反思、感悟、应对、交流，一起解决成长中所遇到的问题和烦恼，享受成长的快乐；另一方面，小学德育教材留有大量空白，借助这种特定的空间，学生可以把自己的思想、感情、观点、创意及其分析和解决问题所获得的结论，向对话的另一方——教材进行倾诉和表达。这样就摆脱了学生与传统教

---

① 鲁洁. 回归生活——"品德与生活""品德与社会"课程与教材探寻[J]. 课程·教材·教学，2003(9).

材之间存在的单向、接受、记诵的弊端，而转变到学生与新教材之间富有能动和创造性的双向建构。例如，《我们的校园》①有一页空白，是让学生把校园里最喜欢的地方，用自己喜欢的方式表达出来。借助此处留白，学生既可以在上面画，也可以在上面写，通过多种方式，表达自己在学校内的发现和感受，抒发对校园的喜爱之情。

（三）小学德育教材营造了学生与学生对话的空间

《品德与生活》《品德与社会》新教材充分体现了合作学习的理念。它为学生同桌间磋商、小组研讨和全班同学交流营造了平台。例如，《我爱我家》②一课，教材的开头有一处留白，让学生贴上"我们一家"的照片。小学生把"全家福"高兴地嵌入教材后，可让学生与同桌小伙伴指点照片中的人物相互交流：诸如自己父母的工作岗位、父母的生日爱好、自己对家庭的感受，等等。学生对这种交流一定会情趣盎然。

小学德育教材的对话性特点，是编者创意的匠心所在。正如鲁洁教授所说："在教材编写中，我们始终把儿童当作主角。其意图是要使'教材中的儿童'和'教室中的儿童'形成一种'我'—'你'之间的对话学习"，"我们在编写教材中苦苦思索、努力探究的也是如何形成这种'对话'"③。

三、小学德育课程教材的活动性特点

《品德与生活》《品德与社会》教材不是按知性逻辑程序演绎专供教师"教"的知识载体，而是引导学生主动参与活动的工具。诚然，德育教材内含有一定的知识技能信息，但这些知识技能不是有序地呈现在文本的字里行间，而是寄存在新教材主题活动运作的框架内。

小学德育教材的创意，旨在让学生在丰富多彩的活动中感受、体验、领悟，使整个学习过程成为充满好奇和快乐的学习过程，从而达成在活动中学习，在活动中发展的目的。例如，《爱的港湾》④围绕"妈妈真辛苦"这个主题，形象地描述了三种"脚步声"：其一，全家人还在睡梦中，妈妈的脚步轻轻的，在准备早餐；其二，上班路上，妈妈的脚步匆匆的，有很多工作等着她；其

---

① 鲁洁.九年义务教育六年制小学教科书(实验本)品德与生活一年级上册[M].南京：江苏教育出版社，北京：中国地图出版社，2002.

② 鲁洁.九年义务教育六年制小学教科书(实验本)品德与生活一年级下册[M].南京：江苏教育出版社，北京：中国地图出版社，2002.

③ 鲁洁."品德与生活""品德与社会"课程标准研制的基本思想[J].人民教育，2002年增刊.

④ 靳岳滨，杜时忠.义务教育课程标准实验教科书品德与社会三年级上册[M].武汉：湖北教育出版社，2004.

三，下班路上，妈妈的脚步重重的，好累啊！三种脚步声勾勒出了鲜活的情境，寄托了丰富的情感内涵，可供学生模拟、表演、操作、反思，有利于学生细腻地感受妈妈的辛苦、劳累，从中引发深度的体验。类似这样的活动设计，凝结了编者的智慧和匠心。又如，有的教材设计了"自己做陀螺"的活动，不仅鼓励学生动手进行"创意小玩意儿的制作"，还设计有这样的情境：一个孩子将自己做好的风车送给同学："这是我做的风车，送给你！"同学开心地说："太棒了，谢谢！"从而让学生感受到：懂得分享，就会得到更多快乐。这些细腻的情境设计，不仅能帮助孩子在活动中锻炼自己的动手动脑能力，而且能使自己的思想、品德得到升华。

四、小学德育课程教材的意义生成性特点

课改前的小学思品课教材是静态的、凝固的、封闭的，编者对教与学所追索的意义都进行了预设。这种预设的意义或结论，具有唯一性和不可变更性。要求学生无一例外地去认同、去掌握。小学德育课程教材则迥然不同。它借鉴了建构主义理论，在教材中"留有较大的允许和补充的空间，展现出的是一种动态的生成性的意义开放系统"，旨在引领学生凭借教材中的话题、案例，来组织自己的思想和认识，激活自己的思考，得出自己的结论，给学生更多的自由发展空间。如有的教材设计了"变来变去的水"，将儿童作为发现者、研究者，让他们在猜谜、观察、比较、动手做小实验等活动中，发现水的特点，探究水的形态，进而感受水的奇妙变化，找出水的变化规律，最终升华为对大自然的热爱之情。美国教育家戈温指出："教材是好的思维或情感的媒介，是增加意义和丰富经验的刺激物。"[①]《品德与生活》《品德与社会》新教材就具有这种特点。小学德育教材还创意、设计了大量留白，从而为学生提供了机会，能够将个人的经验移入和渗透到教材中。如此，德育教材的意义会变得更加丰富，更具鲜活性和生成性，更富有悬念。

五、小学德育课程教材的综合性特点

课改前的小学思品课是单一的学科课程，教材设计遵循的是学科逻辑；而《品德与生活》《品德与社会》是综合课程。教材设计采用的是跨学科的整体构建，不同学科知识相互交融、相互贯通，综合表现，旨在让学生获得多方面发

---

① 江山野. 简明国际教育百科全书课程[M]. 北京：教育科学出版社，1991.

展。如《我们的地球》①单元，融入了地理、历史、民族、宗教、文化习俗等多元文化要素，引导学生从不同国家人民日常生活中的细微处理解，尊重不同文化，树立人人平等的观念，培养友好、和平相处的文明行为，初步具有国际理解意识。《品德与生活》注重儿童与自然、儿童与社会、儿童与自我的内在整合，将品德教育、科学教育、生活能力以及行为习惯培养有机整合于教材之中。如《走进秋天》②单元，首先，引导学生观察和探究秋天到来时大自然的美丽景象；其次，引导学生归纳出秋天到来后，动植物及人们生活发生的变化，提示学生在季节变换时学会照顾自己；再次，通过"秋天的收获"，让学生感受劳动成果的来之不易，进而学会懂得珍惜；最后，通过"秋天的节日"，让学生了解节日文化中蕴含的丰富的社会生活常识，进一步通过对重阳节的介绍，引导学生敬老爱老。从而使学生获得道德的、科学的、生活的启蒙和教育，得到综合的发展和提高。

六、小学德育课程教材的价值引导性特点

生活是道德的田园。离开了生活，道德只是干瘪、抽象的条文，不可能在学生的心灵中生根。因此，要实现包括情感、态度、价值观在内的德性建构，一方面，需要增长学生的生活经验；另一方面，道德的明灯不会也不可能自动点亮。儿童在现实生活中，常常受到来自成人世界的形形色色的影响。这些影响往往是积极与消极、正面与负面、正确与错误混杂在一起，难免会使儿童产生错觉和误区。尽管生活德育反对灌输，但教材绝非选择什么内容都是适切的。学生是成长和发展中的人，要让他们过有道德的生活，教材无疑应彰显价值引导功能。例如，针对儿童乐于为得到表扬而做好事的心理，有的教材设计了"正忙着想做好事"的孩子拒绝帮妈妈倒垃圾的情境，通过"小精灵"的提问，引导儿童自己去思考、判断，进行自我教育；然后，再设计来自生活中平凡人物的故事，让学生感受"做好事不是为表扬"的榜样力量，从而升华自己的道德情感。价值引导的实质，就是要"让儿童现在生活的河流里，引入一股他们未来生活的'水流'，要把我们藏匿在遥远地方的教育目的的种子移植到生机勃勃的儿童生活的心田"③。

---

① 靳岳滨，杜时忠. 义务教育课程标准实验教科书品德与社会六年级上册[M]. 武汉：湖北教育出版社，2007.

② 鲁洁. 九年义务教育六年制小学教科书（实验本）品德与生活二年级上册[M]. 南京：江苏教育出版社，北京：中国地图出版社，2003.

③ [格鲁吉亚]阿莫纳什维利. 孩子们，你们[M]. 朱佩荣，译. 北京：教育科学出版社，2002.

七、小学德育课程教材语言的儿童化特点

语言，是表达意义的元素，是教材中最具代表性的符号。课改前的德育教材，远离儿童生活，其语言具有明显的成人化味道。小学德育课程教材的创新，表现在语言设计上，凸显了儿童化特点。这是基础教育德育教材建设史上的一次重要突破。

（一）教材语言儿童化表现在主体"我"的自我表达

德育教材语言设计，绝非纯技术性的问题，而是涉及德育坚守什么理念，关系谁是德性建构主体的问题。课改前，儿童在教材中的角色地位，被当作客体，视为一个个的"你"，翻开所有的小学思品课教材，就会看到命令式的道德祈使句，如"你应该""自立自强求上进"，等等，所表达的不外乎是成人对儿童的规训。小学德育课程教材突破和创新，表现在语言设计上，一般采用儿童主体在场的表达和倾诉方式，即儿童不是受教的客体，而是进行自我教育的"我"。如图 1-1 所示。

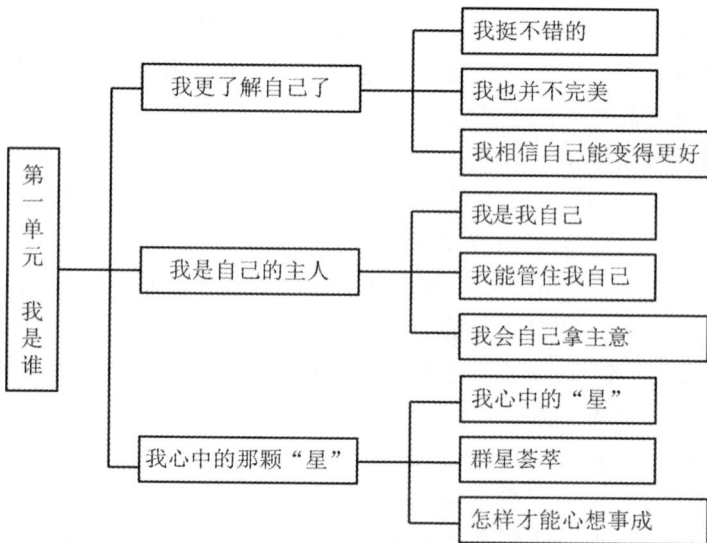

图 1-1　第一单元《我是谁》课题图示

资料来源：鲁洁. 九年义务教育六年制小学教科书（实验本）品德与社会五年级上册〔M〕. 南京：江苏教育出版社，北京：中国地图出版社，2004.

每个儿童都是具体的、独特的"我"，而不是不分具体情况，去个性化的"抽象人"。儿童"我"成为教材表达的主体，折射出了教材文本格调的提升，即

由以往的他主道德，转变为儿童对提升道德品质的自觉诉求；表明了儿童的学习世界不再是他人的世界，学习内容不再是与己无关的，而是对自己生活的回味、反思，是自己对新生活的创造。

（二）小学德育教材语言富有童真、童趣、童味

小学德育教材设计的语言，契合儿童的认知风格，能激活和调动学生的学习情趣。例如，针对儿童的换牙现象，教材设计了直白明快、童味十足的问话："奶奶，我的牙都长出来了，您的牙怎么还没长出来？"由此引出了关于乳牙、恒牙以及换牙问题的讨论。类似这样的语言设计，充满了童真、童趣、童味，完全为儿童所接受、所喜欢、所欣赏、所追求，并能满足儿童"最近发展区"的需要。

（三）小学德育教材语言具有鲜活的生命感

小学德育教材语言的另一个特色是，善于采用拟人化、摹声摹状、比喻、借代等修辞手法，使所使用的词语，尽可能地鲜活、形象、风趣、富有生命感。例如，《我们的班级》[①]一课，编者把"班级"比喻为"一棵大树"，"我们长在同一棵树上"，"我是树上的一片枝叶"，"这棵树上有我、有你、有他，它长得多么茂盛！"如此形象化地描述，可以化深奥为浅显，化抽象为具体，化疏离为亲近，既有利于学生对班级认知的深化，又有利于学生热爱班级情感的升华。

（四）小学德育教材语言具有召唤性和黏合性特色

小学德育教材大都设计了"串场"儿童（如盼盼、园园、贝贝[②]等）和"串场"的卡通形象（如创创鼠、乐乐猴、康康熊、爱爱鸽、卡通猫[③]等）。"串场"角色的语言鲜活，具有较强的情绪色彩，叩及儿童心灵，能充分激发学生主动学习、自主探究、自我反思、自我评价的积极性。此外，"串场"角色的语言旨在为活动的启动、维持和推动进行提示、强调、承接、前后呼应，好比是"语言针线"，将教材中的各个部分、文与图、各个环节、有机地衔接、贯通。

综上所述，小学德育课程教材具有生活性、对话性、活动性、开放性、意义生成性、综合性、价值引导性以及语言儿童化等特点。

---

①　鲁洁．九年义务教育六年制小学教科书（实验本）品德与社会五年级上册［M］．南京：江苏教育出版社，北京：中国地图出版社，2004.

②　盼盼、园园为鲁洁主编的《品德与生活》教材中的"串场"儿童，贝贝为人民教育出版社出版的《品德与生活》教材中的"串场"儿童。

③　创创鼠、乐乐猴、康康熊、爱爱鸽为鲁洁主编的《品德与生活》教材中用以"串场"的卡通形象，卡通猫是湖北教育出版社出版的《品德与生活》《品德与社会》教材中的卡通形象。

　　小学德育教材按照课改精神和生活德育理论设计、创编，取得了具有突破意义的成绩；然而用"一分为二"的观点审视，也还存在不少问题。诸如教材围绕既定课题，如何进行"源于生活又高于生活"的设计，表现有明显缺憾；教材在解决课堂生活与课外生活、知与行、学与用的脱节上还未有根本性突破；教材在处理地方特色和通用性之间的矛盾，解决"城乡二元化"的问题，还有失偏颇；教材的活动设计，还缺乏针对性、适切性、新颖性和实效性；如何将教育学、心理学和儿童社会学的最新研究成果更好地应用到德育课程教材的设计上还显得力道不足……总之，当下的德育教材尚有许多不尽如人意之处，甚至还存在违背道德教育宗旨的"硬伤"。对于教材中的诸多问题和缺失，一方面，要通过对教材的修订和深度开发，匡正错讹，使教材更加完善；另一方面，教师要有课程文化自觉性，善于凭借先进的教育理念和自身的实践智慧，以弥足教材的不足。

　　按照深度建构德育课程文化的精神和大力彰显课程文化价值的需要，小学德育课程教材的质量还有很大的提升空间。我们要与专业教材编创人员同心协力，为打造被广大师生一致接受、认同、喜爱的堪称经典的小学德育教材而努力。

第二节　小学德育课程教材的体系结构

　　对于小学德育课程新教材，既要用眼睛看，更要用心研读。正如名著《小王子》里狐狸说的一段话："现在告诉你这个秘密，很简单，只有用心看才能看得清楚。珍贵的东西是眼睛看不到的。"

　　你想了解小学德育课程新教材的奥秘吗？请你用整体的观点、系统的方法，"用心"去解读教材的体系、结构和潜藏在深层的情感、态度、价值观。如此才能把握最"珍贵的东西"。

一、小学德育课程全套教育体系

　　原有德育学科教科书，一般以"德目"为序，依照道德规范要求由低而高的坡度，螺旋递进展开，从而建构起体现知性德育特点的知识网络体系。小学德育课程新教材摒弃了知识逻辑的框架。《品德与生活》《品德与社会》新教材，共12册，每册含3～4个单元，每一单元含3～5课。从总体上看，教材是以儿童多彩生活以及由个人→家庭→学校→社区→祖国→世界逐步扩大的生活领域为"纬"，以学生在这些领域生活所关注、所遇到、所要解决的问题为"经"、以若干相互依托、相互衔接、渐进提升的教育单元和教育主题为骨架建构而成，这是遵循新课程的理念，按照生活逻辑而建构的体系。如表1-1所示。

表1-1　小学德育课程教材体系表

年级	册别	单位序号	单 元 名 称	课 题 名
一年级	上册	1	认识你真好	略
		2	快乐每一天	
		3	我像小树苗	
		4	冬爷爷来了	
	下册	1	我爱我家	
		2	我的生活好习惯	
		3	爱心行动	
		4	火热的夏天	
二年级	上册	1	生日快乐	
		2	走进秋天	
		3	成长乐园	
		4	金点子行动	
	下册	1	学做文明人	
		2	春姐姐的脚步	
		3	我的兴趣爱好	
		4	我长大了	
三年级	上册	1	我和我的同学	
		2	我要安全地成长	
		3	我的成长与家庭	
	下册	1	我的邻里生活	
		2	我的成长与学校	
		3	我的成长与他人	
		4	家乡哺育了我	

续表

年级	册别	单位序号	单元名称	课题名
四年级	上册	1	我们在一起	略
		2	成长不烦恼	
		3	我是一个消费者	
	下册	1	我能为您做些什么	
		2	我的家乡在变化	
		3	我与外界的联系	
五年级	上册	1	我是谁	
		2	我学会与人相处	
		3	我是班级的主人	
		4	我们都是炎黄子孙	
	下册	1	家家有本难念的经	
		2	我的权力与责任	
		3	走出深重的灾难（上）	
		4	走出深重的灾难（下）	
六年级	上册	1	成长中的新问题	
		2	我和祖国一起成长	
		3	外面的世界	
		4	我们的生活不一样	
	下册	1	我们生活在一个地球村	
		2	地球生病了	
		3	世界问题还不少	
		4	新的生活就要开始了	

资料来源：鲁洁．九年义务教育六年制小学教科书(实验本)品德与生活、品德与社会[M]．南京：江苏教育出版社，北京：中国地图出版社，2004.

小学德育课程遵循生活逻辑建构体系，具有如下四个优点。

（一）凸显了方向性

全套教材坚守生活性取向。因为儿童良好品德的形成和社会性发展，是儿童在生活中，通过主客体的交互作用而自主建构的。

（二）彰显了主体性

全套教材立足于学生，竭力用儿童的眼睛来观察、用儿童的心灵来体会、用儿童的头脑来思考，充分体现了回归生活和以学生为本的价值取向。

（三）合目的性

全套教材很注意引导学生通过与自己密切相关的社会环境、社会活动和社会关系的交互作用，获得对现代社会的积极态度和参与能力；很注意在感悟、体验的基础上，不断丰富儿童的内心世界和主体人格；这就有利于学生道德品质的培养和社会性发展，达到"过有道德生活"之目的。

（四）具有科学性

全套教材的编写，遵循了儿童的年龄、心理状况，认知和思维特点，考虑到了春、夏、秋、冬自然时空的更迭和社会时空的变迁，由近及远、由浅入深、由低而高，"综合交叉，螺旋上升"地安排教学内容，井然有序、结构严谨、具有科学性。

二、小学德育课程教材的教育单元

小学德育课程"采用的基本学习方式是单元主题学习"[①]。单元是教材的骨架。一个单元包含 3～5 个课题。有的版本教材在单元正文前，还设计了前言。同一册的各个单元，从纵向看，分别与前后年级的相关单元相衔接，按照由低而高、螺纹曲线递进、提升；从横向看，同一册各个单元之间，处在同一教育层次上。

（一）单元名称

教育单元名称是经编者反复琢磨、精心锤炼过的。一般是基于本单元的三维目标因素，采用最精练、最有煽情性的语言并加以提炼，旨在为学生指明方向，点燃学习的激情。例如，《我是阳光少年》[②]的命名，采用主体性取向，表达了学生的自我期许和追求。"阳光"是隐喻，表征儿童朝气蓬勃、乐观向上、心灵敞亮的可亲可爱的形象。同时"阳光少年"又是人们对"小学生"的昵称。又如《奏响我们共同成长的和弦》[③]，采用的是期望性取向，"我们共同成长"，是

① 中华人民共和国教育部．品德与生活课程标准（2011 年版）[S]．北京：北京师范大学出版社，2011．

② 靳岳滨，杜时忠．义务教育课程标准实验教科书品德与社会五年级下册[M]．武汉：湖北教育出版社，2006．

③ 鲁洁．九年义务教育六年制小学教科书（实验本）品德与生活一年级下册[M]．南京：江苏教育出版社，北京：中国地图出版社，2002．

"我"与他人、"我"与同学、"我"与朋友的共同期望;"和弦"是隐喻,象征要建构起和谐、友善的人际关系;这既是实现个人发展的需要,又是促进学生共同成长的必然要求。

(二)单元前言

不少版本的德育新教材在每一单元前都设计有前言。这些前言,犹如情理隽永、文采优美的微型散文,它是窥视单元内容的窗口。例如,《奏响我们共同成长的和弦》的前言是:

同学之间相处,应是心灵对心灵的叩响和沟通。只有每个人都拥有广阔的心灵空间,才能奏响共同成长的和弦!

同学间相处,如何善待他人?你在善待他人时有过惠及自我的收获吗?

怎样看待异性同学?男、女生如何相处?

什么是真正的友谊?朋友间如何相处?

这个前言,不仅提示了本单元所包含的三个主题,而且凸显了奏响"和弦",应是"心灵对心灵的叩响和沟通"。

(三)单元结构

要把握单元与所属课题的包容关系,一定要精细地分析单元的内在结构。

每一单元都有鲜明的教育主线,一般统摄3～5课。每一课从一个方面将单元的意义展开、细化,犹如缀在教育主线上的"珠"。各个"珠"相互联系,相互补充,共同将本单元的主题意义凸显出来。

从结构看,单元主题与各个课题的内在关系,具有如下特征:

一是统领与因应特征。即单元主题是轴心,各课围绕轴心辐射。例如,《奏响我们共同成长的和弦》所含三课:《善待他人》《男生女生》《与友同行》,表现的就是统领与因应关系。

二是整合与分解特征。即单元主题是整体,各课是整体的分解和细化。例如,单元《我是阳光少年》是整合,所含三课《健康生活伴我行》《天天拥有好心情》《阳光少年知荣辱》,则分别从身体应彰显"阳光"、心理应彰显"阳光"和心灵应彰显"阳光"三个方面对阳光少年形象做了分解和细化。

三是包容与蕴含特征。即单元主题包容各课,而各课意义则蕴含在单元主题之中。例如,《我们都是中华儿女》[①]这一单元,所含三课《五十六个民族五十六朵花》《各族儿女手拉手》《生活在世界各地的华人》,单元结构所体现的就

---

① 赵昕.义务教育课程标准实验教科书品德与社会五年级上册[M].北京:人民教育出版社,2004.

是包容与蕴含关系。

三、小学德育课程单课教材

(一)单课教材的意蕴

所谓"意蕴"，即意义蕴含。教材的意蕴，表现一课中内含的目标质，是一课的灵魂之所在。意蕴是内隐的、看不见的。我们所能看到的只是外显于教材表层的文字、图表，或者说看到的仅仅是话题、范例。而意蕴则潜存在教材的内容中，需要经过整合、比对、思考、过滤和提炼，才能将内隐的意蕴或目标质抽取出来。

怎样解读单篇教材的意蕴呢？一般分为两步，如图 1-2 所示。

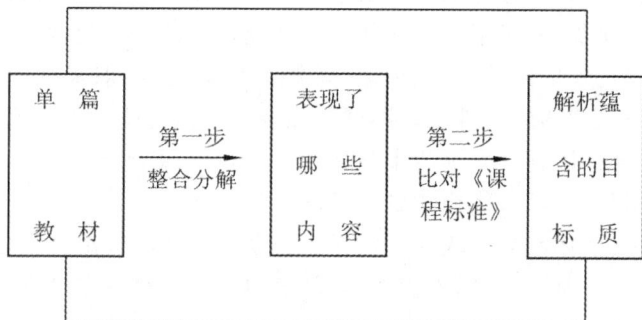

图 1-2　解读单课意蕴图示

第一步，钻研单篇教材，包括审读课题、课文、图片、"留白"，先整合后分解，看教材表现了哪些内容，并区分出层次；第二步，将这些内容与《课程标准》相关要求比对、思考，从而提炼出该课所蕴含的目标质。例如，《别把花草弄疼了》①，通过整合分解，可将教材内容梳理、细化为五个方面：(1)知道花草树木的作用；(2)解读儿歌《爱护花草树木》，知道花草树木是人类的朋友，要爱护花草树木；(3)调查、整理有关社区花草树木的种养情况；(4)解读儿歌《爷爷和小树》，感受人和花草树木应互帮互惠；(5)小学生要有爱心，应为绿化环境做力所能及的事。

第二步，即将教材的五项内容与《课程标准》所规定的要求——"亲近自然""感受自然的美""为保护周围环境做力所能及的事，有初步的生态意识""行为文明""能用多种方法收集资料，进行简单的整理和应用"进行比对，通过思考、

---

① 鲁洁. 九年义务教育六年制小学教科书(实验本)品德与生活一年级下册[M]. 南京：江苏教育出版社，北京：中国地图出版社，2002.

提炼后，就可将本课蕴含的目标质抽出来，包括：情感态度层面，蕴含有培养学生呵护花草树木的爱心和责任意识；行为习惯层面，蕴含有让学生从细小处做起，养成呵护花草树木、保护生态环境的文明行为和习惯；知识技能层面，蕴含有让学生了解花草树木对人类生存，对生态环保所具有的价值；过程方法层面，蕴含有让学生学会收集有关花草树木种养的资料，并能进行简单的整理。

（二）单课教材结构

单课教材的结构，大体上有四种类型。

第一类：话题链接型

教材是对话文本。如果审视教材"文""图"中提出的问题，就可发现这些问题是相互衔接的，有着包容或递进关系。如果将这些问题转换为话题，就可梳理出在总话题（课题）的统率下，含几个分话题，分话题又包含几个子话题的话题链。例如，《我来试试看》①总话题是课题；分话题有"谁来试一试"（摘红环）"我们都来试一试""遇到困难还试不试""围绕试一试，我们来交流"等。有的分话题又分为几个子话题。如第四个分话题，又包容四个子话题——即从未做过的事，是否想到要试试；你想尝试去做的事有哪些，为什么？你不想尝试的事有哪些，为什么？你的尝试成功了吗？当你获得成功时你的心情怎么样？从这个例子不难看出，所谓"话题链接型"，就是由一层一层话题展开、推进所构成的话题系统。

第二类：活动串联型

教材是儿童开展活动时可利用的资源。以活动为序，可将一课教材划分为几个或并列、或渐进扩展、深化的活动系列。例如，《我不胆小》②由五个活动所组成。活动一：说一说（我有没有胆小的时候，有哪些表现）；活动二：读一读（解读童话故事《咕咚来了》，感悟内蕴的道理）；活动三：辩一辩（捅马蜂窝是勇敢还是蛮干）；活动四：勇敢者点子发布会（围绕怎样才勇敢、不胆小，献计献策）；活动五：做一做（做一张勇敢者"信心卡"）。

第三类：追踪索解型

即按照设定目标，一步一步追踪索解。例如，《拥有好心情》③紧紧围绕

① 鲁洁.九年义务教育六年制小学教科书（实验本）品德与生活二年级下册[M].南京：江苏教育出版社，北京：中国地图出版社，2003.

② 鲁洁.九年义务教育六年制小学教科书（实验本）品德与生活二年级下册[M].南京：江苏教育出版社，北京：中国地图出版社，2003.

③ 赵昕.义务教育课程标准实验教科书品德与社会五年级下册[M].北京：人民教育出版社，2004.

"人人都有好心情"的目标追踪索解。首先"要有好心情"，就要"走出烦恼"，而要"走出烦恼"，就要"多对生活笑一笑"，如图1-3所示。

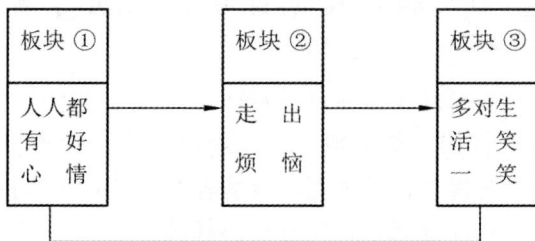

图1-3　单课教材的追踪索解型结构

资料来源：赵昕．义务教育课程标准实验教科书品德与社会五年级下册[M]．北京：人民教育出版社，2004.

这三个板块在逻辑意义上是渐趋深化的关系，表现为一层深一层地对问题进行求解。

第四类：词语要素型

表情达意离不开词语这个要素。如果对部分词或词组进行艺术加工，可将其作为教材各部分相互关联的枢纽。如《生活中的快乐》[①]以"快乐"一词为要素，可将教材分为三部分，即"感受快乐"→"汗水换来的快乐"→"给予的快乐"。又如《祖国资源的"博"与"薄"》[②]，利用"博"与"薄"的谐音关系，可将本课教材划分为"祖国资源的'博'"与"祖国资源的'薄'"两部分。再如《爱琴海上的回音》[③]，主要是介绍古希腊文明是西方文明之源。这课以声音作为关键词，精妙地将教材分为四个部分，即"追求科学的声音"(主要介绍阿基米德)、"坚持真理的声音"(主要介绍亚里士多德)、"公民的声音"(主要介绍伯利克里)和"运动员的声音"(主要介绍奥林匹亚赛会的精神)。这四种"声音"既是对"回声"的对应，又展现了古希腊文明的光辉，有机地、精巧地、艺术地将教材的各个部分融为了一体。

本节是对小学德育课程教材体系结构的解读。精准、精细、精彩地解读教材，目的是为了用好教材。

[①]　赵昕．义务教育课程标准实验教科书品德与社会五年级上册[M]．北京：人民教育出版社，2004.

[②]　靳岳滨，杜时忠．义务教育课程标准实验教科书品德与社会五年级上册[M]．武汉：湖北教育出版社，2006.

[③]　靳岳滨，杜时忠．义务教育课程标准实验教科书品德与社会六年级上册[M]．武汉：湖北教育出版社，2006.

第三节　教材中的课题、话题与案例

　　品德与生活、品德与社会新教材，是按照课程新理念创编的。解读新教材有两种视角：一是从整体、系统视角，对教材体系、结构、设计目标进行解读；二是从局部、微观视点，对单课教材的各个构件和元素进行细化解读。两种解读都重要，而细化解读则是整体解读的基础。

　　小学德育教材是一个复杂系统，包含若干具有不同功能、不同表意方式的构件、元素。这些构件、元素有两种划分方法：一种是按构件的价值、功能，将教材元素划分为课题、话题和案例；另一种按表征符号，将教材元素划分为文字、图画和留白。

　　课题、话题、案例是德育教材的支架，是主题教育活动的"栖居"之处。细化解读小学德育教材，首先要解读这些构件的创意和功能。

一、小学德育教材中的课题

　　课题是教材的眼睛。小学德育教材课题的设计，具有五个特征。

　　（一）坚守生活性

　　《品德与生活》《品德与社会》教材中的课题，没有简单贴上"品德"标签，而是对儿童真实生活的概括和提炼。如《冬爷爷在哪里》①表达的是学生主体在追索"冬爷爷"的行踪。冬天有冬天的情韵。冬天带给孩子们的是富有浓浓诗意的生活。除了聆听北风的呼啸，品赏雪花的纯洁柔美之外，美妙无穷的银白世界，会对他们诉说许多有关人和事的问题。诸如在冰冷的冬季，如何关照自己？如何关爱他人？如何关照大自然中的树、花和可爱的小动物们？有人说，德育的本质是学会理解：学会理解自我与自然和谐相处，学会理解人与人之间的互动、互爱、互惠、互赢。在直面冰雪世界时，冬天必然会教给孩子要勇敢地生活，要为别人付出更多的关爱，让生活中的你、他、我以及一切认识和不认识的人，能够享受到冬日阳光的温暖，体验挑战冬天的快乐和幸福。这就是冬天所蕴含的品德与生活的情思。

　　（二）注重主体性

　　传统德育教材的弊端是置学生于被动的客体地位。课题大多使用"要"和

---

　　① 鲁洁.九年义务教育六年制小学教科书（实验本）品德与生活一年级上册[M].南京：江苏教育出版社，北京：中国地图出版社，2002.

"不要"式的短句，诸如《要按时上学》《要爱护花草树木》《不要上当受骗》《不要打扰别人》，等等。显然，这类课题都是"板着面孔"直接向学生陈述行为规范要求，具有强制性色彩，令人生畏。

《品德与生活》《品德与社会》教材中的课题大多采用第一人称"我"（或"我们"）的句式陈述，显得特别亲切。如《我背上了新书包》《我很整洁》《我要攀登》《我的好习惯》《我们给自己定规则》，等等。课题中的"我"要如何如何，仿佛是教室里学生的自我倾诉。从课题负载的意义中，仿佛能触摸到学生正活灵活现地投入学习，亲历活动；同时还能感触到学生已经参与到开发和建设新课程、新教材的行列来了。

课题采用第一人称表述，体现了品德形成的内在机制。道德学习主要不是刺激反应，而是学生积极主动地建构过程，是在主客体的相互作用中，通过学生主体的自主选择、内化以及对自身已有经验的改造和重组而生成的。新教材课题设计的主体性取向，正好体现了学习是学生自己的追求，学生是学习的主人。道德是人为的，道德教育实质上是一种个体生活的过程，在这一过程中，不断去理解并努力追求"过有道德的生活"，这就是课题设计主体性取向所蕴含的价值。

（三）注重活动性

课改前小学思品课教材的课题，是按照教师讲授、学生听受的模式设计的。如《爱惜粮食》《爱护庄稼》《要听从别人的劝告》，等等，旨在让学生明白道德知识和相应的行为要求，带有浓浓道德认知的味道。

新课程《品德与生活》《品德与社会》教材在设计课题时考虑了如何有利于学生在活动中学，在做中学。如《我们和太阳做游戏》《欢欢喜喜过春节》《踏雪玩冰》《巧手剪秋天》《走，看校园去》，等等。课题中的"过""做""剪""走"等动词，本身就携带有动感信息，当学生触及课题时就有动起来的感觉。就拿《踏雪玩冰》[①]来说吧，课题中的一个"踏"、一个"玩"，生动地凸显了学生敢于挑战冰雪世界的风采。

课题设计的活动性取向，有利于激发学生全员、全身心、全过程、多感官地参与活动，这恰恰是德育新课程所要求的。因为只有活动才是实现学生经验增长、潜能开发、生命成长的载体。

---

① 鲁洁．九年义务教育六年制小学教科书（实验本）品德与生活一年级上册［M］．南京：江苏教育出版社，北京：中国地图出版社，2002.

（四）凸显情感性

传统德育教材课题设计的缺失是成人化，远离童心、童趣。如《课间活动守秩序》《学习做事讲效率》，等等。这样的课题看起来似乎只有抽象词语的"骨架"，而没有情感血液的浸润。儿童读起来只会感到生硬，怎么可能点燃他们的学习热情呢？

《品德与生活》《品德与社会》教材的课题很注重情感性。如《和钟姐姐交朋友》《看我多精神》《别把花草弄疼了》《伸出爱的手》《爱的港湾》，等等。这些课题都渗透了强烈的情感因素。就拿《别把花草弄疼了》①来说，课题设计凸显了童心、童真、童趣，其中"花草"是中心词；"别把"二字，仿佛是学生在自我提醒，又可视为学生在对别人真情诉求；而一个"疼"字，更是借助拟人化手法，把学生对花草、树木命运的关切，活灵活现地勾勒出来了。《别把草花弄疼了》这个课题洋溢着爱心和责任感，学生触及时会叩及心灵，有助于激活和提升他们的善良情感。

课题设计的情感性，体现了现代德育理念：德育必须关注学生的情感陶冶，发挥情感在德性建构全过程中的作用。诗人歌德年轻时写过这样一句话："人们只能认识自己所爱的。爱的激情越强烈、越充沛，认识就越深刻、越完整。"作为道德教育而言，无疑更需要发挥情感在育德中的激化、认识、评价和享用方面的功能。正是基于这一点，我们要特别强调，人对道德价值的学习，应以情感体验型为重要的学习方式。

（五）注重场域性

传统德育教材课题的设计，一般只注重共性，而淡化个性；只强调统一要求，而很少顾及城乡之间、东部发达地区与西部发展地区以及来自不同家庭学生的差异。如《家和万事兴》，学生触及的是由文本提供的"家庭"，而不是学生的真实家庭。《保护环境》所涉及的尽是大城市的污染，而农村的污染以及农村孩子如何关注自己身边的"环保"则很少提及，也不可能提及。

新课程《品德与生活》《品德与社会》则不同。编者在设计时很注重课题意蕴的场域性。如《我的一家人》《我家门前新事多》《我们班里故事多》《读懂爸爸妈妈的心》，等等，这些课题都具了鲜明的场域性。就拿《我家门前新事多》来说，我们在城乡学校都听了这节课。城市的学生在倾诉、表达自己的真切体验时都啧啧赞叹：自家门前一幢幢高楼拔地而起，离家不远的地方，新修了专供市民

---

① 鲁洁．九年义务教育六年制小学教科书（实验本）品德与生活一年级下册［M］．南京：江苏教育出版社，北京：中国地图出版社，2002．

休息游玩的小花园……而农村的孩子在与文本、与老师、与学生伙伴的对话与交流中，则大谈自己家门前又修了一条公路直通县城，家的左侧开辟了一片果园，家的右侧稻田种的杂交水稻年年增产……城乡孩子都是自己生活的亲历者，但因场域不同，他们的感受肯定会各显异彩，他们的体验必然会融入个性化的东西。这恰恰是教师需要保护和倡导的。

二、小学德育教材中的话题

教材是对话文本。从构建对话因素考量，话题无疑是小学德育教材构件中最基本、最重要的元素；同时也是教材编者创意的重点。

小学德育教材中的话题，大致分为显性话题和隐性话题两种。所谓"显"，是指陈述话题时带有问号；所谓"隐"，是指陈述的语句虽无问号，但有明显的对话取向。如《与友同行》①中的话题陈述语："在我们成长的日子里，能有一些好朋友相伴，该是多么惬意、多么快乐的事情啊。"语句中虽无问号，实际蕴含有让我们来谈谈自己有哪些好朋友的意思。

这种隐性话题注入有强烈的情感因素，更能让学生乐意去交流。如果把一课教材中的话题连缀起来，可构成话题链。如《与友同行》一课中的话题链是：你有哪些好朋友？→什么是真正的友谊？→怎样交朋友？→有人总交不上真心朋友，有人交的朋友只亲热了几天就疏远了，这是什么原因？→与朋友相处，遇到意见不一致时该怎么办？→如何让友谊之树常青？话题链中的每一个话题，都是针对儿童生活中的问题、困惑来设计的，能充分调动起儿童已有的经验与体验，能够与作为生命体的学生发生相互作用，并能激起他们解决这些问题的愿望和需要。

三、小学德育教材中的案例

《品德与生活》《品德与社会》教材中每一课都安排有案例。每一课教育主题的意义，大多蕴含在案例中。案例的体裁不拘一格，主要是儿童的生活事例，此外还有童话、寓言、笑话、幽默小品、历史片段以及榜样人物的精彩人生……教材中的案例具有典型性、启迪性、反思性、开拓性和教育性等特征。所谓典型性，是指案例是经编者创意编写，反复打磨润色而成，或是筛选很多相关案例，优中选优。所谓启迪性，是指案例具有引发、激活、唤醒儿童经验的功能。所谓反思性，是指案例具有让学生对"镜"审视，扪心自问，追问自我，检

① 靳岳滨，杜时忠. 义务教育课程标准实验教科书品德与社会五年级下册[M]. 武汉：湖北教育出版社，2006.

核得失的功能。所谓开拓性，是指案例具有拓展、概括，开拓学生思维和想象空间的功能。所谓教育性，是指案例充盈和承载着品德和社会性发展的教育因素，从中可以寻觅、捕捉和感悟到生命的光彩、德性的雨露、道德认识的营养、道德情感的涌动和道德行为的示范。总之，《品德与生活》《品德与社会》教材中的案例，是弥足珍贵的教育资源，我们要特别看重。例如，《为别人的成功喝彩》[①]中的案例，表现的是一个儿童的生活故事，主人公小兰，因患小儿麻痹症，几乎丧失了生活的勇气。后来因在语文课上声情并茂地朗读课文，两次获得同学们热烈而真诚的掌声，使她扬起了勇于生活的风帆。小兰读完小学后，又相继读完中学、大学。她在上大学时，曾给小学的同学写信："……说真的，正是课堂上这两次掌声抹去了我生活的阴影，给了我第二次生命……"这个案例穿透力强，充分凸显了掌声的价值，彰显了生命的光彩。

最后，需要说明的是，小学德育教材中除了课题、话题、案例外，作业也是重要的构件。小学德育教材的作业有什么特点？教师怎样借助作业，提高学生分析问题、解决问题的能力、实践能力以及创新能力，本书第七章将详加介绍和阐释。

第四节　教材中的文字、图画和留白

小学德育课程教材，按照一定的关系，将文字、图画、留白三种表意符号，集合成符号群，用以承载和表征意义。如果说小学德育教材是一首歌，这首歌就是由文字、图画、留白这三种"音调"协同、互补、调谐而谱成的。

一、小学德育教材中的文字

按照课程教材设计理论，教材内容的呈现，分为正式内容与非正式内容。所谓"正式内容"，是指表征教材主体结构的内容；所谓非正式内容，是指教材主体结构之外的，与正式内容有一定联系，具有辅助性作用的资料文字。

（一）关于正式内容的文字构件

呈现正式内容的文字，主要包括对课题、话题、案例的陈述以及活动指导语、事理阐发语、情感煽动语、行为劝喻语、经典语词选粹、陶冶性美文等。鉴

---

① 靳岳滨，杜时忠．义务教育课程标准实验教科书品德与社会五年级下册[M]．武汉：湖北教育出版社，2006．

于课题、话题、案例前面已作介绍，此处侧重说明教材中后六种文字的设计。

1. 活动启导语

设计有价值的活动，是小学德育课程教材的追求，也是它的魅力所在。例如，《课程伴我成长》[①]设计了三个活动。活动一：算一算，主要是让学生盘点小学阶段学习小学德育课程所亲历的课时。活动的启导语是："有人说，学习如攀登，一个课时犹如一级台阶，我们共攀登了多少级台阶？"这段文字能牵动儿童长久以来依恋新课程的悠悠情思。活动二：反思交流活动。教材设计的启导语是："课堂生活犹如一首歌，课堂生活又似一首诗。我们在学习《品德与生活》《品德与社会》课程时，有着许多令人心驰神往的、感动异常的故事。我们一起来回忆、交流吧！"这一段文字旨在引领学生回顾六年的学习生活，反思其所知、所感、所获、所得、所悦，并进行交流和分享，由此会引起学生强烈的快感。活动三：重温珍藏品。教材设计的启导语是："课本是我们的朋友。它留下了我们的声音和感受，记录了我们的言行和创意。让我们再次欣赏'我'在课本中的精彩表现吧！"这段文字能引领儿童展示写进课本中属于个人搜集的各类图片、格言、设计方案和作品等，让学生放飞激情，享受生命成长的快乐。

2. 事理阐发语

一般切入在两个案例或两个活动环节之间，采用夹叙夹议的语言形式，既有"理"的阐释，又有"情"的滋润。请看《为别人的成功喝彩》[②]中的事理阐发语："喝彩是真情的表达，是由衷的赞美，如果我们有了敬佩他人的真情，不妨将敬佩之情变成衷心的赞美，采取恰当的方式呈送给他人。"有些事理阐发语采用诗化语言，对一些关键、敏感的问题加以点化。例如，《男生女生》[③]中的诗性阐发语："男生和女生，仿佛乐团中的不同乐手，只有各自调好自己的弦，并形成谐音，才能奏响共同成长的交响曲。"总之，事理阐发语有理有情、情理交融，犹如编者为师生在阅读教材时特意设置的"加油站"。

3. 情感煽动语

德育教材注重用情感性语言来润泽，来渲染。例如，《赠人玫瑰，手有余香》[④]，在陈述两个小故事前有一段文字："我们班张小强的读书笔记本上记载

---

① 靳岳滨，杜时忠．义务教育课程标准实验教科书品德与社会六年级下册[M].武汉：湖北教育出版社，2007.

② 靳岳滨，杜时忠．义务教育课程标准实验教科书品德与社会五年级下册[M].武汉：湖北教育出版社，2006.

③ 同上.

④ 同上.

了两个小故事。它们犹如两朵山茶花，红红火火；又似一束茉莉，幽香阵阵，沁人心脾……"，借助这种煽情式语言，主要是激发学生对案例的阅读和关注。又如《与友同行》①一课，在阐发"友谊"的意义时，教材用诗化情感，排比句式加以渲染："友谊是火，融化心底的冰；友谊是水，灌溉心里的情；友谊是风，吹走心中的雾；友谊是雨，滋润心里的花；友谊是鼓，可以激励你前进；友谊是镜，可以发现你的不足；友谊是歌，可以让你感受愉快；友谊是良药，可以化解你的不适和疼痛。"这种煽情性语言，能掀起学生情感波澜，提升学生的情感素养。

4. 行为劝喻语

行为劝喻语渗透有强烈的情感因素，能转化为学生心灵的呼唤。例如，《善待他人》②所设计的行为劝喻语："'人'字结构是相互支撑。社会生活中，大家彼此间少不了相互帮助。我们对他人的帮助，好比是送给他人的玫瑰花，会使他人得到温暖和力量。而我们帮助别人后的收获，内心产生的快乐又好比是玫瑰花的余香，会久久弥漫在我们心灵。"这种注入情感的行为劝喻语，以情激情，能孕育学生的行为动机，引领他们积极从事善待他人的行为实践。

5. 经典语词选粹

为了彰显德育教材的人文精神，在相应课文中嵌入了优秀文化精粹文句（编者做了简要的白话注释）。例如，在《同学少年友为伴》③中，切入《诗经》中的"嘤其鸣矣，求其友声；相彼鸟矣，犹求友声"（意思说：小鸟嘤嘤地叫，意在求得友谊的回声；小鸟尚且寻觅朋友，人就更不能不寻觅朋友了）；在《善待他人》中，嵌入孔子的"己所不欲，勿施于人"④；等等。言虽短，义厚重，能引发学生对中华优秀文化的"接受性体验"（朱小蔓教授语）。这些精粹文句，俗称金玉良言，学生置于案头，铭刻在心，可享用一辈子。

6. 陶冶性美文

不少单课教材挑选了美文（含精美的诗）作为构件之一。阅读美文是在与高尚的心灵对话，学生不知不觉会被文中蕴含的人性、灵性、美感和哲理所震撼，使

---

① 靳岳滨，杜时忠. 义务教育课程标准实验教科书品德与社会五年级下册［M］. 武汉：湖北教育出版社，2006.

② 同上.

③ 同上.

④ 同上.

人格得到熏陶，情感得到过滤和提升。例如，《有多少人为了我……》①，选用了乔叶的《生活中有许多这样的人》。这篇优美的哲理散文写了清洁工、水果小贩、修自行车的师傅……"我就生活在他们日复一日的探索和奔波之间"，"他们常常让我感觉到这个平凡的世界其实是那么可爱"，"我靠他们的滋养而活，他们却对自己的施予一无所知。他们因无知而越加质朴，我因所知而更觉幸福"。美文欣赏主要是陶冶学生的情操，触动学生的心弦，一般放在教材的篇末，是对本课的总结和提升。

（二）关于非正式内容的文字构件

1. 非正式内容的呈现形式

小学德育课程教材非正式内容的呈现形式一般有三种：其一，设有固定栏目，如"小知识""新闻链接""新闻辞典""知识角""小喇叭""小图表""小采风""小歌片"，等等。如《李奶奶身上的伤痛》②一课，切入了揭露"靖国神社"的资料。其二，非正式内容文字，采用与正文不一样的字体、字号，穿插在教材之中。其三，有的版本非正式内容文字，写在页码的边上。

2. 非正式内容文字构件的功能

（1）拓展功能。非正式内容针对正式内容的某个方面进行适当拓展，或为学生学习正式内容提供相关背景材料。如《不可逃避的公民义务》③一课，在"小资料"栏目中，安排了"宪法规定的公民基本义务"的资料，就具有这种功能。

（2）获得"替代经验"功能。课程内容不可能，也没有必要都与学生的直接经验一一对应。人类在长期的社会历史实践中积累起来的文化科学知识，可以通过"替代经验"的获得者理解和掌握。教材的非正式内容，从这方面为学生营造了平台。例如，针对《男生女生不一样》④的教学内容，嵌入了"男女生智商无高下"的资料，学生学习后可增长知识，开阔视野。

（3）调动学习兴趣功能。非正式内容能激活学生自主学习、主动探究的诱因，对学生的情感、态度、价值观能产生潜移默化的影响。如《我和公共事务》⑤一课，在"新闻链接"栏目中，切入了"纽约大停电"的小资料，有利于激

---

① 鲁洁. 九年义务教育六年制小学教科书（实验本）品德与社会三年级下册［M］. 南京：江苏教育出版社，北京：中国地图出版社，2002.

② 同上.

③ 鲁洁. 九年义务教育六年制小学教科书（实验本）品德与社会五年级下册［M］. 南京：江苏教育出版社，北京：中国地图出版社，2004.

④ 同上，上册.

⑤ 同上，下册.

发学生自主学习，主动探究的"情"弦。

二、小学德育教材中的图画

图画，主要是指地图、照片、图表和写意画。课改前的小学思品课教材以文为主，图画称插图，即插入文中之意。小学德育课程新教材图文并茂：不是图插入文中，也不是文插入图中，而是文、图相互匹配，相互呼应。

(一)德育教材中图画的功能与优势

图画既丰富又精美，这是小学德育新教材设计的一大特色，也是一大优势。图画是视觉符号，具有形象性、真实性、动感性、透视性和审美性等特点；教材设计者看重图画，旨在营造儿童文化，充分顺应和满足儿童对视觉符号非常牵挂和期待的情感需要。

具体地说，教材中图画的功能和优势主要表现在四个方面。

1. 图画传达信息逼真，承载信息量大，接受便捷

图画有利于再现真实生活情境。有些难以用文字讲清的内容，诸如人的情绪、历史场景、地貌，等等，如果借助图画表达则一目了然。图画较之文字在相同空间所承载的信息量，前者远远大于后者。据一项实验报告，人眼识别文字符号，需 2.8 秒；而识别照片，只需 0.9～1.2 秒。学生审视图画，有利于便捷获取信息，提高学习效率。

2. 图画有利于形成良性的信息互动，促成意义生成

图画能在咫尺之间展现出世界的丰富和精彩，使教学内容的呈现变得可亲可近，能够有效地激发学生的好奇心和学习热情，从而激发学习者的潜能，有利于形成良性的信息互动，促成知识的建构和意义生成。

3. 图画能使学生得到美的元素熏陶

图画中的审美元素，在某种程度上会变成一种有效的"召唤结构"，不仅能让学生获得视觉好感，引发他们主动思维，生成意义；而且还能使学生得到美的元素的熏陶，强化他们对美的感受力和鉴赏力。

4. 图画能表达深刻的思想内涵和抽象意义

图画不仅能呈现具体的、形象的信息，也能表达深刻的思想内涵和抽象意义。同借助语言符号演绎的逻辑意义不同，图画蕴含的思想内涵和抽象意义，使接受主体能够调动包括感知、直觉、意念、顿悟、想象、情感在内的心理因素去领悟。这是图画符号的特点，也是它的一大优势。如秦兵马俑图片我们看到的不仅是工艺精湛的出土文物，也看到了祖先用超凡智慧创造的辉煌文明，在民族自豪感油然而生的同时，也隐约感受到一种历史的沧桑，比用文字表达

的思想还要雄浑和深沉。

（二）德育教材中图画的分类

小学德育教材中的图画，可按照不同取向、方法对其进行分类。

1. 按照图画质性不同，可将图画分为地图、照片、写意画、卡通画和名人美术精品五类。

（1）地图。地图是地理信息的载体。它能准确反映客体的位置及其属性，能容纳、储存数量巨大的信息，对人的视觉有很强的感染力。地图在表现现实世界方面具有独特的功能，借助它可以识别用其他方式不可能体现的空间分布和地理信息间的相互关系。《品德与社会课程标准》（2011年版）提出："正确辨认区域地图的简单图例、方向、比例尺"[1]"知道我国的地理位置、领土面积、海陆疆域、行政区划"[2]"知道世界的大洲、大洋的位置，能在地图或地球仪上找到相应的国家或地区"[3]。为了落实课程的"内容标准"，小学德育教材安排了不少的区域地图、中国地图和世界地图。例如，《民族大家庭》[4]在两个页码的版面上巧妙构思：中间是中国行政区划图，特意标识和凸显了西藏、内蒙古、新疆维吾尔、宁夏回族、广西壮族五个民族自治区；环绕行政图的是穿着民族服饰，各显异彩的56个民族儿女的"全家福"，旨在彰显我国是由56个民族组成的多民族国家。

（2）照片。包括人物照片、自然风光照片、实物照片和社会场景照片。照片的最大特点是能再现真相，让人看得真真切切。如《中国档案》[5]中的吉林雾凇、海南的天涯海角。《美丽富饶的宝岛》[6]中的阿里山神木、日月潭、玉山云海、台东海岸奇观等。学生欣赏这些照片，可以放飞想象，净化情感，实现心灵的遨游。又如土地沙化、河流干涸的实景照片[7]，承载的信息不单是生存环境恶化的警示，传达的还有人对自身行为的反思。目睹这样的照片，一定能引

---

① 中华人民共和国教育部．品德与社会课程标准（2011年版）[S]．北京：北京师范大学出版社，2011．

② 同上．

③ 同上．

④ 鲁洁．九年义务教育六年制小学教科书（实验本）品德与社会三年级下册[M]．南京：江苏教育出版社，北京：中国地图出版社，2002．

⑤ 鲁洁．九年义务教育六年制小学教科书（实验本）品德与社会五年级上册[M]．南京：江苏教育出版社，北京：中国地图出版社，2004．

⑥ 鲁洁．九年义务教育六年制小学教科书（实验本）品德与社会六年级上册[M]．南京：江苏教育出版社，北京：中国地图出版社，2005．

⑦ 鲁洁．九年义务教育六年制小学教科书（实验本）品德与社会六年级下册[M]．南京：江苏教育出版社，北京：中国地图出版社，2005．

发学生发自内心深处的忧患意识。

（3）写意画。主要是基于话化教育情境，生动演绎故事、案例，达成教育目标的需要而创意、绘制的。写意画在教材图画总量中所占比重最大（下文将做具体解析）。

（4）卡通画。卡通画是彰显儿童文化的符号。如教材中用于"串场"的卡通形象，活泼风趣具有夸张性、富有动感，是儿童乐意与之交流的朋友。

（5）名人美术精品。小学德育教材中还呈现了少许名人美术精品，主要是作为解读文明发展和艺术成就之用。如《我们为祖先而骄傲》①一课，将盛唐时期画家张萱的代表作《虢国夫人游春图》引入了教材。

2. 按照图画的表现形态，图与文关联情况的不同，可将写意画细分为如下11种。

（1）主题图。即用于表现一篇教材的价值取向和意义蕴含的图。如《别把花草弄疼了》②一课，编者用一个页码呈现花草树木景观图。《快乐的国庆节》③中呈现的毛泽东主席在天安门城楼宣布中华人民共和国成立的大幅写实画。主题图形象鲜明，传神传情，具有叩及学生心灵的功能。主题图所占篇幅较大，在教材中居于重要地位，教学时需要多次使用。

（2）人物图。包括人物画像和雕塑。在中外古今人物丛林中，作为人物图载入教材的，既有无产阶级革命领袖、老一辈无产阶级革命家、著名政治家、民族英雄、历史名人、杰出科学家、文学家、艺术家、体坛明星，也有在平凡岗位上做出不平凡业绩的普通老百姓和儿童的同龄伙伴，真可谓群星璀璨。人物图以展示个人范例为主。他们一个个德高品优、音容传真、业绩光彩照人，是对学生教育和影响最佳的精品资源。

（3）说明图。主要用于说明，其功能是把抽象的东西形象化、深奥的问题浅显化。例如，《可爱的地球》④一课中的"海边看船图"，形象逼真地表现了站在海边看航船，总是先看到船桅，后看到船身，有力地说明了地球是球形的真理。

① 鲁洁. 九年义务教育六年制小学教科书（实验本）品德与社会五年级上册［M］. 南京：江苏教育出版社，北京：中国地图出版社，2004.

② 鲁洁. 九年义务教育六年制小学教科书（实验本）品德与生活一年级下册［M］. 南京：江苏教育出版社，北京：中国地图出版社，2002.

③ 鲁洁. 九年义务教育六年制小学教科书（实验本）品德与生活二年级上册［M］. 南京：江苏教育出版社，北京：中国地图出版社，2003.

④ 鲁洁. 九年义务教育六年制小学教科书（实验本）品德与社会六年级下册［M］. 南京：江苏教育出版社，北京：中国地图出版社，2005.

（4）示例图。一般借助图像提供一个例子。如《自画像》①中的"风采展示"，有两幅图，一是书法展示；二是舞蹈展示；以此引发活动，让学生各自展示自己的特长和风采。

（5）示意图。采用化繁为简的图形，凸显事物的内在联系，以此为学生提供一条感知、理解相关知识的捷径。例如，《地球在"发低烧"》②中呈现的"温室效应"示意图，形象地揭示了人类活动包括砍伐森林以及工厂、现代交通工具排放的二氧化碳等是使温室效应加剧的祸首。

（6）引渡图。阐释、介绍相关教学内容时，选用儿童亲近的，与所阐释、介绍内容有重要关涉的图片作为引渡。例如，介绍"佛教始祖释迦牟尼时，嵌入北京西山卧佛寺卧佛像的照片"③旨在引发悬念，牵引学生去阅读、探究释迦牟尼的故事。又如《可爱的地球》，嵌有一幅苏联宇航员加加林的头像。加加林说：地球更像一个"水球"。宇航员是学生心目中崇拜的偶像，借助加加林的头像作为引渡，以激发学生的好奇心，使他们更好地认识和探究地球的海洋与陆地。

（7）提示图。一般是借助图像，对学生的认知和实践操作进行提示。例如，《自画像》④配有"快乐收藏包"图画，主要是从实践操作方面对学生进行提示。

（8）漫画。漫画是一种无形的语言，具有幽默、直观、生动、诙谐的特点，给人的视觉以强烈的冲击。一幅好的漫画，就是一个生动的故事。借助漫画可以将抽象、深奥的教学内容直观、生动、形象地展示出来，可以使学生根据漫画所反映的现实问题，自然地展开想象，进行理性思考。例如，《地球在"发低烧"》⑤中的"漫画图"——地球"发烧"了，从画面可见，地球"发烧"已变得目瞪口呆，所含温度计的水银柱直往上蹿，让人看后捧腹。漫画与其他类型图片相比，幽默风趣，学生往往在轻松、会心一笑中就能意会其中的内涵，不知不觉就认同了其中的立场、观点，获得德性与智慧的启迪，可谓寓教于乐，一图胜千言。

（9）广告图。广告具有宣传力度，将其用于教材是一种创新性尝试。例如，

① 鲁洁．九年义务教育六年制小学教科书（实验本）品德与社会三年级上册［M］．南京：江苏教育出版社，北京：中国地图出版社，2002.

② 鲁洁．九年义务教育六年制小学教科书（实验本）品德与社会六年级下册［M］．南京：江苏教育出版社，北京：中国地图出版社，2005.

③ 同上，上册.

④ 鲁洁．九年义务教育六年制小学教科书（实验本）品德与社会三年级上册［M］．南京：江苏教育出版社，北京：中国地图出版社，2002.

⑤ 鲁洁．九年义务教育六年制小学教科书（实验本）品德与社会六年级下册［M］．南京：江苏教育出版社，北京：中国地图出版社，2005.

《我们的朋友在减少》①广告图，犹如一副图文匹配的对联，右图是从杀死的藏羚羊身上剥下的皮毛，配文是"一世的悲伤"；左图是市面出售的豪华女式藏羚绒衣，配文是"一时的风尚"。这幅广告图，对比鲜明，含义犀利，有利于激发学生对珍稀濒危物种的珍爱之情；对屠杀珍稀动物凶手的憎恨之情；对有穿着藏羚绒衣欲望的人的厌恶之情。

(10)衬底图。即以图片为底，然后在上面叠加有关知识解说。这种叠印在底图上的文字，别有一种视觉效果。例如，《建筑史上的奇迹》②，用约占一个页码的巨型金字塔图作底垫，然后在上面套印知识卡片——介绍埃及最大金字塔(胡夫金字塔)是建筑史上的奇迹。这种图文重叠的设计，特别能吸引学生的眼球。还有一些背景图，主要对教材内容起烘托作用。例如，介绍"江南好风光"③时，将大型石拱桥作为背景画面，突出了我国长江中下游具有"水乡泽国"的特色。

(11)象征图。一般是借助图像、形体的某种特征，让学生从中联想、感受相关的人事之理。例如，《我心中的啄木鸟》④有一幅"啄木鸟啄树图"，图的象征意义是：有缺点，要主动改正。对"象征图"，不能停留对图本身的解读，而是要由此及彼思考，追索出"象"外之意。

3. 按照图画的教育价值不同，可分为载"知"图、揭"理"图、育"情"图和导"行"图。

(1)载"知"图。主要是借助图片，呈现或介绍相关知识。如《人种有不同》中的"人种图"，表征了白、黄、黑三大人种，有利于学生从体质形态、肤色、发色、发型、眼色、鼻型和面型上去辨识不同人种的差异。

(2)揭"理"图。即图中表现的"事""物""人""境"，潜藏着"理"的脉络和骨架。借此可以揭示相应的事理和伦理。例如，《通讯王国探秘》⑤有六幅图，一幅是通信卫星图；一幅是电视接收车；还有四幅图表现一场足球比赛的直播。

① 鲁洁. 九年义务教育六年制小学教科书(实验本)品德与社会六年级下册[M]. 南京：江苏教育出版社，北京：中国地图出版社，2005.

② 鲁洁. 九年义务教育六年制小学教科书(实验本)品德与社会六年级上册[M]. 南京：江苏教育出版社，北京：中国地图出版社，2005.

③ 鲁洁. 九年义务教育六年制小学教科书(实验本)品德与社会六年级下册[M]. 南京：江苏教育出版社，北京：中国地图出版社，2005.

④ 鲁洁. 九年义务教育六年制小学教科书(实验本)品德与社会三年级上册[M]. 南京：江苏教育出版社，北京：中国地图出版社，2002.

⑤ 靳岳滨，杜时忠. 义务教育课程标准实验教科书品德与社会四年级下册[M]. 武汉：湖北教育出版社，2005.

主照片表现的是红队队员在带球奔跑，白队队员上来抢断的一个瞬间镜头，另外三幅则是世界各大洲、不同肤色的人观看此次比赛直播的照片，所有的电视画面都定格在主照片上。这六幅图，直观地揭示了全球信息同步传输之理。又如"家庭树图"，从树根到树干再到树枝，象征性地揭示了家庭成员三代人之间的伦理关系。

（3）育"情"图。即有的图片展示了相关的道德情境，饱含有丰富的道德情感信息，为培养学生的高尚情操提供了"抓手"。例如，《父母的疼爱》①中的"抱子图"，表现孩子依偎在母亲温暖的怀抱里，母亲宽慰地笑了；孩子因得到母爱脸上的笑容非常灿烂。目睹这样的照片的人都会动容，深深地为孩子的幸福而欣慰，为崇高至上的母爱而感动。又如《不该有的种族歧视》②中有一幅照片，表现了两位澳大利亚土著老人的脸上刻写了冤、苦、悲、愤，是对种族歧视的挞伐和无声控诉。育情图饱含丰富的情感信息，是培养学生高尚道德情感的优质资源。

（4）导"行"图。其主旨是为指导学生行为方式而配置的。主要是借助图像凸显行为要求，从行为选择和行为方式上进行引领。例如，《我为"朋友"做点啥》③里的"朋友"，是指默默地为人们效劳的公用设施。教材中有三幅图，其中两幅画的是儿童在公共车站清洗交通护栏或清洗公共邮箱；另一幅是儿童在草坪上设置旨在护绿的温馨提示牌。这三幅导行图，对于增强学生的道德行为选择能力以及将课堂上所获得的道德之"知"，转变为课外、校外的行为实践具有一定的提示和指导意义。

4. 按照图画与图画间有无衔接和内在联系，可将图画分为单幅图和连环图。

（1）单幅图。指一幅图，能独立表达和象征相关人、事、物、境的情状和意义。

（2）连环图。一般是借助画面的连续性，表现和演绎一个故事。例如，《天

---

①　鲁洁. 九年义务教育六年制小学教科书（实验本）品德与社会三年级上册［M］. 南京：江苏教育出版社，北京：中国地图出版社，2002.

②　鲁洁. 九年义务教育六年制小学教科书（实验本）品德与社会六年级上册［M］. 南京：江苏教育出版社，北京：中国地图出版社，2005.

③　鲁洁. 九年义务教育六年制小学教科书（实验本）品德与社会三年级下册［M］. 南京：江苏教育出版社，北京：中国地图出版社，2002.

有不测风云》①在说到遭遇洪水怎样避险时，教材采用八幅连环画，表现了琦琦家受灾脱险的故事，旨在为如何避险、避难支招。连环画生动活泼，故事寄寓其中，很受小学生喜爱。

以上介绍了四种图画构件的分类方法。需要说明的是在很多情况下，"图"与"文"交融为一个结构体。例如，《了解居民委员会》②中的三幅图和三段文字交融在一起，旨在介绍居委会人员一天工作的辛苦，以激发学生对他们的尊重之情。类似这样的图文互衬，"文"依"图"显，"图"需"文"解，图文联体，是不能将其切割的。

三、小学德育教材中的留白

留白是指经过精心创意嵌入《品德与生活》《品德与社会》新教材中的空白版面、空白图形以及待填充的空行。一般安排在教材的关键处，与上下文、图的意境相联系、相匹配。留白看似空灵，实则具有特殊的创意，是小学德育教材中不可小觑的构件。

（一）留白溯源

小学德育教材中的"留白"设计，既从我国优秀文化艺术的厚重积淀中吸纳了营养，也借鉴了西方教育理论中有关教科书的设计理念。

从纵向看，我国文化艺术领域中的"布白""留白""静场"以及"无声胜有声"的种种艺术技巧，成为展现艺术魅力的一种活性因素。优秀的画家在宣纸上泼墨挥洒之际，会精心布下一两处空白，嵌入整体构图之中，给人留下穿透时空的想象天地，看后令人倾倒。流传至今的古典名曲，轻重缓急、错落有致，在曲调抑扬顿挫中的那几处停顿，会产生"无声胜有声"的效应。古代民间的说书艺术家，每每说到关键处时，"惊堂木"一拍，语音戛然而止，出现"静场"，真可谓是"风流不在谈锋健，袖手无言味最长"，给观众留下了深长的追想和回味。

古代的文艺理论更推崇"留白"。刘熙载《艺概》曰："文有不言者。"可见，文章除了直接用文字表达外，还可用"不言"传情达意。清人华琳也曾说过："凡文之妙者，皆从题之无字处来，凭空蹴起，方是海市蜃楼，玲珑剔透。"（《南宗抉秘》）此处所说"无字处"的功夫，便是设置"留白"的技巧。

① 鲁洁. 九年义务教育六年制小学教科书（实验本）品德与社会六年级下册[M]. 南京：江苏教育出版社，北京：中国地图出版社，2005.
② 鲁洁. 九年义务教育六年制小学教科书（实验本）品德与社会六年级上册[M]. 南京：江苏教育出版社，北京：中国地图出版社，2005.

从横向看，西方建构主义学派主张教材应设计、留存一定的空白，即"应留有允许改变和补充的空间"，这样才"使学生将其个人的经验投入到教学中去"。"留白"使教材的意义变得更加丰富、更具鲜活性和生成性。

注重"留白"，也汲取了西方格式塔心理学"完形"理论中的思想。追求"完形"，是人们普遍存在的一种心理动因。"留白"可以激发学生好奇、求全的强烈欲望。学生围绕填充、增补、创造，使"留白"化虚为实，臻于"完形"，为此会孜孜求索，欲罢不能。这无疑有助于凸显教材的价值，扩展和提升学生的学习效果。

（二）留白的价值

留白在一册教材总页码中所占空间极小，然而每一处"留白"，都是关键点，是经编者深思熟虑后设计的。留白的功能、意义何在呢？

1. 留白建构了儿童与教材对话、沟通、交流的园地

按照新课改的理念，儿童不再只是阅读、解构教材的一方，同时也是对话的卷入者、参与者；学生的感受、思想感情和对问题思考后得出的结论，可以借助留白这一特定场域向另一方——教材中儿童伙伴和动物朋友表达和倾诉。儿童与教材之间的对话之所以能进行，完全是留白架设的桥梁、营造的空间、提供的平台。

2. 留白满足了学生个性化学习和展示自我的需要，有利于儿童的心灵变得更加丰富

首先，爱幻想、爱涂鸦是儿童的天性。留白，让学生随手写感想、记笔记，还可以即兴创作，有利于儿童个性的培养。其次，学生阅读教材的兴趣、能力、思维特点和个性倾向有差异；同一个班级的儿童在留白上的表达和创意会各不相同。这种差异性资源能让学生彼此分享，通过互动和互补，学生的心灵会变得更加丰富。总之，借助留白有利于学生创造潜能的开发、心灵的舒展，个性的张扬，情感的抒发，德性的建构，智慧的提升。在这些空白中，学生可以自我倾诉，自我剖析，自我感悟，自我创意，自我表达，自我创造，真可谓是"此处无字胜有字，此处无形意更深"。

3. 留白会给学生一生留下珍藏品

留白是学生焕发生命活力、灵性，彰显个性化创意与表现的记录。鲁洁教授满怀激情地说：学生"学习过的教科书不是可有可无，可以随手丢弃的旧物品，而是凝聚着儿童的思想和感情，体现着儿童创造性的作品集"①。

---

① 鲁洁．"品德与生活""品德与社会"课程标准研制的基本思想[J]. 人民教育，2002 年增刊.

4. 留白有利于教师展现其智慧和才华

留白彰显了新课程的设计理念和编者的精心创意，为教师使用教材匠心独运展示其智慧和才华提供了潜台词，构建了创造空间。

（三）留白的设计形式与分类

小学德育教材中的留白，分为 ABC 三种形式。A 型：即整幅页码的留白，数量极为稀少；B 型：提示文字＋各种形状的空框；C 型：前置词语＋待填充的空行。

按照意义取向的不同，留白大体上可划分为如下 11 类。

1. 创意性留白

旨在围绕一个主题或一个项目，启发和调动学生的能动性，让他们身临其境去进行设计，并把自己的创意显示在"空白"处。如《请到我的家乡来》①，让学生设计家乡一日游方案；《走进聪明屋》②一课，按照留白提示，学生利用圆、五角星和线段拼有趣的图形……总之，借助创意性留白，可拓展儿童的心灵空间，开发其创造力。

2. 评价性留白

主要是着眼于开展学习评价而设计的。学生既是评价的对象，又是评价的主体。借助评价性留白，学生可以进行自我评价，还可以请家长、老师和同学在相应的空白中写出评价意见。

3. 呈现性留白

主要是让学生将自己所见、所闻、所思、所虑，借助画面呈现出来。如《上学路上》③，教材中画有"家"和"学校"的标志，并在两者之间安排了五个空白圆框。小动物在此提示说："从你家到学校会经过哪些地方？把它们一起画到路线图中来。"这样的留白，意在让学生呈现见闻，通过交流，看一看自己和别人在上学路上关注的东西有何不同。

4. 续补性留白

是指按教科书所设定的内容和表达形式，让学生在空白处去续补、去延

① 鲁洁．九年义务教育六年制小学教科书（实验本）品德与社会三年级下册［M］．南京：江苏教育出版社，北京：中国地图出版社，2002.

② 鲁洁．九年义务教育六年制小学教科书（实验本）品德与生活二年级上册［M］．南京：江苏教育出版社，北京：中国地图出版社，2003.

③ 鲁洁．九年义务教育六年制小学教科书（实验本）品德与生活一年级上册［M］．南京：江苏教育出版社，北京：中国地图出版社，2002.

展。如《小学生活开始啦》①，让儿童围绕上了小学后应该做什么进行讨论。教材配了三幅儿童画，分别表现了小学生要听铃声指挥，要认真学习，要积极发言；接着安排了两处留白，意在启发引导学生采用儿童画的形式，去表达如何做一个好学生的想法。像这样的留白，有利于扩展认识，并能让学生感受到，自己不仅是教科书的使用者，而且是教科书的开发者、创编者。

5. 积累性留白

主要是让学生有针对性地搜集、积累有关自己学习行为变化以及个人成长的数据、材料和事实。如《我从哪里来》②所设计的空白，小动物的提示语是"贴一张自己满意的照片，讲一讲自己成长中难忘的事"。此处"留白"主要是留存自己成长的事实。又如《学习真有趣》③，设计有两条长框，要求学生在上框写上十六个字。隔一个月后，在下框中再写这十六个字。类似这样的"留白"，是在为学生的进步留下真实的痕迹。

6. 参与性留白

旨在吸引学生以主人翁姿态参与课堂讨论，为他们独立思考、发表个人意见提供空间。如《盼盼迟到了》④，教材配有三幅画面和一个空白框，主要是围绕探究盼盼迟到的原因而设计的。借助三幅画面点明了造成儿童迟到的部分原因，画面(1)贪睡，早晨醒来后不愿掀开被子。画面(2)做事磨蹭，边做事边玩东西。画面(3)睡前没有把要用的东西收拾好，结果第二天起床后，找这找那，慌了手脚。与上面三幅画面相承接，空白框上写着"还有……"，主要是让学生联系自己的生活经验和教训发表个人的看法，参与讨论，并将个人的意见写在上面。

7. 角色性留白

即让学生充当教材中和现实生活中某一特定的角色，能设身处地感悟和体验设定角色的思想，并能表达其相应的行为。如《盼盼迟到了》一课有六幅图，集中反映上学前应做好的几件事。图(1)盼盼快起床，快穿衣。图(2)盼盼在洗漱。图(3)盼盼用早点。图(6)盼盼离家与父母说再见。而图(4)、图(5)则是空白。显而易见，此处留白，旨在让学生充当盼盼，按照早晨起床后做事的顺序，结合自己的生活经验，想象出盼盼在用完早点后到离家前还要做哪些事，

① 鲁洁．九年义务教育六年制小学教科书(实验本)品德与社会三年级下册[M]．南京：江苏教育出版社，北京：中国地图出版社，2002.

② 同上．

③ 同上．

④ 同上．

并把该做的事当众表演给同学们看。

8. 转换性留白

是指将教材中反映一般儿童的画面和文字，转换成反映学生自己家庭和学生本人的材料。如《我的一家》①的开头设计一处"留白"。动物小精灵做了提示："贴上'我的一家'的照片，向大家做个介绍。"这类"留白"，主要是使教材变得更加贴近学生。

9. 选择性留白

意在为教师的"教"和学生的"学"提供一定的选择空间。例如，《他们需要关爱》②主要是开展体验活动，而体验的内容则可以是多种多样的。既可以按照教材画面的提示，让学生体验断了右臂的孩子以及盲人在学习、生活中所遇到的困难和痛苦；也可以借助教材中的"留白"，让学生选择其他的体验对象。

10. 抒情性留白

情感是发自内心的，也是需要倾诉的。据此，小学德育教材设计了抒情性留白。如"制作一张感恩卡，写上一句最想对爸爸妈妈说的话"。又如"体会朋友的痛苦，悄悄给他写几句话"。借助此类留白，旨在激发学生爱的情感，并能获得表达和倾诉的机会。

11. 引领性留白

小学德育教材安排了一些实践活动，如参观、访问、小实验、资料调查……为了保证活动有效开展，教材借助对留白的设计，强化了对活动的指导。如《我也能研究》一课，设计了四处留白：其一，我的研究计划；其二，我们感兴趣的问题；其三，我们的分工；其四，具体步骤。要求学生填写。类似这样的留白，旨在引领学生掌握基本的学习方法和技能，避免活动的盲目性，以提升自主学习和探究学习的实效。

以上11种"留白"，充分体现了新课程的新理念，展示了新教材的新面孔。教师要将新教材的优势转化为成功的胜势，把新教材中的"亮点"转化为烛照学生心灵的阳光。

复习与思考

1. 小学德育课程教材有哪些基本特点？

---

① 鲁洁. 九年义务教育六年制小学教科书(实验本)品德与生活一年级下册[M]. 南京：江苏教育出版社，北京：中国地图出版社，2002.

② 同上.

2. 简析小学德育教材的单元结构。

3. 什么是单课教材的意蕴？怎样解读单课教材的意蕴？

4. 小学德育教材课题、话题、案例设计有哪些基本特点？请举出教材设计案例，分析其内在的教育因素和价值？

5. 小学德育教材文字、图画、留白设计有哪些基本特点？怎样运用教材中的文字、图画和留白进行教学？

推荐阅读

1. 鲁洁. 回归生活——"品德与生活""品德与社会"课程与教材探寻[J]. 课程·教材·教法，2003(9).

2. 李莉.《品德与生活》教科书的特征分析与问题研究[J]. 课程·教材·教法，2011(8).

3. 杜时忠，卢旭. 多元文化背景下的德育课程建设[M]. 南京：江苏教育出版社，2009.

4. 陈光全. 品德课新教材的整体性解读[J]. 成才，2009(7)，中国人民大学书报资料中心复印刊全文转载.

5. 陈光全."品德与生活""品德与社会"的基本特点与教学策略[J]. 中国教育学刊，2004(5).

6. 陈光全. 小学德育教材课题取向解析[J]. 教育实践与研究，2002(2).

第二章 小学德育课程教学设计

本章重点

- 小学德育课程教学设计的基本原则
- 优化教学目标、教学过程、学习评价等设计要素的内涵与基本要求
- 小学德育课程教学设计整体优化的运筹思路与实践智慧
- 小学德育课程教学设计需要处理好的四个问题

第一节 小学德育课程教学设计概述

教学设计是设计中的一种特殊类型。它的设计对象不是静态的物，也不是机器运转的规则、流程，而是动态的、复杂的教学系统。

一、小学德育课程教学设计的含义

（一）什么是小学德育课程的教学设计

近十几年来，我国一批学者加强了对教学设计的理论研究，取得了重要成果。他们对教学设计的解释，有代表性的主要有以下三种。

第一种，以教学目标为中心。浙江大学的盛群力教授说："教学设计是一种目标导向的系列活动。"

第二种，以学生发展为中心。持这种观点的学者解释说："学习就是发展，而发展本身则体现为事物的矛盾运动，即从一种状态（教学的起点状态），向另一种状态（预期的结果状态）的转化。""所谓教学设计，就是选择促成这种转化和发展的最优化途径。"

第三种，以学习者的学习为中心。持这种观点的学者解释说，基于"生本"理念，教学设计就要关注学生，无论"教什么"和"怎样教"，都要服务于学，着眼于学生的发展。在实施新课程的背景下，教学设计无疑应从"师本"设计转变为"生本"设计。教师要借助设计，精心营造优质的环境和条件，以激发、支持和推动学生内在学习过程的有效发生和学习结果的达成。

借鉴以上三种说法，小学德育学科课程的教学设计，是指以生活德育、实

践德育和生本理念为指导，以教材为中介，围绕学生"学什么""怎样学""学到什么程度"（即教学目标）以及切入相应学习评价而进行的系统的策划和创意。

（二）小学德育课程教学设计的基本特征

小学德育课程教学设计具有"学"本性、"三维目标"统领性和生成性三大特征。

1. 小学德育课程教学设计的"学"本性特征

"学"指学习、学生。小学德育课程教学设计，坚持以学习为中心，服务于学生的发展。保罗·弗莱雷认为："学习越来越应成为学习者主动推动的过程。"小学德育课程教学设计主要不是为了"教"，而是为"学习者而设计"；要注重弘扬学生的主体性和创造性，尊重和凸显学生的主体地位，充分考虑和借助学生自身的资源。主体性的表现是主动性。主动性的发挥与发展，与学生的学习动机有内在联系。教学设计要创设一种有趣味的鲜活情境，使学生处于一种主动、活跃的能动状态，全身心、多感官去参与、去亲历活动，引导他们实现德性的建构和社会性发展。

2. 小学德育课程教学设计的"三维目标"统领性特征

"三维目标"是指知识与技能、过程与方法、情感态度与价值观目标。"三维目标是一个整体，不可分割。"我国义务教育课程标准倡导的"三维目标"体现了教育思想的进步。[①]"三维目标"是教学设计的核心和灵魂，它不仅决定教学设计的整体性框架，其目标因素还应渗透到教学每个环节、每一个细节的设计中。"三维目标"要为教学过程和教学策略、学习方式的运筹，为实现学生德性建构和社会性发展导航。

3. 小学德育课程教学设计的生成性特征

小学德育课程教学设计，不能也不应"一锤定音"，固化不变；恰恰相反，小学德育课程教学设计应是开放的、生成的。小学德育课程教学设计的生成性有两大表现。

首先，教学设计是动态的、变化的。"现代教学设计更加关注教学的生成性，包括学生观点的生成性和教学过程的生成性"[②]。因为，设计者不可能在教学前把尚未发生的问题全部估计、囊括到预案中。动态的、不确定性的教学流程，随时可能出现偶发因素和难以预测的问题，教学设计所能做的仅是谋划一个大概的、初始的框架；其后，教师要结合教学实践中不断出现的问题，对

---

① 钟启泉. "三维目标"论[J]. 教育研究，2011(9).
② 裴新宁. 现代教学设计的概念与特征[J]. 开放教育研究，2005(4).

初始的框架随时进行调整和决策。①

其次,小学德育课程教学设计方案需要不断修正和完善。小学德育课程教学设计"始于课前,运作并贯穿于课中,并通过行动中和行动后的反思给予修正和完善"。②

二、小学德育课程教学设计的基本原则

在新课程实施的背景下,教学设计实质上是对"运作课程的谋划",是教师组织课堂教学的起始一环,对教学过程的展开乃至教学终端的效益产出至关重要。有人说走进一个人的教学设计,如同走进了这个人的内心世界,从中可以感悟到他的教育理念和人生追求。小学德育课程教学设计绝不能降低到纯技术的层面,不能就教学谋划教学,而应凸显设计理念,彰显设计灵魂。理念是贯穿于整个教学设计之中的基本思想。优质的教学设计,背后必定有先进的理念做支撑。运筹教学设计一定要借助教育心理学、教育社会学、传播学、教学技术学、学习科学和脑科学的理论指导。如此,教学设计的价值取向才不会偏失,课堂追求才不会异化。郭思乐教授说得好:"教学设计其实就像一个建筑,既有钢筋、水泥和沙石,更有它所反映的建筑设计的思想和灵魂。"③

小学德育课程教学设计需要教师具有较高的理论素养和理论思维,在设计操作中必须坚守一些基本的原则。我们所说的"原则",无非是教育思想的凝结,是对设计价值取向的指引和教学设计的总要求。小学德育课程教学设计应遵循什么原则呢?

(一)生命性原则

每一节课都是学生一段重要的生命历程,是他们生命中有意义的构成部分。新课程教学设计要打造人文关怀的环境,让学生以旺盛的生命力投入学习;要营造充满童真、童趣、童乐的儿童文化,让学生在这种文化氛围中获得熏陶和精神满足;要为学生生命灵动和个性张扬营造展示平台,使学生在课堂生活中真正体验到快乐和幸福。

(二)生活性原则

小学德育课程"注重生活的价值。学生的品德与社会性发展源于他们对生活的认识、体验和感悟。学生的生活对本课程的构建具有重要价值"。按照生活德育理念,小学德育课程教学设计应体现生活化:要从以知识、技能为逻辑

---

① 裴新宁. 现代教学设计的概念与特征[J]. 开放教育研究,2005(4).

② 同上.

③ 郭思乐. 生本教育:人的培养模式的根本转变[J]. 人民教育,2012(3/4).

的设计思路转变为以儿童的生活为逻辑；"教师应根据学生已有的经验设计教学"；① 教学内容和教学形式的呈现必须贴近儿童的生活，为学生所喜欢、所需要。要针对学生在生活中遇到的问题、困惑，激发他们用自己的眼睛去观察，用自己的心灵去感受，遵循既"源于儿童生活，又引导儿童生活"的思路，以促使学生的德性建构和社会性发展。

(三)活动性原则

小学德育课程教学设计应特别讲求以活动为主轴，建构框架结构。因为活动是德育新课程的生命线，是学生实现经验增长，潜能开发，生命成长的载体。教学设计要注意选择适宜的活动形式，切忌脱离实际，为活动而活动；要重视外显活动和内隐活动的相互匹配；注意课堂活动与班级活动、学校活动、少先队活动、社区活动、节日庆典活动的有机结合；注意活动之间的相互联系、螺旋上升；注意各单元之间、学期之间的活动相互呼应、相互强化；教学设计要创设条件，营造平台，力求让每个学生都能平等地体验、经历活动过程，让所有学生都能获得参加学习活动的机会和权利。

(四)引导性原则

学生生活在价值多元的社会中，难免会受到来自成人世界形形色色的影响，其中包括可能受到消极、负面和错误东西的影响。据此，小学德育课程教学设计应引导学生"在与自然与周围环境的互动中，主动探究，发展创新意识和实践能力。"②要"特别关注每一个学生成长。以社会主义核心价值体系引导学生的道德发展，丰富学生的社会认识和内心世界，健全学生的人格，使他们能够以积极的生活态度参与社会，成为有爱心、有责任心、有良好行为习惯和个性品质的人。"③教学设计不应回避，而是要直面现实生活中的是与非、好与坏、对与错，引导学生去观察、思考、辨析、以形成正确的价值判断。运筹教学设计时，可针对具体课题的活动目标、活动内容和班级学情，厘定"引领点"并做好预案(包括在何时、何处、何问题上进行提示、启发、点拨、讲解、提升，都应精细策划和周密安排)，此外，教师在课的展开过程中，尚需敏锐地捕捉学生的问题、疑问、困惑、冲突，然后，借助精当、精彩的反馈和价值商讨对学生实施引领，从而实现师生间的价值认同。

---

① 中华人民共和国教育部. 品德与社会课程标准(2011 年版)[S]. 北京：北京师范大学出版社，2011.

② 同上.

③ 同上.

总之，坚持用社会主义核心价值体系，引导学生的道德发展和健康成长，既是教学设计的根本原则，亦是教学设计的精髓所在。

（五）开放性原则

课改前小学思品课的教学设计是封闭的，教学诸因素的联结都被限定在40分钟的时间内和教室狭小的空间中。德育新课程教学设计则要遵循开放性原则。

一是教学内容的开放。教学设计要考虑教材内容与儿童生活世界和社会现实的沟通，要促进文本中负载的间接经验和教师的知识、智慧以及学生经验间的互动；要注重吸纳现代化物质文明、政治文明、精神文明以及现代科技发展的最新成果，以解决教材内容相对滞后的状况。

二是教学时空的开放。按照实现教学目标的需要，教学时间可酌情设定，不完全受每节课40分钟的制约。至于教学空间的开放主要有三层意思：首先，要有开放的心理空间，教学设计要善于为学生营造人格尊严的空间和思维博弈、想象放飞的空间；其次，教学设计要为学生营造自我表现的空间；最后，要开放物理空间，按照实现教学目标的需要，教学可以由教室小课堂迁移至天地大课堂。

三是教学过程的开放。课首导入设计，要关注学生已有的生活经验，把学生感兴趣的生活事例引入课堂。课中，需要在原有教学构想的基础上，及时对课堂上师生、生生互动的信息进行诊断，适当地重组信息，调整教学，促进课堂的动态生成。课尾设计要注意将该课的主题意义向生活实践延伸。

四是作业的开放。要多安排实践作业，具有多元答案的作业以及项目设计、活动创意性作业等。

（六）尊重儿童原则

童年"蕴藏着丰富的发展内涵与价值""参与并享受愉快、自信、有尊严的学校生活是每一个儿童的权利"[①]。按照小学德育课程尊重儿童的理念，教学设计要体现"四个充分"。

一是充分凸显儿童的主体化。教学设计要坚持人文性取向，注重弘扬学生的主体性和创造性，尊重和凸显学生的主体地位。

二是充分借助儿童自身的资源。儿童是课程资源的生命载体。他们既是基础性资源，又是生成性资源；教师应准确、全面地加以把握，以此策划学习活

---

① 中华人民共和国教育部．品德与社会课程标准(2011年版)[S]．北京：北京师范大学出版社，2011.

动的切入点和生长点。

三是充分关注儿童的差异。由于儿童对教学内容的理解是多元的，解决的策略也不同。教学设计"要注意个别差异，关注有特殊需要的儿童，考虑如何帮助每个儿童找到适合自己的活动，以促使他们积极地参与"[①]。教学设计还要考虑为儿童的反思和个性化表现提供必要的时空。

四是充分尊重儿童的人格尊严。教学设计要体现对班级中所有儿童的关爱，尊重每个儿童应有的权利。联合国儿童基金会教育顾问吉姆·欧文说，过去的教育是依据从社会需要着眼的方针，现在的教育要转变为依据"从儿童权利着眼的方针"。小学德育课程教学设计应考虑和满足儿童学习的权利、参与的权利、人格平等的权利、发展的权利、享受尊严的权利，等等。特别是在设计有关学生个人生活、家庭生活的内容时，如果班上确有缺乏亲情呵护的孤儿，或者个别学生的父母已离异，或是单亲家庭，或学生本人生理上有缺陷、肢体有残疾，对这些学生要特别关注并采取相应的设计对策。要避免由于教学设计不当，可能将这部分学生边缘于学习之外，或因设计时考虑不周给他们造成痛苦和刺激。尊重儿童，关注差异，教学设计还应在教学过程的关键处，按照特定教学内容、特定学习活动的需要，可以打破"齐步走"的格局，设计"异步运行"的学习环节——既给"腿长"的学生放行，使他们能在班级"方阵"中超前领跑，又给"腿短"的学生相应的个别辅导，使他们能达成既定目标。

（七）求实性原则

小学德育课程教学设计"强调必须从学生发展的现实和可能出发，提高德育的实效性""帮助他们认识和解决现实发展中的问题，使教学成为学生体验生活、道德成长的有效过程"[②]。按照教学实效性理念，小学德育课程教学设计，不应是"花拳绣腿"式的，而是要务实、要扎实、要讲求实效。具体要从五个"特别讲求"上下工夫。

1. 特别讲求基于学生的最近发展区设计好教学目标

教学目标不可好高骛远，脱离实际，而应定位于学生的最近发展区。要处理好长期形成的目标与短期目标之间的关系，突出每一节课的重点和难点。要围绕和服务教学目标，运筹好相关的设计要求。

---

① 中华人民共和国教育部. 品德与生活课程标准（2011年版）[S]. 北京：北京师范大学出版社，2011.

② 同上.

2. 特别讲求营造优化的学习环境

教学设计应着眼于教师更好地服务于学生的"学"而创设。注重强化师生、生生间真心地对话与面对面的交流、质疑与反馈,彼此间的合作与分享以及学习过程中实施多元评价等环节的设计,旨在让学生充分地感受参与学习活动的适切和自信,感受到学习环境给人的愉悦和舒适以及个人因学习的进步和成功而孕育的学习成就感。

3. 特别讲求情境的创设

教学设计既要注重创设任务情境或问题情境,激发学生主动学习和探究的兴趣;同时又要注重创设真实的生活情境;尽可能地为学生提供多样化的生活体验和社会实践的机会。教学设计要注意激活学生的生活经验与认识,调动学生用多种感官去观察、体验、感悟社会,获得对世界的真实感受。

4. 特别讲求根据学生的已有经验运筹教学活动

"教师首先应根据学生已有的经验设计教学。"[①]人本主义心理学家罗杰斯认为:"无论哪种有意义的学习,都需要与学习者自身经验相关联。"教学设计应以学生的生活经验,生活中感兴趣的问题与需要为中心,凸显学生经验的发展价值,即通过经验的获得,经验的重新组合,加深他们对社会的认识,实现并促进学生的成长。

5. 特别讲求教学设计的实在和实用

小学德育课程教学设计,要"避免制作高成本的课件或教具"[②],不要过度地使用成人影像。教学设计要务实,要尽可能地"选取学生生活中真实可信的生动事例"[③],以引发学习者的感受、体验和感悟;要尽可能多地选取学生熟悉的材料,"以拉近学生与学习对象的距离"。[④]

小学德育课程切忌设计一些"花架子"的教学环节,不要设计一些"华而不实的社会调查"[⑤]。教学设计要管用,要尽可能多地"采用学生乐于和适于接受的生动活泼的方式"[⑥],激发学生主动学习和探究的兴趣,帮助他们认识和解决现实生活中的问题,使教学成为学生体验生活、道德成长的有效过程。[⑦]

---

① 中华人民共和国教育部. 品德与社会课程标准(2011年版)[S]. 北京:北京师范大学出版社,2011.
② 同上.
③ 同上.
④ 同上.
⑤ 同上.
⑥ 同上.
⑦ 同上.

以上所述生命性原则、生活性原则、活动性原则、价值引导性原则、开放性原则、尊重儿童原则和讲求实效性原则，是建构优质教学设计必须要高擎的明灯。只有坚守这些基本原则，小学德育课程的教学设计才能具有较高的品位。

第二节 小学德育课程教学设计的优化

教学设计以教学理论、学习理论和传播学理论为基础，应用系统的观点和方法，分析教学中的问题和需求，确定目标，建立解决问题的步骤，选择相应的教学策略，分析评价教与学的结果，使教学效益达到最优化。教学设计包含着相互联系、相互影响的若干设计要素。优质的教学设计，不仅要注意各个设计要素的优化，而且要注重对各个设计要素的整合，以彰显教学设计的整体优化。

一、小学德育课程教学设计要素的优化

"教学设计必须回答三个基本问题——我们到哪里去（确立教学目标）、我们是否到了那里（评价学习结果）、我们怎样到那里去（落实教学过程）。"①这三个基本问题，即为"教学设计的三个基本要素"②。教育家巴班斯基说得好：实施教学整体结构的优化，必须"保证教学的各个基本成分有一个最优的设计"。

（一）教学目标设计的优化

教学设计是一种以目标为导向的系列活动。教学目标是一定价值观的具体化，对课堂教学起统领作用。教学目标是教学设计架构中的顶端设计，是教学设计的核心和灵魂。教学设计的成败在很大程度上取决于对教学目标的设计是否到位、是否恰切。对于教学目标设计，应把握五点。

1. 教学目标设计的理念

新课改明确指出，教学要实现和落实知识与技能、过程与方法、情感态度与价值观的三维目标。教学目标多维化，体现了对人的生命存在及其发展的关注。从人的存在角度看，教学的目的在于引导学生寻求个体、自然、社会的和谐发展，引导学生学会生存；从人的生存角度看，教学目的在于引领学生追求

---

① 马兰. 整体化有序设计单元教学探讨[J]. 课程·教材·教法，2001(2).
② 傅道春. 教师技术行为[M]. 哈尔滨：黑龙江教育出版社，1994.

智力与人格的协调发展，引导学生学会做人，体现了对学生作为"整体人"的发展的特别关怀。小学德育课程讲求"三维目标"之间相互联系和有机整合。"三维目标"的三个方面既相互区分又相互依存，是一个有机的整体，知识与技能是过程与方法、情感态度与价值观目标实现的载体；情感态度价值观是实现知识与技能、过程与方法目标的动力系统；过程与方法是连接另外两维目标的纽带，换句话说，知识与技能、情感态度与价值观目标必须在过程中实现。总之，运筹教学目标，要从"三维目标"的整合着眼。例如，考虑过程与方法目标，就要特别注意三点：其一，教学过程设计，要注意让学生了解知识的来源、规律、特点等，这样有利于学生透过现象、了解本质，从而培养学生积极的情感和正确的价值观；其二，注意让学生掌握获取相关知识、培养相关技能的过程与方法，即让儿童通过关注学习的过程、方法、手段、途径等来掌握学习策略，从学会到会学，从而增大学生学习的张力，提升其可持续学习的能力；其三，对于过程与方法目标的运筹，重在关注学生探索新知识的经历及其获得新知识的感悟和体验。如此运筹，意在培养学生的学习能力、实践能力以及创新能力。

2. 优化教学目标设计的基本前提

小学德育课程优化教学目标设计有两个基本前提：一是钻研课程标准，分析教材；二是分析教学起点，洞察学情，如图 2-1 所示。

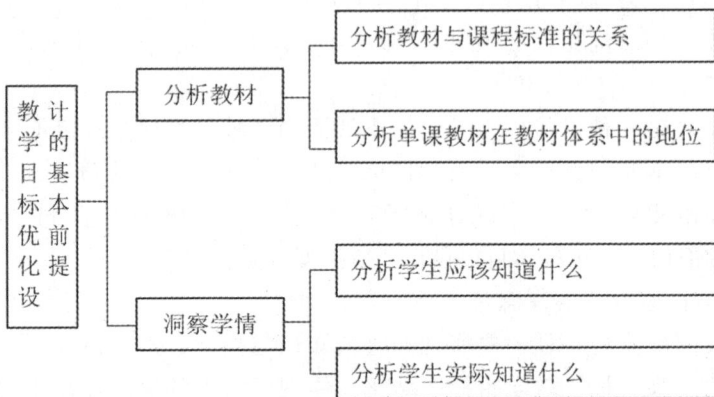

图 2-1　教学目标优化设计的基本前提

(1)钻研课程标准，分析教材。分析教材对于优化教学目标设计具有重要意义。分析教材要把握三点。

①注意对单课教材进行纵向分析比较。教师在进行单课教学设计时，务必要通读本学科全套教材，分析这节课内容在整个学科教材中的地位，即本节课

的学习内容与以往学习过、今后将要学习的哪些内容有联系。这种"联系"包括三个层次：第一，本节课的内容在整个学科教材体系中的地位及其所具有的承上启下作用；第二，本节课的内容在所教学段中所处的地位和作用；第三，本节课在本单元中所处的地位和作用。弄清以上三点，旨在把握本课内容与其他相关内容要建立宽泛的观念联系，即从纵向上，把握好本课内容的深浅度和侧重点；从横向上，把握本课内容与其他相关内容的网络联系。

②注重以课程标准为准绳分析教材。教材分析不是对文本内容的说明和介绍，而是对即将开始的新学习内容所蕴含的知识、技能、情感态度价值观因素的相互联系进行解析。特别重要的是教师分析教材应该以研读小学德育课程标准为依据。

【案例 2-1】

着眼于教学目标的优化设计，教师把研读课程标准与分析教材结合起来，一般分为两步。

第一步：浏览课题、课文、图片、"留白"，注意以话题和案例为抓手，先整合后分解，看教材表现了哪些内容，并区分出层次；第二步，将这些内容与《课程标准》相关要求比对、思考，从而提炼出该课蕴含的目标质。例如，《我不任性》①，通过整合分解，可把教材内容梳理、细化为：(1)知道贝贝(教材人物)任性的表现，反思自我有没有类似的情况；(2)分析任性是怎样产生的，学会从内因和外因两方面去思考；(3)角色扮演，怎样帮助贝贝改掉"驴脾气"，让学生从中感悟和体会如何克服和改正任性的毛病；(4)观察四幅任性的图片，讨论这样做好不好？你觉得怎样做才好？通过讨论，让儿童的思维由肤浅走向深入；(5)解读故事：狗熊的遭遇；(6)解读儿歌："好儿童，听劝告，坏脾气，要改掉，不任性，呱呱叫。"

第二步：即将教材的六项内容与《课程标准》规定的要求——"能在成人帮助下化解自己的消极情绪""学会调整和控制自己的情绪""在学校里情绪安定、心情愉快""懂礼貌""行为文明"进行比对，通过思考提炼后，可将本文蕴含的目标质抽出来——即情感态度层面，蕴含有培养学生讲道理，明事理的生活态度；行为习惯层面，蕴含有让学生学会换位思考，懂得尊重他人的良好行为习惯；知识技能层面，蕴含有学会化解消极情绪的初步能力。

③调整教材内容。主要是以课时目标为依据，一方面，注重分析教材的范

① 赵昕. 义务教育课程标准实验教科书品德与生活一年级上册[M]. 北京：人民教育出版社，2002.

例和话题，提取其中的"活性因子"，使教材活起来、动起来；另一方面，要对教材内容进行适当的增删和调整，使之更适合学生的认知发展水平。

（2）分析教学起点，洞悉学情。教学目标的优化设计，不仅要以小学德育课程标准为依据，也离不开对具体班级学生的分析；否则，教师设定的教学目标就可能成为水中月、镜中花，后续的课堂教学也会无的放矢。

《课程标准》强调："重视做好课前的学情分析，根据不同地区与班级儿童的实际，制订有针对性的教学活动计划。"[①]分析学情先得了解学情。教师了解学情，包括了解儿童的一般特点、需要以及其他共性的问题；了解儿童的个性特点（如兴趣、性格、能力、习惯等）；了解儿童生活中的热点，希望探究的问题；了解儿童生活的家庭、社区的实际条件、地区的历史、自然资源、文化资源等。了解、分析学情，不仅是运筹教学设计的起点，而且是决定教学设计是否具有优质性的关键要素。然而在日常教学设计中，许多教师往往只是深钻教材、考虑教法，却把洞悉学情置之脑后，这无疑是传统教学设计"以教论学"路径的惯性反应。早在两千多年前，圣人孔子就警示说："不患人不知，患不知人。"（《论语·学而》）"不知人"，即不了解学习者的情况，无疑是教学设计之大忌。其实，少年儿童是带着对这个世界所积淀和储存的一定经验和个人观点来到教师面前的。尤其是现代社会，少年儿童生活环境中充满了刺激，他们对许多问题（关于自然、社会、自我）都曾有过自己的探究和思考，已经形成了初步的看法。这些经验是少年儿童建构对世界新认知的基础。怎样分析学情呢？对学习者的分析包括分析学生已经知道了什么和必须知道什么。

①分析学生知道什么，以确定教学的假设起点。怎样分析呢？最简单的操作方法就是"反推"——即围绕本课的价值取向反复设问，学生学习本课必须具备哪些知识、技能、态度、情感、价值共识，从而一步一步揭示要达到本课目标的必要条件。

②分析学生已经知道了什么，寻找教学的真实起点。小学德育课程教学设计要摒弃"以教定学"的路径，采用"以学定教"的思路，就必须把洞悉学情作为创意优质教学设计的重要一环。美国教育心理学家奥苏贝尔说："如果我不得不把所有教育心理学还原为一句话，我将会说，影响学习的重要因素是学生已经知道了什么。我们应当根据学生原有的知识状况进行教学。"[②]怎样了解、分

① 中华人民共和国教育部.品德与生活课程标准（2011年版）[S].北京：北京师范大学出版社，2011.

② 张春兴.教育心理学[M].杭州：浙江教育出版社，1998.

析学情呢？教师可通过课前与学生聊天，了解学情；也可以借助有针对性的"前测"，对学情做出判断，从而把握学生的真实起点。教师把握、洞悉的学情愈准，教学才有正确的基点，教学设计才越能发挥正向引领教学的积极作用。《课程标准》强调：教学的每一个环节都需要在了解儿童的实际生活发展状况，掌握每个儿童的特点和各不相同的需要，了解其所在的家庭和社会的状况等基础上进行。①

例如，教学《从一滴水说起》②前教师借助专项"前测"了解学情，如表 2-1 所示。

表 2-1　我家一天的用水情况

1. 你刷牙时随手关水龙头吗？	是（　　　）否（　　　）
2. 你洗澡不玩水吗？	是（　　　）否（　　　）
3. 你是喝光瓶里的矿泉水才扔吗？	是（　　　）否（　　　）
4. 你洗手时总是选择适量的水流吗？	是（　　　）否（　　　）
5. 你看到滴水的龙头能随手关紧吗？	是（　　　）否（　　　）

3. 教学目标的定性

这是优化教学目标设计的关键一环。教师要针对既定的课题，将小学德育课程"内容标准"中的相关条目细化为课时目标。所设定的教学目标，要按照目标分类理论定性。教学目标的设定层次，要定位于学生"最近发展区"。教学目标的设计要注意针对性和可操作性。每节课的教学目标不必面面俱到，应简洁、清晰、具体，注意针对性和可操作性，③ 要"尽可能根据本校和本班学生的实际状况和需求进行设计，避免大而空"。④

4. 教学目标的陈述

教学目标的陈述具体要把握"三个要"，即要陈述学生学习的结果，而不是陈述教师打算做什么；要把概括性的"三维目标"，转换成若干具体的、便于观察或评析的行为目标；要尽量用外显的行为动词来描述学生的学习行为。所谓

---

① 中华人民共和国教育部. 品德与生活课程标准(2011 年版)[S]. 北京：北京师范大学出版社，2011.

② 鲁洁. 九年义务教育六年制小学教科书(实验本)品德与社会四年级上册[M]. 南京：江苏教育出版社，北京：中国地图出版社，2003.

③ 中华人民共和国教育部. 品德与生活课程标准(2011 年版)[S]. 北京：北京师范大学出版社，2011.

④ 同上.

外显行为动词，就是指那些可操作、可观察的动词，如"说出""比较""找到"等。用这样的行为动词来陈述教学目标，学生能清楚明确地知道自己该做什么和该怎样去做以及做到什么程度。

为了把教学目标设计好，下面结合具体的案例加以评说。教学《新朋友、新伙伴》①一课，张老师、李老师分别设定了教学目标，如表 2-2 所示。

表 2-2　教学目标设计 A、B 两方案比较表

目标维度	A 方案的教学目标(张老师设计)	B 方案的教学目标(李老师设计)
情感与态度	清除与人交往的陌生感和羞怯感，要求学生通过内心体验来丰富自己的内心世界	表现对老师、同学的喜爱，感受与同学、老师交往的乐趣，增进师生、同学之间的感情，初步体验作为新集体一员的快乐
行为与习惯		喜欢与同学、老师交往，初步培养大方、开朗与人交往的文明习惯
知识与技能	(1)让学生在趣味活动中，了解新老师、新同学；(2)培养学生人际交往的基本技能	(1)学习与同学、老师交往的基本技能；(2)锻炼口头表达能力和情感表达能力
过程与方法		尝试运用不同的方法与同学、老师进行交往

从表 2-2 不难看出，A 方案有三方面缺失。其一，教学目标的构成要素不全。小学德育课程教学目标具有整合性，其负载的意义是多元的。A 方案注重了情感、技能等因素，却淡化了行为与习惯、过程与方法等目标因子，表现出目标设计的严重缺项。其二，目标笼统，缺乏针对性。如 A 方案中"通过内心体验来丰富自己的内心世界"等，都太宽泛，不具体，不易操作，不易检测。其三，陈述方式不当。A 方案中所写的"要求学生……"、"让学生……"、"培养学生……"的陈述方式，完全将学生置于客体地位，仿佛目标不是学生的自身追求，而是外加给他们的。

与 A 方案不同，B 方案表现有重视整合性、讲求适切性、凸显主体性的优点。一是整合性。B 方案的教学目标设计，不仅项目齐全，而且较好地体现了情感与态度、行为与习惯、知识与技能、过程与方法等目标因素的有机整合。二是适切性。B 方案教学目标切合学生的实际和需要。如情感与态度目标

① 赵昕. 义务教育课程标准实验教科书品德与生活一年级上册[M]. 北京：人民教育出版社，2002.

中的"表现对老师、同学的喜爱，感受与同学、老师交往的乐趣"；行为与习惯目标中的"初步培养大方、开朗与人交往的文明习惯"；知识与技能目标中的"锻炼口头表达能力和情感表达能力"；等等，都比较具体、实在，易于操作、检测。它既定位于学生的"最近发展区"，又体现了教学目标的连续性和阶段性的统一，符合学生的成长规律。三是主体性。B方案所列教学目标，采用学生主体的陈述方式，充分体现了尊重、相信和依靠学生的现代教学理念。对于行为与习惯、知识与技能目标，主要是采用描述学生学习结果的词语来陈述，如"初步培养大方、开朗与人交往的文明习惯"等。对于情感与态度、过程与方法目标，主要是采用"体验性""过程性"的词语，通过描述学生自己的心理感受、体验、表现来加以陈述，如"感受与同学、老师交往的乐趣"等，都是从学生的角度出发，把学生作为实现目标价值的主体而设计的。

（二）教学过程设计的优化

教学过程是教学设计中最复杂、最精细、最具挑战性和创造性的一项工作。小学德育课程应按照生活德育的逻辑设计教学过程，并匹配适切的教学策略和教学方法。

1. 按照生活德育理念优化教学过程设计

按照生活德育理念，德育应以儿童的真实生活为基础，并与他们的现实生活贯通，无论是课首导入、课中展开和课尾延伸，都应体现开放性特点，如图2-2所示。

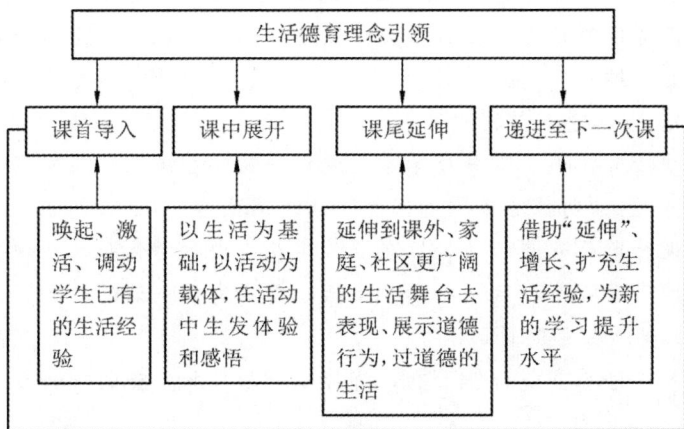

图 2-2　教学过程示意图

资料来源：陈光全. 德育生活化教学过程浅说[J]. 现代中小学生教育，2003(10).

2. 教学过程优化设计的特点

教学过程优化设计主要是匹配适切的教学策略和方法。如何选择教学策略和教学方法呢？主要是围绕"支持、激励和促进学习者内部信息加工的目的去运筹"①。具体地说，教学过程的优化设计应彰显四大特点：即凸显有序性、注重生成性、彰显助"学"性和追求高效性。

第一，凸显有序性。教学过程不是无序的、杂乱的，而是以一定的结构形态渐进展开、有序推进的。小学德育课程教学过程设计，一般以活动的内容、形式为外显脉络，以实现学生认知、情感的发展为内在线索，把几个相互关联的子活动串起来，环环相扣，行云流水，一层一层推进，从而组构成活动教学的整体。

【案例 2-2】《我来试试看》②教学过程设计

1. 课首——活动导入

做游戏：一根线串着五个环，要把正中间的红环取下来，又不许摘下两边的环，请你试一试。

评点：这个游戏切合学生爱玩的心理需要，又有一定的挑战性，能吸引学生人人参与，借助游戏活动导入，旨在营造让学生勇于尝试的心态。

2. 课中——主题活动的展开与链接

活动（1）——心理体验活动

描摹情境：数学课上，老师用征询的口气说："这道数学题很难，谁能动手算一算？"面临困难你会怎么做？设计这个活动，旨在让学生感受在学习中遇到了困难不要退缩。

活动（2）——角色表演活动

角色表演情节：小亮下午放学后，发现奶奶躺在床上，正发高烧，爸爸还未下班，小亮说："到社区医院请医生，让我试试看。"

评点：设计角色表演活动，旨在让学生获得内心的体验，从中领悟生活中会出现新领域，面临新挑战，要学会生活，需要有试一试的精神。

活动（3）——实践操作活动

穿衣比赛：每人准备一件上衣，都掉了一颗纽扣，先钉纽扣再穿衣，看谁

① ［美］R. M. 加涅. 教学设计原理（第五版）［M］. 王小明，等译. 上海：华东师范大学出版社，2007.

② 鲁洁. 九年义务教育六年制小学教科书（实验本）品德与生活二年级上册［M］. 南京：江苏教育出版社，北京：中国地图出版社，2003.

完成得又快又好。

评点：设计实践操作活动，旨在让学生表现和展示自我并体验成功的快乐。

活动（4）——合作学习

试一试也许会成功，也许会失败。如果尝试失败后你会怎么想？怎么做？先小组讨论，后全班交流。

评点：设计合作学习活动，旨在解决因尝试失败后所出现的认识误区，进一步催生他们勇于尝试的锐气。

活动（5）——讲故事

①学生讲述 7 岁小学生陈洁发明"双腔膜包装袋"的故事（情节略）。

②教师生动讲述爱迪生发明电灯的故事。

评点：设计讲故事活动，旨在让学生从新的层面上感悟"试一试"的意义，即只有树立勇于尝试，不怕失败的精神，才能有所创新、有所创造。

以上五个子活动的展开与链接较好地凸显了注重活动有序性、讲求活动意义性以及体现活动发展性的设计特点。

3. 课尾注重活动意义延伸

学完本课后，请在家中或社区中尝试做一件过去从未做过的事，你是怎样做的？做的结果如何？请写一篇简短的日记。

评点：通过延伸设计，旨在让学生由课内表现延伸至课外更广阔的天地中去表现，以激发学生勇于进取的精神。

第二，彰显助"学"性。有人譬喻说，教学过程如同一个不断建筑着的"建筑"，而教师的"教"，则像一个必要的脚手架，支持学生不断"建筑自己的能力"。教学过程设计应体现：教师的"教"，是为了学生的"学"、服务学生的"学"、成全学生的"学"；要更多地从展示学生的学习精神、学习能力、学习功效方面去谋划。

第三，追求高效性。一节课只有 40 分钟。教学过程设计应尽量杜绝不必要的时间耗损，最大化地赢得教学实效。无论利用什么课程资源，采用什么教学方法，都要简明精要，生动有趣，引思传神。要做到不设计一个没有必要设置的情境，不创意没有实际价值而徒有表面热闹的教学环节，不提出一个没有意义的提问。教学过程的最优化设计，包括对课首导入—课中展开—推向高潮—巩固延伸等各个教学环节的优化。从而在课堂上营造出一道道亮丽的教学风景线。就拿课首导入设计来说，富有磁性的导入，如同一场话剧拉开序幕，能使儿童产生一睹为快的欲望；好似一部交响乐的前奏，先声夺人，能拨动学生的心弦。设计优化的导入环节，要善于呈现相应的生活事实，激发学生已有的生活经验；善于在学习者和新的学习课题之间营造一种理想的诱发性背景。只有如此，导入设计才能获得让儿童激其情、悦其态、明其题、欲其学的最佳效应。总之，无论是整个教学流程，还是内含的各个教学环节的设计，都要讲求高效性。教师要善于安排和分配时间，要惜时如金，凡是能够节省的分分秒秒都要节省，以便相对集中较多一点时间，用在教学的刀刃上，用在对教学重点的围歼和对教学难点的突破上，用在学生的反思和思维的深加工上，用在学生对知识的彻悟、思想的放飞以及对教学内容的审美感受和审美体验上。如此，教学过程设计才能以最少的时间支出，赢得最大化的教学效益产出。

（三）学习评价设计的优化

教学评价是教学设计不可或缺的要素。教学评价包括对教师"教"的评价和对学生"学"的评价。对于教学设计而言，最富有意义的是要做好学习评价的设计。因为教学评价的最根本追求是"能确定学习者的学习程度，即了解学习者经过学习后产生的变化"①。

传统教学设计与新课程教学设计的另一个显著区别，在于后者增加了对学习评价的运筹。在传统教学设计文本中，我们看不到学习评价的踪影，这是严重的缺失。学习评价是按照《课程标准》要求，对学生的学习活动和情感、态度、行为变化及其知识、能力、价值观的提高或提升所做出的判断。德育课程教学设计为什么要增加学习评价呢？这是因为评价是教学的一部分。比格斯说："评价应是学习和教学内在的一部分。"评价"本身就是儿童丰富多彩的学习过程。在评价过程中儿童彼此间讲述活动过程，分享探究发现和活动体验、交流作品和活动心得，都是儿童学习的生动体现"②。

学习评价是推动学生发展、促进学生生命成长的风帆，是新课程教学设计不可或缺的要素。传统教学施用的是以纸笔考试为特征的终结性评价，完全撇开了课堂上学生学习的实际表现，只是根据一张试卷上的分数来评定学生学习成绩的等级和名次，这是极不公正的，特别不利于学生的发展。与此迥然不同的是小学德育课程教学设计要重视和关注学习评价的过程化、多样化、及时化和质性评价，通过评价促进学生的学习，真正让学习评价与教学融为一体。具体地说，优化学习评价设计应从四个方面下工夫。

第一，评价目的。《课程标准》强调："评价的主要目的是激励每个儿童的

---

① 马兰. 整体化有序设计单元教学探讨[J]. 课程·教材·教法，2012(2).
② 中华人民共和国教育部. 品德与生活课程标准(2011 年版)[S]. 北京：北京师范大学出版社，2011.

发展，促进每个儿童的品德发展与生活能力的提升。"①学习评价应更多地表现为对学生的欣赏和帮助。一是欣赏。教师要用期待的眼光看待学生，欣赏他们的优点，让学生从鼓励中学会自信，从宽容中学会耐心，从赞美中积蓄跃升的力量，从被赏识中学会行动。欣赏是评价的重点。诚如苏霍姆林斯基所说：教师的评价"最重要的是要在每个孩子身上发现他最强的一面，找出他作为个人发展的'机灵点'"。二是帮助。学习评价既包括显性的、对学生学习所做出的质性判断，同时也包括对学生的期待、点拨和引导。按照《教育评价学》的观点，后一种属于非正式评价，然而却能为学生提供学习的支持和帮助，为他们营造发展的空间。例如，当学生在学习中表现有不足或失误时，教师可让学生做出解释性回答（如"为什么……""如果……那么……""请你再想想"……）以引导学生自我质疑。这种向学生提供修正及改进思考机会的非正规评价，实质上是教师对学生学习所实施的一种智慧性引导。泰戈尔说："当乌云被阳光亲吻时，它们就变成了天空中的花朵。"如果把学生的差错比做课堂上空的片片乌云，教师以阳光的心态来关照差错所蕴含的发展价值，并进行智慧引领，这些差错就会转化成课堂上的朵朵奇葩。张华教授说得好："要把评价变成提升学生尊严""为学生时刻提供帮助的过程。"②我国评价创新的基本目标是让评价变成帮助。需要强调的是尽管这种非正规评价，不会写到教学设计之中，但作为教学设计的隐性成分，应当内化成为教师的教学意识。

第二，学习评价内容。要注重"对学生在学习过程中的各方面进行综合评价"③；主要包括学习态度评价（学生在学习过程中参与和完成学习任务的态度是积极还是消极）；学习能力和方法评价（评价学生在学习中的观察、探究、思考、表达、收集、整理、分析资料能力的强弱和使用方法的情况）；交往的状态（主要是评价学生与儿童伙伴间的交往与合作是否积极配合和融洽）；思维状态（主要是评价学生的思维是否被激活，是否敢于提出问题）；发表意见的情况（主要是评价学生发表的意见是否有新意、有深度、有独创性）；情绪状态（主要是评价学生是否能控制、调节自己的情绪，在学习中是否有愉悦感和成就感）；生成情况（主要是评价学生的知识、能力、学习方法是否具有生成性）。

第三，学习评价题的设计。优质教学设计既要有对教学目标的预期和追

---

① 中华人民共和国教育部.品德与社会课程标准（2011年版）[S].北京：北京师范大学出版社，2011.

② 张华.走向"倾听"教育学[J].全球教育展望，2010（10）.

③ 中华人民共和国教育部.品德与社会课程标准（2011年版）[S].北京：北京师范大学出版社，2011.

求，同时也要借助形成性评价题对学生是否达成了目标进行考核。教师在评价儿童学习的时候，既要关注所有儿童都要达到的共同目标，又要关注不同儿童学习时的独特表现和各自不同的优势。

【案例 2-3】《我不胆小》[①]**学习评价题的设计**

(1)(打出投影，呈现情景题，并分发答题卡)小明随妈妈到超市大楼购物，他们在三楼文具柜看商品时走散了，如果你是小明，害怕吗？胆怯吗？想一想采用什么方法可以摆脱困境？

(2)分发评价表(在四种评价中选择一种打"√")

个人评价		小组成员交换阅读答题卡，并对每个人做出评价	
好		好	
较好		较好	
一般		一般	
较差		较差	

第四，注重让学生参与评价。儿童既是评价的对象，也是评价的主体。教师在创意教学设计时，可考虑在开展主题活动、探究学习的相关阶段以及在组织学习成果展示之后，引入学习评价。"引导和帮助学生对自己和同伴在学习中的表现及成果进行自我评价和相互评价，鼓励学生自我反思，相互借鉴，相互促进，"[②]"评语既要简要、精练，又要注意差异性、针对性"。[③]

学习评价对儿童来说，是一种意义建构过程，是深化学习的一项内容、一个环节。注重自评、互评相结合，做到学习评价过程化、质性化和评价主体的多元化，有利于教师掌握学生学习的信息，及时调整和改善教学，从而获得既有利于学又有利于教的"一石二鸟"效应。

以上所述教学设计的三大要素彼此之间有着内在联系。"教学目标化"是教学设计构件的核心要素，一切设计活动都要紧扣教学目标；"教学过程的优化"是教学设计构件的骨架要素，是需要教师精心策划的重头戏；"学习评价的优化"是教学设计构件中的"动力"要素，它直接激励、支持和帮助学生的"学"。

---

① 鲁洁．九年义务教育六年制小学教科书(实验本)品德与生活二年级上册[M]．南京：江苏教育出版社，北京：中国地图出版社，2002.

② 中华人民共和国教育部．品德与社会课程标准(2011年版)[S]．北京：北京师范大学出版社，2011.

③ 同上．

二、小学德育课程教学设计的整体优化

教学设计各要素的优化与教学设计的整体优化是相互联系的。一方面，教学设计的整体优化，统摄各设计要素的优化；另一方面，各设计要素的优化，是对教学设计整体优化的展开，如果没有各设计要素的优化，教学设计的整体优化也会落空。

（一）教学设计整体优化的含义

从理论角度分析，"整体"对应的是"部分"。强调教学设计整体，主要是要"解决教学设计中如何统筹各要素之间的关系，完整安排各项活动的问题"①。从实践角度分析，整体是一种思维方式，"意味着教师在教学活动中必须从教学目标出发，统揽全局，将教学活动每一步、每一个环节都放到教学活动的大系统中考量，而不是片面地突出或强调某一点"②。

（二）教学设计整体优化的运筹思路

教学设计整体优化是以系统思维为指导，按照"整""分""整"的思路有序地进行运筹。第一个"整"，即教学设计从整体入手，可针对既定教学课题，深入学习《课程标准》的相关部分，明确其教学要求；然后是"分"，即对各设计要素实施优化设计；第二个"整"，即统整。按照整体优化高于部分优化、重于部分优化的原则，以最优化地达成教学目标为落脚点，扣住"教学目标""教学过程"和"学习评价"三大要素的设计及其相互联系、相互支撑等重点问题，进行斟酌、过滤、修改和统整。如图 2-3 所示。

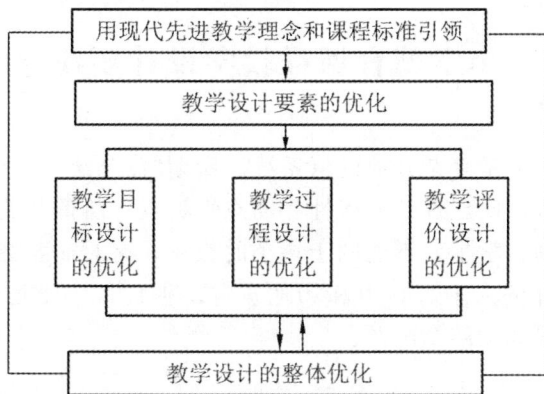

图 2-3　教学设计整体优化的运筹思路

---

① 马兰. 整体化有序设计单元教学探讨[J]. 课程・教材・教法，2012(2).
② 同上.

（三）教学设计整体优化的实践智慧

按照教学设计整体优化的思想规划课时设计方案，要求教师高度关注学生的意义生成过程，提倡在明确课时目标的基础上，注意"变线性教学方案为弹性教学方案，以确保课堂教学真正达到设计精致、生成自由的境界"。如图2-4所示。

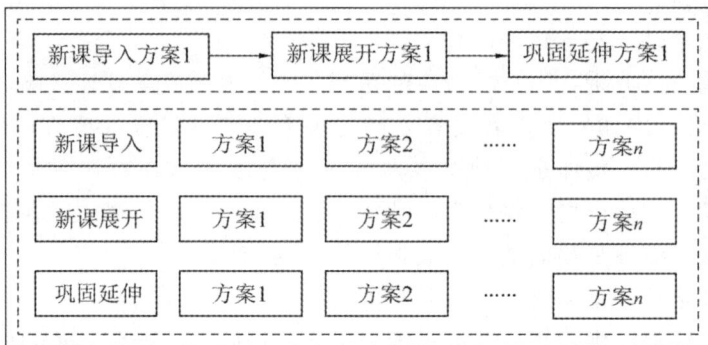

图 2-4　变线性教学方案为弹性教学方案

资料来源：马兰. 整体化有序设计单元教学探讨[J]. 课程·教材·教法，2012(2).

教学设计是一座"基于学习理论、教学理论和教学实践之间具有显著'技术性'（操作性）特征的桥梁"[①]。妥善处理精心预设与动态生成的教学要求，这座桥梁就有助于教师实现"为学习者而教"的教学追求。

第三节　小学德育课程教学设计要注意的问题

教学设计的对象是复杂开放的巨系统。所谓"巨系统"，是指各组成部分之间的联系方式具有不确定性、非线性和动态性特点；所谓开放，是指教学设计不能仅仅考虑教师、学生，不能囿于狭小的教室，有时需要突破既定时空的局限，充分利用校外的人力、物力和场地资源。据此，小学德育课程的教学设计，还需要处理好如下四个问题。

---

① 马兰. 整体化有序设计单元教学探讨[J]. 课程·教材·教法，2012(2).

一、教学空间设计与学生学习方式相适切

课堂空间布局和形态，营造的是一种学习情境或氛围；课堂空间的形式和变化，对学生学习效益有着极大影响。

课改前小学思品课的课堂空间，其座次排列是固化的，展现的无非是纵横排列的"秧田形"模式，如图2-5所示。

这种座次安排的弊端是：减少了学生目光的接触和学生间的交往，造成了儿童间的心理阻隔和疏远。

按照新课改的理念，教学空间的样态，既可有相对稳定的基本格局；同时又要适应变革学习方式的需要，进行必要的调整和改变。

（一）教学空间设计应适应学习方式的变革

着眼于推进学生合作学习、探究学习的需要，教师运筹教学设计可采用"矩形""环形""马蹄形"的课堂空间布局，如图2-6所示。

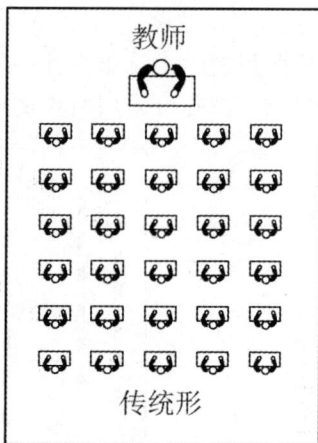

图 2-5　课改前小学德育课堂座次设计模式

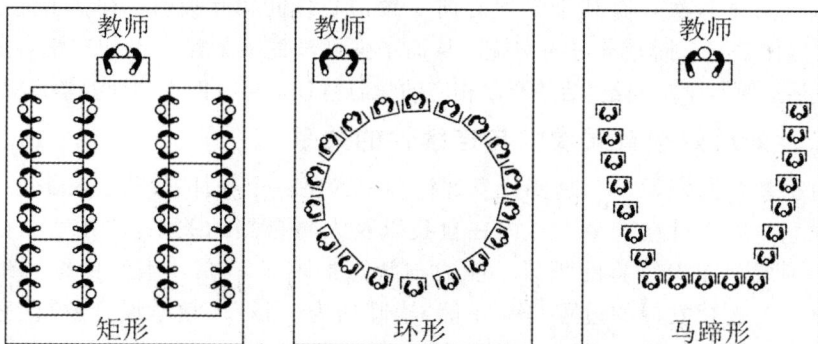

图 2-6　基于合作学习、探究学习的课堂座次设计模式

营造这样的教学空间和学习情境，既有利于学生间的谈话、交流、展示研究成果，又有利于他们分享彼此的经验和思想。

（二）教学空间布局按照学习活动的需要而变换

基于德育课程教学组织辩论活动和按学生兴趣、个性爱好分组的需要，教师可将常态性的教学空间布局变换为暂时性的课堂座次形态。例如，《生活中

的电视》①围绕学生提出的"看电视是好处多还是坏处多"的议题，开展正反双方的辩论活动，教师设计的教学空间，如图 2-7 左边所示。又如《认识你真好》②，教材设计了"红黄蓝绿大行动"，旨在让有相同兴趣的儿童在同组活动，从而帮助学生克服交往中的胆怯、紧张等不良心理倾向。为了推进上述活动的实施、教师可采用特殊的座次设计，如图 2-7 右边所示。

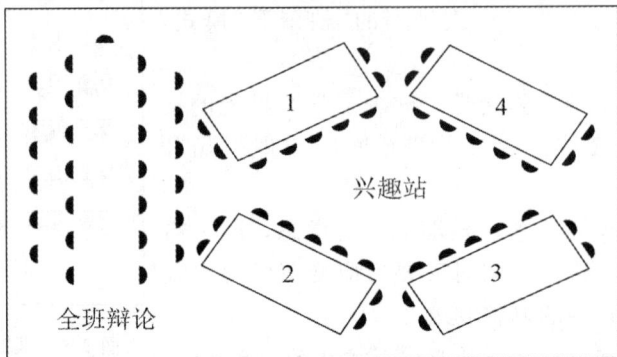

图 2-7　暂时性的课堂座次设计模式

采用这样的空间设计，最大功能就是能增强正反辩方和各兴趣小组的凝聚力。

小学德育课程教学设计，针对具体的教学内容和课题，灵活地划分课堂空间区位、安排座次，有利于学生心向一致，心理间相互吸引；有利于促进自主学习、合作学习、探究学习的实施，从而增强教学的实效性。正如有学者所指出的，灵活运筹教学空间给"活动配以相应的学习情景，将有助于达到教学目标"③。

二、处理好教育层次性与连续性的关系

道德教育的宗旨，就是要让身处社会中的每一个个体都学会正确处理个人与他人、个人与社会、个人与内在自我以及人与自然的关系。"儿童品德行为习惯的形成、知识经验的积累、能力与智慧的增长是在其生活中综合地呈现的，是一个连续发展的过程"，④ 不能"毕其功为一役"。教学设计要"注意活动之间的相互联系，螺旋上升，层层递进。各单元之间、学期之间的活动相互响

① 鲁洁．九年义务教育六年制小学教科书(实验本)品德与社会四年级下册[M]．南京：江苏教育出版社，北京：中国地图出版社，2003.
② 鲁洁．九年义务教育六年制小学教科书(实验本)品德与生活一年级上册[M]．南京：江苏教育出版社，北京：中国地图出版社，2002.
③ 陈琦、刘儒德．当代教育心理学[M]．北京：北京师范大学出版社，2007.
④ 中华人民共和国教育部．品德与生活课程标准(2011 年版)[S]．北京：北京师范大学出版社，2011.

应、相互强化，让课程能够持续不断地、广泛而深入地影响儿童的实际生活，帮助儿童获得彼此的，不断深化的经验和体验"①。

小学德育课程的设计思路是综合交叉，螺旋上升；即"每一个生活领域所包含的社会要素是综合的，在不同年段层次不同"②。只有通过持续、有序的强化教育，才能帮助学生逐渐培育起持久的、稳定倾向的道德行为，产生植根于内心深处的道德信念。按照德育的这一原理，珍爱生命、孝亲敬长、团结友爱、善待他人、热爱乡里、热爱祖国等教学内容贯穿在整个小学阶段。这就要求教学设计要处理好教育层次性与教学连续性的关系。所谓教育的层次性，是指对于同一教学内容的设计，要体现低、中、高不同年段学生的不同要求；所谓教育的连续性，是指各个年段的教学相互衔接，由易到难，由浅入深，由低至高，呈现出一条螺旋递进的曲线。例如，孝亲敬长是中华民族的传统美德，是德育回归生活必然要彰显的一项重要内容。为此，品德与生活、品德与社会各个年段都专设了《我与家庭》教育单元。低年段《我爱我家》③这个单元，教学设计的重点是让学生体会家的温暖，培育孩子对家及其家人的浓浓依恋之情。中年段《我在家庭中幸福成长》④，教学设计除了要让学生继续体会家庭成员间的亲情之外，侧重点在于让学生孝敬父母，深化作为家庭一员的意识，感受父母、长辈的养育之恩，懂得要孝敬父母、长辈，知道以恰当的方式表达对他们的感恩、尊敬和关心；学习料理自己的生活，愿意分担家务；学会把自己的爱回报给父母、长辈。高年段《我和长辈之间》⑤这个单元，则进一步提高要求，主要是让学生知道家庭经济来源，了解家庭生活方式，知道建立民主型现代家庭关系的必要。家庭成员间应相互沟通、平等相待，当个人与家人出现矛盾冲突后能正确处理。总之，创意、运筹教学设计，对于同一内容的课题要相互沟通，形成系列。具体地说，教学设计要考虑下位年段课题的教学，为上位年段的教育奠定基础；上位年段课题的教学要在下位年段的基础上螺旋上升。总

---

① 中华人民共和国教育部. 品德与生活课程标准(2011年版)[S]. 北京：北京师范大学出版社，2011.

② 同上.

③ 靳岳滨，杜时忠. 义务教育课程标准实验教科书品德与生活一年级上册[M]. 武汉：湖北教育出版社，2004.

④ 靳岳滨，杜时忠. 义务教育课程标准实验教科书品德与社会三年级上册[M]. 武汉：湖北教育出版社，2004.

⑤ 靳岳滨，杜时忠. 义务教育课程标准实验教科书品德与社会五年级上册[M]. 武汉：湖北教育出版社，2004.

之，学生的品德和社会性发展是一个连续过程，同一内容各年段的教育坡度要落实《课程标准》的要求，与学生的品德与社会性发展水平相适应，既不能简单重复，又不能相互脱节；既不能降低起点，又不能随意拔高要求；要切合相应年段学生的认知水平与生活经验发展状况，并与社会主流价值体系的期待相一致。

三、注意利用相关学科的课程资源

基础教育中的人文学科、自然学科、艺术学科都着眼于素质教育，旨在为学生的健康成长和具备终身学习的能力打好基础。各个学科的教学内容相互匹配、相互支撑；而且各相关学科教材中的不少单元、不少课题的设计，都相互贯通，联系十分紧密。例如，小学德育课程与语文、艺术等学科教材都创意和安排了《春天》单元。如表 2-3 所示。

表 2-3　小学德育课程与语文、艺术中《春天》单元和横向联系

课程	品德与生活		语　文		艺　术	
年级（册）	二年级下册		一年级下册		一年级下册	
单元序号	第二单元		第一单元		第二单元	
单元名称	春姐姐的脚步①		春天来了②		走进春天③	
	序号	课　题	序号	课　题	序号	课　题
	1	春天在哪里	1	柳树醒了	1	春天多美丽
	2	春天种植	2	春雨的色彩	2	迎春花儿开
	3	我和春天一起玩	3	邓小平爷爷植树	3	春天好热闹
	4	我心中的春天	4	诗两首：《春晓》《春居》	4	小蝌蚪
				选读课文：春风吹		

品德与生活教材的《春天》单元安排在二年级，而语文、艺术教材中《春天》单元安排在一年级。兄弟学科教学内容如此紧密地衔接和配合，决定了小学德育教师应充分吸纳、运用各相关学科教材中的资源。诸如借助学生在语文、艺术课程中已学过的课文，用于激活他们的表象，调动他们的兴趣，优化学生学

---

① 鲁洁. 九年义务教育六年制小学教科书（实验本）品德与生活二年级下册［M］. 南京：江苏教育出版社，北京：中国地图出版社，2003.

② 崔峦，蒯福棣. 九年义务教育课程标准实验教科书语文一年级下册［M］. 北京：人民教育出版社，2001.

③ 吴继红. 义务教育课程标准实验教科书艺术一年级下册［M］. 武汉：长江文艺出版社，2005.

习的准备，或者借助语文、艺术课程《春天》单元中的活性因子，用于课的导入、课的高潮和课的延伸环节的设计。如教学《春天在哪里》一课，湖北省杨守敬小学的一位教师，借助相关教材中的资源，设计了精彩的导入——"小草从地下探出头来，那是春天的眉毛吧？早开的野花一朵两朵，那是春天的眼睛吧？树木吐出点点嫩芽，那是春天的音符吧？解冻的小溪叮叮咚咚，那是春天的琴声吧？今天学习《春姐姐来了》，让我们一起来寻找她的踪影，好吗？"如此精彩的诗意导入，立即吸引了童心，有效地将学生带入到德育课程所要营造的探究情境和氛围之中。《春天》单元是一个例子，小学德育课程在运筹其他教育单元、课题时也要注意这一点。正如新版《课程标准》所强调的：小学德育课程教学设计"应加强与其他学科的联系，促进跨学科的联合学习，不断扩展和深化儿童的经验和体验"[1]。

四、注意与校内外相关活动沟通与整合

儿童品德和行为习惯的养成、知识和经验的积累、能力和智慧的增长是在其生活中综合实现的。而生活本身是综合的，课堂生活与学校生活、社区生活应相互贯通。这就决定了小学德育课程教学设计应"注意与班级活动、学校活动、社区活动、节日庆典活动等结合起来"[2]。德育教师不能就课程谋划课程运作，而是要有开阔的视野，主动关注儿童课堂外的生活，善于以教学设计为抓手，强化德育课程与社区活动、学校活动与班级活动的沟通与整合。例如，《爱心行动》[3]含《关心老人》《他们需要关爱》《小手拉小手》《别把花草弄疼了》四课。教材从不同层面、引导儿童观摩、探究、体验爱的真谛，旨在让学生学会爱、乐意奉献爱；不仅爱他人，同时还要爱大自然中的花草树木。这无疑是对学生进行社会主义核心价值教育的重点单元。湖北宜都实验小学的潘老师既是一(1)班的班主任，又担任品德与生活课的教学。为了把教学设计做好，首先，她思考、策划了本单元的教学目标和教学活动安排；其次，她主动收集了近一年来学校开展"文明马拉松"活动所涌现的"文明星"及其好人好事；再次，她走访家长，了解到社区正在开展"为孤寡老人送温暖"活动的情况；最后，为了与课程教学相配合，潘老师还设计了"雷锋故事大家谈"的主题班会。基于以上策划，潘老师对"爱心单元"的整体设计，体现了课程教学与班级活动、学校活动

---

① 中华人民共和国教育部. 品德与生活课程标准(2011年版)[S]. 北京：北京师范大学出版社，2011.

② 同上.

③ 鲁洁. 九年义务教育六年制小学教科书(实验本)品德与生活一年级下册[M]. 南京：江苏教育出版社，2002.

和社区活动相沟通、相匹配的特色。如图 2-8 所示。

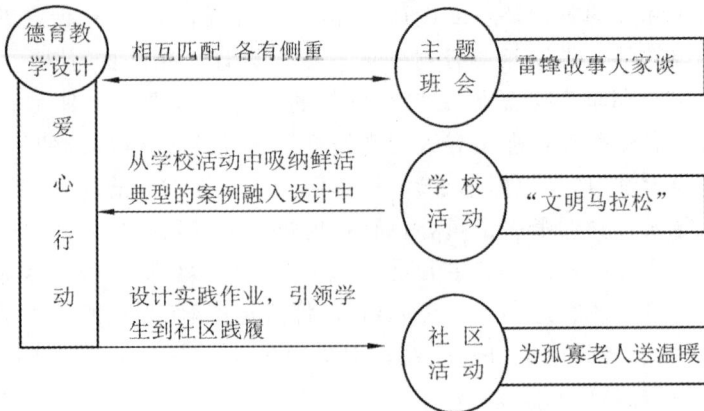

图 2-8 《爱心行动》单元与校内外相关活动相结合设计示意图

类似这样的设计案例，有利于引领德育课程与班级德育，学校活动德育与社区德育相互整合、相互协力，对于开拓德育教学的宽度，提升德育教学的效度具有借鉴意义。

复习与思考

1. 小学德育课程教学设计有哪些基本原则？

2. 怎样对教学目标、教学过程、学习评价进行优化设计？

3. 教学设计整体优化的含义是什么？小学德育课程教学设计的整体优化如何运筹？基于教学实践的动态生成性考量，小学德育课程教学设计整体优化要注意什么问题？

推荐阅读

1. 郭成. 课堂教学设计[M]. 北京：人民教育出版社，2012.

2. 马兰. 整体化有序设计单元教学探讨[J]. 课程·教材·教法，2012(2).

3. 裴新宁. 现代教学设计的概念与特征[J]. 开放教育研究，2005(4).

4. 盛群力. 教学设计[M]. 北京：北京高等教育出版社，2005.

5. 陈光全. 品德课程教学设计的"八化"[J]. 思想理论教育，2010(5 下).

6. 陈光全. 新课程教学设计的理论基石[J]. 小学教学设计（语文/思品版），2004(7).

第三章　小学德育课程资源的开发利用

本章重点
- 小学德育课程资源开发利用的意义与原则
- 学生资源的运筹策略，教材资源的开发利用策略与教师教育效能的自我开发
- 小学德育课程校外资源的价值与开发利用策略
- 小学德育课程与信息技术整合的路径、意义

第一节　小学德育课程资源概述

"生活是多么广阔，生活是海洋。"凡有生活的地方，就有小学德育课程资源的宝藏。

一、小学德育课程资源的含义

每门课程都有其庞大的资源网络，没有资源，也就没有课程。何谓课程资源？课程资源是一个内涵极为丰富的概念，主要是指形成课程要素的来源以及实施课程的必要而直接的条件。例如，知识、技能、经验、活动方式与方法、情感态度价值观以及培养目标等方面的因素，就是课程的要素来源。它们的特点是作用于课程，并且能够成为课程的要素。又如，直接决定课程实施范围和水平的人力、物力和财力，时间、场地、媒介、设备、设施和环境以及对课程的认识状况等因素，就属于课程的实施条件。它们的特点是作用于课程却并不是形成课程本身的直接来源，但它在很大程度上决定着课程的实施范围和水平。现实中的许多课程资源既包含着课程的要素来源，也包含着课程实施的条件，如人力资源等。

什么是小学德育课程资源？小学德育课程资源，是指可能进入小学德育课程活动，形成小学德育课程实施必要条件，并有助于小学德育教学系统进行的一切素材和条件。小学德育课程"资源是多样的、开放的，包括各种有形和无形资源。如教科书、教师指导材料、音像资料、其他学科、班级或学校的活

动；师生、家长、社区人员与儿童相关的从事各种职业的人们；学校、社区的各种物质设施、文化教育设施、革命文物、名胜古迹、图书、玩具、多媒体资源；各种文化财富，如传统风俗、民间传说、历史典故、民俗节日、文化活动、节日活动、社会公益活动等；社会生活中的现象、事件、社会热点问题；自然界中的各种现象、动植物、山川海洋以及地区的气候、季节特点等"[①]。

二、小学德育课程资源的分类

小学德育"课程资源按空间分布不同主要分成三部分：一是校内课程资源，如实验室、图书馆及各类设施等；二是校外课程资源，如博物馆、展览馆、科技馆、工厂、农村、部队等广泛的社会资源及丰富的自然资源；三是信息化资源，如校内信息技术的开发利用，校内外的网络资源等"[②]。

小学德育课程资源按功能特点划分，可分为素材性和条件性课程资源。小学德育课程资源按载体不同，分为文本资源、音像资源、实物资源和人力资源。如表 3-1 所示。

表 3-1   小学德育课程资源按载体不同的分类

文本资源	图书(含教材)、报纸、杂志、照片、地图、图表
音像资源	电视、电视节目录像、VCD、磁带、各类教育软件
实物资源	图书馆、阅览室、实验室、视听教室、多媒体设备(网络、电视、广播等)、博物馆、纪念馆、文化馆、自然和人文景观、机关、企业、事业单位
人力资源	学生与家庭成员、教师、邻居及其他社会人士

三、小学德育课程资源开发利用的意义

小学课程资源之于课程，关系密切，不可分割。没有课程资源显然就不会有课程，课程的存在必须以课程资源的存在为前提，但课程资源不是课程本身，必须对课程资源进行开发、加工和利用，才能发挥课程资源的教育价值，形成课程要素，进入课程。可以说，没有课程资源的广泛支持，再美好的课程实施愿景也很难变成现实。

小学德育课程"能否有效地开发利用各种课程资源，关系到本课程的性质、

① 中华人民共和国教育部. 品德与生活课程标准(2011年版)[S]. 北京：北京师范大学出版社，2011.

② 陈旭远. 中小学视野中的基础教育课程改革——《基础教育课程改革纲要(试行)》学习导引[M]. 长春：东北师范大学出版社，2002.

目标的实现，制约着课程实施的质量"①。充分开发、有效利用小学德育课程资源具有极其重要的意义。

（一）对于达成课程目标具有重要意义

课程资源是课程的生成性、生长性因素，是实现课程目标的内因和外因的总和，是展现课程生命力和创造性的源头活水。"课程资源的丰富性和适切性程度决定着课程目标的实现范围和实现水平。"②小学德育课程是综合课程。课程资源涉及自然的、人文的、历史的、现实的、中国的、外国的以及师生的生活经验和人生感悟，有效地开发这些资源并让其进入教学过程，可以极大地拓展教育内容，促进学生的德性和社会性发展，有效地达成教学目标。

（二）对于转变课程功能和学习方式具有重要意义

充分开发、有效利用课程资源，对于丰富小学德育课程内容，"增强课程的开放性、生成性和教学活力具有重要意义"③。一方面，可以让师生的生活和经验进入教学过程，有利于教学"活"起来；另一方面，可以改变学生在教学中的被动地位，即由被动的知识接受者转变为知识的共同建构者，从而激发学生的学习积极性和主动性。反之，如果没有宽阔的、开放的课程资源作为根基，就不可能展现其动态性、生成性，反映真实生活旨趣的教与学。

（三）对于促进教师的专业发展具有重要意义

充分开发、有效利用课程资源"是教师创造性的重要标志和促进教师成长的重要途径"④。充分开发、有效利用课程资源，可转变教师的教育观念，开阔教师的教育视野，提升教师的课程建设能力和教学智慧；可展示教师风姿绰约的教学个性，为其专业成长插上腾飞的翅膀！

四、小学德育课程资源开发利用的原则

开发利用小学德育课程资源，特别是开发素材性资源，必须反映小学德育课程的理想和目的、学生发展的需求、学习内容的逻辑和学生的心理逻辑。为了有效地采集、开发、利用课程资源，最大化地发挥其价值，须得遵循如下原则。

---

① 中华人民共和国教育部. 品德与生活课程标准（实验稿）[S]. 北京：北京师范大学出版社，2002.

② 教育部基础教育司. 走进新课程——与课程实施者对话[M]. 北京：北京师范大学出版社，2002.

③ 中华人民共和国教育部. 品德与社会新课程标准（2011年版）[S]. 北京：北京师范大学出版社，2011.

④ 中华人民共和国教育部. 品德与生活课程标准（实验本）[S]. 北京：北京师范大学出版社，2002.

（一）目的性原则

小学德育课程资源的开发要有很强的目的性。教师只有把具体资源与课程目标联系起来，才能权衡该资源是否能由潜在价值转变为教学中的现实价值，才能判断其价值是大是小，才能确定这种资源是否具有服务教学目标的功能。小学德育课程教学中如何选择资源呢？最根本的一点就是要紧扣教学目标。例如，有位教师教学《夏天的小虫》①是这样整合资源的：（1）引导学生充分感悟教材提供的活动案例及其所寄寓的情思；（2）事先与家长协商，希望他们尽可能利用休息时间，带领并指导孩子去捕捉1~2种昆虫活体，了解昆虫的行踪和住所，以丰富孩子真实的感受和体验；（3）提醒学生用透明玻璃瓶把自己捕获的昆虫带到课堂；（4）教师要事先注意观察教室附近有没有蚂蚁（或其他小虫）的"家"，以便必要时引领学生去探究；（5）教师与学生平等交往，重温儿时与伙伴们一起捉昆虫、玩昆虫的情境……凭借这些资源，这堂课的教学满足了学生自主学习的需要。学生能亲自动手摸摸昆虫身体、捏捏昆虫触角、听听昆虫歌声，在与这些会爬、会跳、会飞的昆虫相遇时，他们获得了直感，增长了生活经验，点燃了探究火种，引发了深度体验，领略到了昆虫世界的奇妙和多彩，从而实现了主题活动所要求达到的情感与态度、知识与技能、行为与习惯、过程与方法等多维目标。

（二）适切性原则

小学德育课程资源的开发利用，要体现和符合学习内容的整合逻辑和学生的心理逻辑。对一节课的实施而言，德育课程资源的使用不外乎两种类型：一种是随意型，不考虑资源的难易程度、使用范围、投入时间及不同类型资源间的互补，致使课堂出现"倒置"：学生开始触及的资源、开展的活动难度较大，而越往后反而越小，如此，主题活动的推进就显得零乱而无序。另一种是有序型，即教师善于对所开发利用的资源进行梳理和统整，在此基础上，再按照活动推进和链接的需要，根据难易程度有序、渐进、交织地将相关资源引入课堂，并注意从师生、生生的互动中敏捷地捕捉"活资源"，在新的情境中实现资源的再次整合。例如，有位教师到外地执教《别把花草弄疼了》②一课，主要开发利用了如下资源：（1）投放多媒体资源。通过城市闹区与公园一角的强烈对比，引导学生开展对花草树木给人带来的"美""鲜""清""静"的感受活动。（2）运用"小

---

① 鲁洁. 九年义务教育六年制小学教科书（实验本）品德与生活一年级下册［M］. 南京：江苏教育出版社，北京：中国地图出版社，2002.

② 同上.

小温度计"实物资源，四人一组，分别测试骄阳照射的地面温度与被大树浓荫遮蔽的地面温度，比较相差多少度，思考为什么会有这种温差，等等，让学生体验花草树木对改善环境的作用。(3)借助课前制作的头饰，设置拟人化情景，以游戏为载体，开展儿童与"花草树木"之间的对话、反思活动，让学生学会将心比心，感受花草树木的喜怒哀乐，明白"花草树木有益于我，我要爱护花草树木"。(4)教师借助课前在学校所在小区摄下的有关人们爱护或损坏花草树木的真实影像，开展道德辨析活动，提升学生的认识，升华学生的情感。

这节课的课程开发利用坚守了适切性原则，由浅入深、由易到难、循序渐进、逐步提高，较好地体现了学习内容整合的逻辑和学生心理的逻辑。

坚守适切性原则，教师还须注意对所开发利用的资源一定要准确，不能似是而非。我们在课堂观察中发现，有的教师将壮族的节日混同于傣族的节日；或者将负载宽容精神的故事纳入到有关诚实的主题活动中；或陈述的生活事件不真实，所举数据不准确，等等，都会直接影响学生对资源本身的认同。

（三）综合性原则

小学德育课程资源的开发利用要讲求综合性，即善于对不同类型的资源进行有机组合，以丰富、深化学生对课程内容的理解。例如，教学《端午节》一课，教师很注意从多层面、多形态、多渠道去吸纳并整合资源——既注意参考教材和教师指导用书所提供的活动资料，同时又剪辑了社区龙舟竞赛的录像；既从网上下载了有关爱国诗人屈原的故事，同时又在民间搜集了"包粽子，有棱角、挂艾蒿，消灾祸，庆祝端午乐呵呵"等有关童谣；既准备了粽叶、红枣、葡萄干、彩线、糯米等原材料，又配置了包粽子的卡通短片，为学生提高动手能力，实际操作包粽子，提供了条件性资源和素材性资源。不难看出，上述资源各具形态、功能殊异。教师对这些资源进行有机组合，有序切入，使学生的心灵产生了强烈震撼。他们在活动中既亲历了端午节文化的熏陶，同时又激发了对伟大诗人屈原的敬仰之情，获得了比较理想的教学效果。

按照综合性原则，小学德育课程资源的开发利用要避免简单化倾向，避免仅仅把教材当作唯一的资源。教师应多动脑、多动手、多动腿，去搜集与整合资源，使教学活动开展得多姿多彩。

（四）实效性原则

怎样把握和发挥资源的实效呢？"实"，应实在有利于丰富学生的生活经验并为他们所乐意听闻、阅读和实践操作；"实"，应实在能支持教师展现自身的教育智慧；"实"，应实在具有乡土化和校本化特色，有利于学生对本地区和本校文化的接纳、认同。小学德育课程资源的利用，不能单纯地追求数量，并非越多越好。因为在有限的时空中，如果资源过于膨胀，不仅无助于学习，反而会造成学习心理上的疲劳，直接导致教学效率不高，"投入"和"产出"失衡。

坚守实效性原则，教师"必须在可能的课程资源范围内和在充分考虑课程资源成本的前提下突出重点，精选那些对学生终身发展具有决定意义的课程资源，使之优先得到运用"。①

实效性原则，意味着小学德育课程资源的开发利用要注意经济性，尽可能地在时间上和财力上少付出。我们在课堂上常常发现教师所提供的儿童事件，不少是从媒体上搜集来的，并不为学生所熟悉和亲近。时空的距离容易直接造成儿童心理上的疏离感。其实，儿童自己的学校、班级，自己的伙伴以及本人，几乎每天都在演绎着一个又一个鲜活的故事。这些身边的资源，对学生无疑具有更大的亲和力。"教师要根据实际条件，就地取材，创造性地发掘和利用学校、家庭、社区、媒体已有的资源，以及购物、旅游、访友等机会，引导学生适时地开展体验、考察、调查、制作、游戏等活动"②，尽可能地减少课程资源开发的成本。

坚守实效性原则，还应多考虑选择有利于调动学生全身心参与，让他们"动"起来，"活"起来的资源（能刺激和满足学生口、耳、眼等感官需要的资源也不可少），多考虑选择能为学生营造实践平台的资源，多使用旨在培养和提高学生实践能力的资源。

第二节　小学德育课程校内资源的开发利用

校内外课程资源对于小学德育课程实施是非常重要的。从利用的经常性和便捷性来讲，小学德育课程校内资源的开发利用应该占据主导地位。学校和教师应"充分利用学校现有设施，有条件的地方，可增设有关设施"，"把整个学校变成儿童可参与的学习空间"。③

一、小学德育课程校内资源分析

所谓校内课程资源，即学校范围之内的资源。按照美国课程论专家泰勒的

---

① 教育部基础教育司．走进新课程——与课程实施者对话[M]．北京：北京师范大学出版社，2002．

② 中华人民共和国教育部．品德与生活课程标准（2011年版）[S]．北京：北京师范大学出版社，2011．

③ 同上．

说法"要最大限度地利用学校的资源"①。

小学德育课程校内资源包括素材性课程资源和条件性资源，如图 3-1 所示。

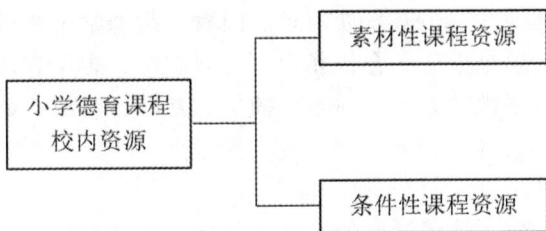

图 3-1　小学德育课程校内资源框架图

小学德育校内素材性课程资源，包括教师、学生、课程标准，等等；小学德育校内条件性课程资源，包括时间、教室、设备、设施，等等。

教师与学生既是小学德育资源的生命载体，亦是小学德育课程资源开发的基本力量。生命载体形式的课程资源具有内生性，即它可以能动地产生比自身价值更大的价值，在课程教学资源中具有特殊的作用。

除了生命体资源外，"教科书以及教学所需要的教学参考书、其他各类读物、教学用具（包括地球仪、挂图等）、音像资料、教学软件、校内环境设施和校园网络、图书馆是学校中基本的资源"。②

学校植物园、动物园、少先队活动、主题班会、课外活动小组、文体活动、科技活动、节日庆典活动、校本课程等也是小学德育课程需要依托和利用的校内课程资源。

二、学生资源的运筹

学生是小学德育课程实施中最重要、最灵动、最具影响力和最富价值的课程资源。

（一）学生资源分析

1. 学生资源的蕴含

学生是课程资源的生命载体。他们既是基础性资源，又是生成性资源。

所谓基础性资源，是指学生已拥有的知识、经验、积累以及身体心理素养、兴趣、需要，等等。这是学生在新的情境中进行学习，促成其发展的基

---

① ［美］泰勒．课程与教学的基本原理［M］．施良方，译．北京：人民教育出版社，1994.

② 中华人民共和国教育部．品德与社会课程标准（2011 年版）［S］．北京：北京师范大学出版社，2011.

础。其他的资源、必须同这种基础资源相化合，才能发挥效益。

所谓生成性资源，又称"活资源"，是指教学各要素的联系和互动中，学生是最富活性、最具潜能、最有发展前景的因素。诸如学生在教学过程中的活动状态、学习方法、思维方法、合作能力、答问质疑、想象表达、交流争辩、创意展示，等等，只要教师善于在动态中捕捉、判断、重组，就可成为新的意义生成的活资源。

2. 学生资源的价值

学生资源的价值，除了学生的生命价值外，主要是说学生生活的价值。无论是学生既往生活还是当下生活都具有极其重要的价值。正如新版《品德与生活课程标准》所强调的："本课程视儿童的生活为宝贵的资源。"[①]

(1)学生既往生活的价值。小学德育课程"以儿童现实生活为课程内容的主要源泉"[②]。小学德育课程最宝贵的课程资源乃是学生个体和学生群体的生活，是学生在生活经历中所孕育、积累的经验。儿童的生活是多姿多彩的。诸如学生的珍藏品、实物，记录学生难忘瞬间的音响、图像、视频，各种各样的奖状、富有创意的科技小制作、调查报告、绘画式的生活写真以及成长日记，这一切的一切都显得异常独特，十分宝贵。学生的种种经历、种种体验，有声有色有境，有血有肉有神，有情有理有行，似乎都带着他们的体温，连着他们的血脉，涌动他们的激情，折射出他们的追求和愿景，闪耀着他们生命的光彩。如果将这些充盈着诗意和灵性的东西，作为德育课程资源，对于学生品德的培养和社会性发展，一定会产生磁石般的魅力，也一定能迸发触及学生心灵的力量！

小学德育课程旨在让学生探寻生活的意义。学生的生活经历，生活遭遇是他们理解、体验生活意义不可缺少的最贴近、最直接、最真实的基础，同样也是他们理解他人的依据。"生活的意义来自生活自身。"要激励学生"去打开生活这部大书"，引领他们"从自己生活中找到生活的意义"[③]，品德教育只有从儿童的生活出发，以儿童的经验为起点，把蕴藏于儿童自己生活中的道德事件和问题作为素材，通过丰富而有意义的活动加以实施，让学生亲历亲为，从中引发他们的体验和感悟，才能培养出真正属于学生自己的品德。

---

① 中华人民共和国教育部. 品德与生活课程标准(2011年版)[S]. 北京：北京师范大学出版社，2011.

② 同上.

③ 鲁洁. 行走在意义世界中——小学德育课堂巡视[J]. 课程·教材·教法，2006(10).

(2)学生当下生活的价值。"课程学习本身是儿童生活的组成部分。"[1]学生在课堂生活中，在与教师、与同学伙伴的讨论、交流、对话、互动中所孕育的奇思妙想，所表达的精彩观念，所遇到的问题、困惑，所出现的错误和偏失，对于预设目标的达成以及未曾预料的生成性目标的溢出，都具有重要的价值。

(二)小学德育课程实施中学生资源的运筹策略

怎样发挥学生作为生命性资源的作用？怎样捕捉课堂生活中来自学生学习生活中所生发的"活"资源？主要策略有：

1. 倾心关注和了解学生的生活经历

教师可通过课前调查、访谈、问卷等方式，详细了解学生的生活经历和各种作品，详尽分析调查了解和收集到的材料，并结合有关教学主题加以利用。例如，徐老师采用调查、面谈、家访等方式，了解到了谐谐、畅畅、佳佳、小悦的生命成长故事，并把他们的收藏品进行了整理。

表 3-2 反映学生成长的实物和收藏品

姓名	实物和收藏品
谐谐	出生证、近五年的健康检查表、十个学期的综合素质评价手册、用绒布包着的他掉的第一颗牙、2008年父亲带他到北京鸟巢观看奥运赛事的门票、一年比一年长大的十双脚板印
畅畅	用胎发制成的毛笔、奶瓶、多种多样的玩具、小画书
佳佳	与她有关的音响、录像、视频资料，包括出生时的第一声啼哭的录音、周岁的照片、上小学三年级时她把跌倒的小伙伴搀扶到卫生室的视频(老师用手机拍摄的)
小悦	创作的作品，包括用画笔描绘她在公汽上为老爷爷让座的画、在小区里考察公共设施所写的调查报告、亲手用牙签、硬纸板、橡皮泥、胶水等材料粘接、拼装、组合而成的"小喇叭号"航空母舰的模型以及她获得的二十多张奖状

《生命与爱相随》[2]教学的相关环节，徐老师请这四位同学展示收藏的实物、作品、照片和视频，介绍自己成长中曾得到哪些人的关心、照顾和关怀。这些真切的、鲜活的资源，深深地震撼了同学们的心灵。有的感受到生命一步

---

① 中华人民共和国教育部.品德与生活课程标准(2011年版)[S].北京：北京师范大学出版社，2011.

② 靳岳滨，杜时忠.义务教育课程标准实验教科书品德与社会六年级上册[M].武汉：湖北教育出版社，2007.

一步的成长，都有他人的爱相依相伴；生命成长的时时刻刻，总有温暖的手牵着手。有的同学还激动地说："我生长在爱的氛围中。我的生命不是孤立的，而是与父母、亲人、老师、同学的关心爱护彼此相连，我的心中充满无限的温暖。"显然，这节课的成功与教师悉心关注学生的生活经历是分不开的。

2. 注意将学生的已有经验、生活感悟作为教育的素材

高明的武师，在与对手较量拳脚时，常把对方作为取胜的一种资源。当对方闪电般挥来一拳，踢来一脚时，便借势一拨，往往能收到四两拨千斤之效。教学艺术也讲究这一点。教师要把握学生学习的态势，借助学生学习的"势能"，将学生已有经验、生活感悟作为教育的素材。

【案例 3-1】

星期天一早，小强坐在书桌旁犯愁：该如何完成老师布置的"做一件好事"的作业。

妹妹走过来，小强就想，妹妹掉进河里，我就去救她。妹妹却对他说："哥哥，带我出去玩吧。"小强摆摆手，说："去去去，没空，正想着做好事呢。"妹妹咧咧嘴走了。

奶奶走过来，小强就想，如果奶奶生病了，我就送她去医院。奶奶却说："小强，帮我收拾收拾碗筷。"小强烦躁地说："没空，正想着做好事呢。"奶奶叹了口气走了。

小强想啊想，想了一整天，也没想出怎样做好事，愁眉不展。妈妈走过来，摸着小强的头，说："小强，'好事'就在身边。你带妹妹出去玩，帮奶奶收拾碗筷，都是在做好事啊！"听了妈妈的话，小强把眼光转向熟悉的日常生活。他帮助盲人过马路，把别人扔在马路上的废电池捡起来，给校园的花草浇水，给生病住院的同学补课。通过做这些事，小强认识感悟到"做好事是可以被实践、被体验的，而不只是说说而已"。

教师将小强的上述经历和感悟作为宝贵的课程资源，用于对学生实施致知笃行、知行统一的教育，收到了很好的效果。因为借助小强的案例，同学们能感受到，只有在实践中才能产生和深化对自己应该承担道德责任的认识，获取履行道德的体验和感悟。

3. 注意捕捉学生的生成性资源并发挥其价值

着眼于学生是生成性资源，教师要善于应对课堂生活的流变与多彩。课前既要有预设，又不必拘泥于预设。一旦学生在与教师的互动、生生之间的互动中突发奇想，或提出新的创意，或发表了超越教师、超越教材的思想观点，或呈现了鲜为人知的实物、珍品，等等，都要加以捕捉，判断，实现资源重组，

以促进教学意义的动态生成。例如，教学《爱惜粮食》，老师在课堂上借助课件显示，农民伯伯正在割谷，突然天气变了，还有一块田没割完。通过设置情境，让学生参与抢收，模拟割谷（3分钟），然后引发："你参加抢收后，有什么感受呢？"有几个学生说："哎哟，真累"，"腰都累疼了"，等等。显然，这与老师预先设计相符合。然而，接着一个学生说："我感觉一点也不累"，教师开始茫然，没有料到。但是她没有责难这个学生，也没有简单地批评，而是抓住师生互动中产生的"活资源"，机智地启发说："你为什么感到不累呢？"这个学生真情坦露："我感到帮助农民伯伯抢收，做了一件好事，心里有一种满足感，高兴还来不及，哪儿还感到累。"显然，这个学生别具一格，独特的感受，是教学中的一个亮点。这个案例表明学生新的道德认知和道德情感的形成，与教师善于捕捉和发挥师生、生生活动中所生成的活资源的价值是分不开的。

4. 重视培养学生收集信息的习惯

学生是内源性资源。为了增强学生的知识、经验和信息的存量，教师应注重"培养学生收听收看新闻、观察事物、积累资料的习惯。可以通过开展诸如每日两分钟轮流播报新闻或见闻的活动，来培养学生的这种习惯"。①

三、教材资源开发利用策略

新课程改革提出课程资源这一重要概念，并不是要抛弃教材，削弱教材在教学中的重要作用，而是要求教师根据当地实际和学生的现状等，大胆地创造性地使用教材，使教材这一文本资源的课程价值升值，使教材的作用更有效地发挥。

小学德育课程教材是"重要的、基本的课程资源②"。究竟如何利用和实施"二度开发"呢？

（一）注重激活教材中的活性因子，使之进入学生的生命体，并对他们的德性建构和社会性发展产生积极的影响

何谓活性因子？简而言之，"活性因子"，是指教材中那些能够"活"起来、"动"起来，能够与作为生命体的学生发生相互作用的因素。③

活性因子一般寄寓在教材所设计的话题（或问题），所呈现的活动情境、生活事件、案例、所精选的道德谚语和经典名言、所创设的留白中。仅就话题而

---

① 中华人民共和国教育部. 品德与社会课程标准（2011年版）[S]. 北京：北京师范大学出版社，2011.

② 同上.

③ 鲁洁. 回归生活——"品德与生活""品德与社会"课程与教材探寻[J]. 课程·教材·教法，2003(9).

言，德育教科书针对学生个人生活、家庭生活、学校集体生活和社会生活中所设计的一个又一个话题（或问题），都关系到他们的切身利益，无疑是最能调动学生学习情趣，点燃其生命激情的活性因子。例如，《平安回家》①一课的第一部分是认识交通标志。针对教材设置的交往情境，教师应注意激活学生已有的表象和生活经验，并从日常生活中引出话题，引导学生与教师实现零距离对话。话题主要有：你看见过哪些交通标志？它们是什么模样？你搜集到了哪些交通标志图案？请出示给大家看看。每种交通标志都有着鲜明的形象，每当生活中看到它们时，你受到什么启示和警醒？设置这些交通标志有什么作用？这几个问题把教材有机地贯穿起来。话题中的每一个问题，都是针对儿童生活中的问题、困惑来设计的，能充分调动起儿童已有的经验和体验，能够与作为生命体的学生发生相互作用。师生围绕上述问题而展开的对话活动，绝非简单的问与答，而是通过实物、投影、红绿灯游戏和角色扮演等多样化手段进行的，从而使对话凸显出生活化、现场化的色彩。通过对这些问题的解决，学生认识到平安回家的重要，认识了安全标志，重组了生活经验，提升了生活智慧。

（二）注重按照"两种经验融合"的原则，实施对小学德育课程教材的重组

何谓"两种经验融合"？按照鲁洁教授的解释，就是教材中所传递的"人类经验结晶的智慧与学生的经验、智慧融合"②。凡是二者融合得好的内容，在重组时应当保留；反之，"没有学生经验的参与，教材就成了与学生无关的东西。"③对这样的设计环节，可以舍弃或更换。

例如，《不说话的"朋友"》④一课，教材中原本精选的案例是一个真实的故事：淮阴市的小云在马路上行走，不慎掉进没有井盖的窨井中致死。破坏公用设施，任意掀开井盖是造成这条小生命死亡的直接杀手。故事典型，确能激发人的情感，令人警醒。然而，农村小孩对窨井是陌生的，没有这种生活经验，建构不了这方面的意义。教师在二次加工、重组教材时，毅然将这个案例删去，并用本地孩子英秀在灌溉水渠旁玩耍，不小心滑入渠中，被水冲出了十几米，头部被石头垒起的渠壁严重撞伤，成了终身残疾。酿成这起重大儿童伤残事故，也与对公用设施的宣传不力，没有设置警示标语有关。教师更新的内

---

① 鲁洁．九年义务教育六年制小学教科书（实验本）品德与社会三年级上册［M］．南京：江苏教育出版社，北京：中国地图出版社，2003.

② 鲁洁．回归生活——"品德与生活""品德与社会"课程与教材探寻［J］．课程·教材·教法，2003(9).

③ 同上.

④ 鲁洁．九年义务教育六年制小学教科书（实验本）品德与社会三年级下册［M］．南京：江苏教育出版社，北京：中国地图出版社，2003.

容，具有强大的穿透力，震撼了学生的心灵，引起他们的反思，从而增强了他们保护、宣传公用设施的意识。

（三）注重从教材的普适性与学校所在场域之间找到平衡点实施对教材的"二度开发"

所谓"普适性"，是指对一般学校的适用性而言，而"自己的"学校"所在场域"，无论是社会历史文化背景，还是学生的知识、经验，都有一定的特殊性。

小学德育教材不是不可改的静态文本，"它本身就包含了多元性和差异性的教学空间"。[①]"在使用教科书时，要避免照本宣科或生搬硬套，应结合实际创造性地选择适合的内容，生成适宜的活动，提高教学的实效性。"[②]强调对教材的"二度开发"，就是要从教材的普适性和学校所在场域之间找到平衡点，从而生成适宜的活动，提高教学的实效性。

我国地域辽阔，东部沿海和西部边陲地区、城市和农村、平原和山区的经济发展状况，人民的生活水平和生活方式不完全相同。小学德育课程教材教学内容的取向和主题活动的设计，一般是从普适性的角度进行运筹、安排的，很难照顾各地实际和百分之百满足各类学校教学的需要。这就要求教师在具体使用教材时，一定要充分把握所在场域所含教学要素的情况和特点。所谓"所在场域所含教学要素"，主要包括当地社会历史文化背景、学生的知识、经验和学习水平，教师的教学经验和教学风格。教师活用教材，应避免忽视既定场域，简单地充当"二传手"的做法。例如，《大好河山任我游》[③]一课，教材主要介绍了长白山天池、苏州园林、布达拉宫、张家界、扬州瘦西湖、吐鲁番等全国著名旅游景点。宜昌市彭老师在教这节课时，既让学生了解教材中介绍的大好河山，又充分利用三峡地区的人文资源（诸如三峡风光、高峡平湖、巍巍大坝，世界一流的水电名城，巴楚文化遗址，享誉盛名的屈原、王昭君、杨守敬等历史文化名人的纪念馆等），注重发挥本地资源的独有价值。又如《小手拉小手》[④]一课，旨在表现"伸出我的手，拉起你的手，小手拉小手，都是好朋友。我向你求助，你来帮助我，爱心爱心连起来，我们真快乐"。宜昌市猇亭区的

---

① 鲁洁. 回归生活——"品德与生活""品德与社会"课程与教材探寻[J]. 课程·教材·教法，2003(9).

② 中华人民共和国教育部. 品德与生活课程标准(2011年版)[S]. 北京：北京师范大学出版社，2011.

③ 鲁洁. 九年义务教育六年制小学教科书(实验本)品德与社会五年级上册[M]. 南京：江苏教育出版社，北京：中国地图出版社，2004.

④ 鲁洁. 九年义务教育六年制小学教科书(实验本)品德与生活一年级下册[M]. 南京：江苏教育出版社，北京：中国地图出版社，2002.

一位教师在教这课时，结合具体的场域，讲述了本区小学生谭媛媛（曾获得全国"手拉手好少年"荣誉称号）与五峰山区青岩小学贫苦孩子李震杰手拉手的感人事迹，使听课学生的心灵受到了很大的撞击。

新的课改理念支持教师对小学德育课程教材进行"二度开发"。鲁洁教授曾满怀激情、充满期待地说："教师要学会用'教科书教'，能够在具体教学情景下，根据不同教学对象对教科书进行修正、开发和创造。"①

（四）注重生命体资源与文本资源的互补，追求润泽生命，获得超出教材的溢出效应

教师是生命体资源的载体。在"用'教科书教'"的过程中，教师凭借自己的教学艺术，既尊重、欣赏、彰显学生的经验，又融入教师的生命叙事，使课堂呈现出流光溢彩的局面。

【案例 3-2】"踏雪说冰"②教学片段

师：冰雪是我们的伙伴，同学们都满怀激情地拥抱了白雪，还非常牵挂着雪花的命运。老师想知道，雪花的命运会怎样？它会变成什么？请大家说说。

生 1：雪会变成水。

师：会在什么情况下变？

生 2：我知道雪是空中的水蒸气在气温下降时变成的，当温度升高后，雪就变成了水。

师：说得好！

生 3：雪会变成冰，落在树上的雪会变成冰挂。

师：你看见了吗？

生 3：冰挂，实在太美了！我真喜欢看。

师：你的欣赏能力强，让我羡慕。

生 4：雪会变成晶莹剔透的窗花。

师：你家的窗户朝北吧？

生 4：老师，你怎么会知道？

师：老师是猜的。因为冬天的北风很凶。

生 5：雪花会变成春天。

师：有这么变的吗？

---

① 鲁洁. 回归生活——"品德与生活""品德与社会"课程与教材探寻[J]. 课程·教材·教法，2003(9).
② 鲁洁. 九年义务教育六年制小学教科书(实验本)品德与生活一年级上册[M]. 南京：江苏教育出版社，北京：中国地图出版社，2002.

生5：雪化了，冬天过去了，春天不就来了。

师：很有想象力！你的发言激活了我的思想，我也说一句，雪花会变成馒头。（引发哄堂大笑）

生6：（带着善意，逗乐的语调说）老师，您是肚子饿了吧？

（课堂上的笑声更响）。

师：这是第二节课，老师的肚子还饱饱的。同学们不相信吧，雪花真的与粮食有关。

众生：（情绪激昂）怎么有关系，我们真想听听。

师：老师的童年是在江北农村度过的。家乡的冬天多雪。下雪期间，大人们总把院坝、地沟里的雪，铲起来运到庄稼地里。我好奇地问："为什么要这样做？"爷爷笑呵呵地对我说："地里雪花堆得厚，明年枕着馒头睡。"爷爷的话总能应验。头年雪大，第二年就能丰收。因为雪既能保持麦地里的水分，又能冻死地里的害虫。这是我童年经历过的事，记得特别牢。

从以上案例不难看出，注重生命体资源与文本资源的互补，教学就能获得超出教科书的溢出效应。

"用教材教"是教师职业生活中一项最基本的修炼。开发利用小学德育课程教材，教师要有娴熟的教学功力，有临堂应变的灵性。我们期望教师借助对教材的开发利用，不断演绎精彩的教学故事。

四、教师资源的蕴含与教育效能的自我开发

教师既是课程资源开发的主体，又是承载教育资源的对象。在所有的德育课程资源中，教师是起着主导和决定性作用的因素。

（一）教师资源的蕴含

教师是小学德育课程实施中不可替代的主导性资源。为什么这样说呢？其一，教师是素材性课程资源的主要载体。教师的德、才、识、学、人生经历，行为举止、人格因素，等等，都直接作用和影响学生。其二，教师是课程实施最基本的条件性资源。教师和学生结成学习共同体，教师是课案的设计者，具体承担对学生的指导。如果没有教师的教，课程实施就不复存在。

（二）教师教育效能的自我开发

教师既是课程资源开发的主体，又是承载教育资源的对象。在资源运筹上，教师如何发挥主导和决定性作用呢？

1. 教师要树立浓厚的资源开发与利用意识

"教师平时要做一个有心人，经常与其他教师和相关部门沟通，并养成读

报、收听收看新闻和通过网络收集信息的习惯，用剪报、摄影等方式积累素材。"①总之，教师应广开资源渠道，拥有资源活水。

2. 教师是课程资源的整合者

学生、教材、信息技术和其他资源，需要教师去组配、去协调，从教学系统内部和外部诸多因素的联系和协同上去加以整合。在小学德育课程的实施中，教师要创造性地使用资源，善于整合、提升资源的教育价值。教师借助开发、整合课程资源，其"自身创造性智慧的释放和创造性价值的实现，是课程教学不断向前发展的不竭动力。"②

3. 在教学中有机地切入生命叙事和自我的人生感悟

教师的生命成长经历，对儿童来说无疑是宝贵的课程资源。教师讲述自己的经历，其实就是向学生的一种敞开，是与学生之间的一种真诚对话和对人生经历的一种分享。教师要善于针对教学课题，激活自己的知识、经验、人生感悟，调动自己情感和生活积累，有时甚至需要从心理上返回童年，重温自己的童年趣事和成长经历，以此"现身说法"，无疑对学生是最具吸引力的因素。例如，在《老师，您好》③主题活动的展开过程中，有位教师切入了自己成长的一件小事。他说："同学们，我像你们这么大的时候，也是一名活泼可爱的小学生。我的老师非常爱我，我也非常爱我的老师。有一次，我生病了。夜晚，老师从很远的学校赶来给我补课，还给我带来了药。乡下路不好走，老师回去的时候，摔倒在秧田里。我的病好了，可是我的老师却病了。直到现在，这件事一直铭刻在我的心间。每次回家，我都要去看看我的老师。今天，我也是一名老师了，我应像我的老师爱我一样爱你们。"（教师以心交心，以情激情，赢得了孩子们雷鸣般的掌声）这一案例说明了教师的生命叙事和人生感悟，会对学生产生真切的触动和影响，犹如真理的种子，易于播种在学生的心田。

4. 强化自我修炼

小学德育教师应注重提升自己的人品，加强思想道德修养；善于通过主动学习来丰富和扩展自己的知识结构。教师主动学习的状态，将决定其参与课程资源开发的能力和效度。教师越是彰显人格的力量，越是注重学习，对学生就越具有磁性和魅力。

---

① 中华人民共和国教育部. 品德与社会课程标准(2011年版)[S]. 北京：北京师范大学出版社，2011.

② 钟启泉，崔允漷，张华. 为了中华民族的复兴，为了每位学生的发展——《基础教育课程改革纲要(试行)解读》[M]. 上海：华东师范大学出版社，2001.

③ 鲁洁. 九年义务教育六年制小学教科书(实验本)四年级上册[M]. 南京：江苏教育出版社，北京：中国地图出版社，2003.

教师肩负着崇高的教育使命，为了学生的最优发展，为了演绎课堂的精彩，教师应竭尽心力地开发利用和整合课程资源——这座世间最有价值、最具传奇效应的"金矿"。

第三节 小学德育课程校外资源的开发利用

长期以来，小学德育课程画地为牢，师生囿于校园四角天空，教学资源和信息都处在一种贫乏状态，学习活动不可避免地游离于真实而鲜活的社会生活之外。随着品德与生活、品德与社会新课程的实施，我们在重视师生人力资源、教材资源、现代信息技术资源的同时，更要看重校外宏大的、厚重的极富价值的德育课程资源。

一、小学德育课程校外资源分析

（一）小学德育课程校外资源的界定

小学德育课程校外资源，主要指家庭和社会德育课程资源。家庭（包括家风、家庭生活习惯、家训、家长素质等）是对子女思想品德形成具有影响作用的因素。社会德育课程资源，包括可供小学德育课程利用的山川风物等自然资源；本乡本土的民风、民俗、民情等非物质文化资源；可供学生调查、参观、访问、咨询、实践的一些社会机构、公益和民间组织、企事业单位、德育基地；本地的劳模、明星、名人、各行各业的劳动者以及校外辅导员等人力资源，以及大众传媒资源，等等。

（二）小学德育课程校外资源的价值

在小学德育课程资源的庞大、立体性网络中，校外资源所占比重极大，且具有独特的功能。因为德育课程本质上是一种情感、价值观教育；学生的德性建构和社会性发展，需要得到家庭和社会德育资源的教化、浸润、熏陶和习染。如果得不到家庭和社会德育资源的匹配和支持，如果不能从这些资源中获得丰富的、弥足珍贵的用于"育德"的素材和条件，德育课程所期待的教学目标就会流产。

美国课程论专家泰勒指出：要加强开发利用校外资源，"帮助学生与学校以外的环境接触"①。《品德与生活课程标准》更是强调："本课程的活动应该与

---

① ［美］泰勒．课程与教学的基本原理［M］．施良方，译．北京：人民教育出版社，1994．

家庭和社区合作。""通过走出去、请进来，建立校外活动基地等方式，为儿童开阔视野，更好地向自然学习，向社会学习，向各行各业的劳动者学习创造条件，"①从而促成课程目标的落实。

二、小学德育课程校外资源的开发利用策略

（一）因地制宜，充分利用和发挥本校地域环境所蕴含的德育资源的价值

无论是农村还是城市，无论是发达地区还是发展中地区，祖国的东西南北中处处都蕴含着独特的德育资源优势。农村的高山果林、秀水修竹、鸟语虫鸣、各种生长或成熟的庄稼、民风民俗以及现代化的农民别墅等都是很有用的资源。如湖北宜都的青林寺村，被冠以"中国谜语第一村"。这里的猜谜、唱谜、制谜活动，绵延传承具有上千年的文化积淀。凭借这一优势，宜都高坝洲等地的学校开发了具有德育价值，表现人情事理、民风民俗、日月星辰、山川风物以及农民幸福生活的谜语一千多条。有别于农村，城市有现代化的交通、信息通信网络、商贸、物流以及现代化的科技文化设施；少数民族地区有其独有的民族特色、宗教、节日和文化风俗资源；革命老区，具有老党员多、老英模多、革命遗址多的优势，可发挥红色资源的价值；那些有着著名历史文化遗存的地区，可走进名人故居，查访历史轨迹，追思历史风云。如教学《不屈的中国人》一课，广州的一些学校，引导学生利用课余时间到附近的邓世昌纪念馆、三元里人民英雄纪念碑、虎门销烟等遗址和馆所进行现场学习。学生在参观、查访、追思的过程中，对邓世昌以死抗敌，林则徐顶着重重压力坚持销烟，三元里人民面对荷枪实弹的侵略者毫不畏惧，拿起大刀长矛保家卫国的爱国主义精神和民族责任感有了真切感受。总之，祖国天地广阔，德育社会资源极其丰富精彩。教师只要立足本地加以开发利用，就能增强教学的亲近感、感染力和穿透力！

（二）结合相关教学主题，发挥和放大校外德育资源的教育价值

例如，教学《有多少人为了我》②有位教师富有创意地开发社会资源。她邀约几位朋友，趁着大多数人还在睡梦中时，扛着摄像机走街串巷到牛奶场、蔬菜批发市场、居民小区摄下了从0点到清晨5点这一时段内许多普通劳动者身影：包括送奶工、环卫工、菜农、运煤工、农民工、巡逻民警以及做早点的人

---

① 中华人民共和国教育部. 品德与生活课程标准(2011年版)[S]. 北京：北京师范大学出版社，2011.

② 鲁洁. 九年义务教育六年制小学教科书(实验本)品德与社会三年级下册[M]. 南京：江苏教育出版社，北京：中国地图出版社，2003.

们劳动的身影。她连续忙活了几天，最后编辑成一个生活短片——《有多少人为了我》，并配以《为了谁》的抒情音乐，在课堂上播放后，给学生以强烈的感染。教师对社会资源的开发，独具匠心。因为"短片"是日常生活的写真，非常鲜活，非常生动，是学生很难亲眼见到的，然而又是他们必须要感悟的内容；对于扩展学生心灵的视野，引发他们的生活体验具有重要价值。

（三）建立家庭德育资源信息档案

按照小学阶段德育课程的教学内容，教师着眼于对"学情"的深度把握，可逐步建立和完善学生家庭德育资源信息档案。档案的内容大体包含四个部分：其一，了解、整理家长的职业状况，收录在事业上取得突出成绩的家长们的事迹；其二，调查整理优秀家长的教子经验、教育故事和教育感悟；其三，收录学生家庭中有代表性的家训和家教格言；其四，了解整理单亲家庭、外出务工家长以及学生家庭中病残亲人的情况。在建立档案的过程中，可通过家长委员会、家长学校、家校联系卡和家庭走访等途径搜集相关信息，积以时日，档案中的内容就可逐步充实完善。在实施相关课题的教学时，就可约请他们指导和帮助。如有的家长是农业局的技术员，就可请她介绍"绿色产品"；有的家长是交警，就可请他领着学生参观交通指挥以及介绍如何维护交通安全等方面的知识。

（四）组织德育课程校外学习辅导组

辅导员请有经验的家长和社会有关人士担任，由学校统一颁发聘书。如学习《民主选举》，学生 8 人一组，由校外辅导员领队，分别到有关社区、街道、居委会咨询、调查、访谈、了解公民的权利，民主选举的程序等。如此，不仅学生的安全得到了保证，而且有辅导员指导，有利于培养和提升学生的实践性、合作性和研究性学习能力。

（五）注重发挥青少年实践基地的育德功能

学校还可与周围的工厂、机关、企业、部队、种植园、养殖场建立密切的联系，以拓宽学生参与校外实践的渠道。

第四节　小学德育课程信息技术的应用

"大力推进信息技术在教育过程中的普遍应用，促进信息技术与学科课程的整合"①，是运筹课程资源，深化小学德育课程改革必须要解决好的一个重要问题。

---

① 中华人民共和国教育部．基础教育课程改革纲要（试行），2001.

一、小学德育课程应用信息技术的意义

信息技术一般是指利用计算机、网络、广播电视等各种硬件设备及软件工具与科学方法，对文图声像信息进行获取、加工、存储、传输与使用的技术之和。

信息技术的发展"开始逐渐打破校内与校外课程资源的划分界限，从而在很大程度上使得课程资源，特别是素材性课程资源的广泛交流和共享成为可能"①。对于小学德育课程的实施而言，应用现代信息技术有利于"教学内容呈现方式、学生学习方式"，教师的教学方式和师生互动方式的变革，有利于"充分发挥信息技术的优势，为学生的学习和发展提供丰富多彩的教育环境和有力的学习工具"②。

小学德育课程适切地应用现代信息技术，主要有三个方面的意义。

(一)信息技术能优化教学内容的呈现状态和呈现方式

信息技术呈现教学内容具有放大、缩微、透视、显真、闪烁提示、回放，由间接变直接、由抽象变形象、由静态变动态以及化繁为简、化难为易、化艰涩为通俗等多种功能，特别是小学德育课程内蕴有丰富的时空变化和大量鲜活的生活事件，如果借助色彩鲜艳的动态视频，生动逼真的音响效果加以呈现，能调动学生多种感官参与，激发其学习兴趣，有利于培养学生的能力，陶冶他们的情感，相较其他资源具有独特的优势。

(二)信息技术能为教师的教和学生的学提供有力的工具

信息技术使用鼠标操作，简单灵活，切换快捷，可随时停留在某个画面进行讲解或快速转换其他内容，远比挂图、录像、投影等省时、易控制、效果好。例如，《多彩服饰》一课的教学，课始，教师用课件连贯地展示了世界部分国家的 14 种民族服饰，使学生一下子被这些美丽的服饰所震撼了。当学到具体服饰时，通过回放，视频上又出现了相应画面，让学生对美丽的服饰的喜爱之情油然而生。又如《我和植物交朋友》一课，教师运用计算机课件设计了"森林舞会"这一情境，由教师——"森林姐姐"发出邀请，学生扮演各种各样自己喜欢的植物来参加舞会，从而点燃了儿童探究植物奥妙的好奇心。在信息化的学习情境中，学生了解到生活中常见的一些植物的名称，并感受到植物对优化、美化人们生活的积极作用。

---

① 钟启泉，崔允漷，张华. 为了中华民族的复兴，为了每位学生的发展——《基础教育课程改革纲要(试行)》解读[M]. 上海：华东师范大学出版社，2001.
② 中华人民共和国教育部. 基础教育课程改革纲要(试行)，2001.

信息技术可构建立体的、交互式的良好学习环境。学生可观看、可欣赏、可动手操作、可下载信息，有利于激发学生学习的愉悦感，培养学生的能力。例如，在计算机室学习我国改革开放以来取得的辉煌成就，学生从网上找出 Flash 版的"神州七号"飞船发射的整个过程和简单介绍。他们通过自主学习和探究，既激发了为祖国取得卓越成就而自豪的情感，同时又学到了不少航天知识，开阔了视野，培养了能力。

(三)信息技术能营造彼此分享的学习环境，让来自学生资源的价值升值

针对实现既定教育主题教学目标的需要，教师选择学生中独具特色的生活经历和具有教育价值的体验、感悟，将其制作成多媒体课件，然后施用于课堂，引领全体学生在学习、分享中实现情感的升华和价值观的提升。例如，教学《在自然灾害面前》(《品德与社会》六年级上册)一课，有位教师把本班学生晓天写的一篇描述他亲身体悟的生活写真，作为宝贵的资源，并制作成音像一体的视频引入课堂——今年暑假，我同妈妈一起专程到我们一直牵挂在心的汶川映秀镇去旅游。列车向西南方向行驶。天慢慢黑了，躺在"高铁"卧铺上的我，一时半会儿睡不着，留存在头脑中的记忆链条，就像录制好的视频一样回映在心头的屏幕上。三年前的 5 月 12 日，天很热，下午 2：28 分，正上课的我，刹那间看到吊在天花板上的日光灯在摇摆，我感到课桌也有点震动。不久，学校广播室发出信息："我国四川汶川发生大地震了……"当即老师带我们离开教室到操场避难。

第二天，为了应对不测的灾难，学校组织了地震避难演习。我认为演习不是玩"躲猫猫""捉迷藏"式的游戏，而是同学们实打实地珍爱生命的实践活动。地震后的接连几天，我从电视中看到灾区变成了一片废墟，无数解放军战士、干部、群众、志愿者正冒着生命危险从坍塌的楼体中救人。我们学校的师生都积极行动起来了。我把几年积攒下来的一千多元压岁钱捐给了灾区。大震过去了三年时间，今天的汶川映秀会变成什么样子？……缕缕思绪，不知是什么时候中断的。

5 月 11 日我们到了成都，转车于 12 日到了汶川映秀镇，映入眼帘的是漂亮的楼群，热闹的商业区。当地人告诉我："这里最漂亮的是民房，最坚固的是教室，最好的是学校的设施。"我和妈妈还到映秀的中滩堡村参观，听导游介绍：汶川地震，村里遇难 137 人，伤 800 多人，房屋几乎都倒塌了。经过三年重建，这个村新建住房 340 套，还有配套的生活设施。我在村里穿行，夺人眼目的是排排挺立的新房，听到见到的是其乐融融的场景。我太震撼了！短短三年时间，村民们不仅住上了漂亮的新房子，而且过上了幸福的好日子。作为中

华民族的一员，我无比感动和自豪！中滩堡村、映秀镇的巨变是汶川灾区重建的一个缩影。这里所创造的神话般奇迹，堪称是一曲响彻神州、影响世界、彰显伟大中华民族精神的恢宏颂歌！

这段视频的价值，在于它述说的是学生自己的真实经历，表达的是学生自己的真情实感，所以特别具有穿透力和感染力。

综上所述，现代信息技术在小学德育课程教学中广泛应用，促进了教学手段、方法、内容的重大变革，为学生创造了鲜活的、丰富的学习环境，最大限度地实现了课程资源的有效整合，从而大大增强了教学的实效性。

二、小学德育课程实现与信息技术整合的路径

"信息技术与课程整合是一种信息化的学习方式，其根本宗旨是要培养学习者在信息化的环境中，利用信息技术完成课程学习目标"。① 新版品德与生活课程标准指出：教师要"充分利用与本课程教学有关的电视节目或其他音像材料"。②"合理使用多媒体"③，"积极开发和有效利用各种网络资源，注意信息技术与课程教学的整合"④。

怎样实现小学德育课程教学与信息技术的整合呢？

基本路径是将信息技术作为小学德育教学过程中的要素，使之"融入"或"嵌入"到教与学的过程中。所谓"嵌入"，是指小学德育课程教学与信息技术的相互契合、相得益彰。对于信息技术嵌入课程教学的功效，吴康宁教授曾譬喻说："这种状态犹如钻石镶嵌于戒指——戒指因为镶嵌了钻石而高贵典雅、价值连城；钻石也因为镶嵌在戒指上而更加熠熠生辉，美不可言。即是说，钻石已成为戒指的一个重要组成部分，戒指为钻石提供了展现魅力与实现价值的平台；钻石则让戒指焕然一新，提档升级，给了戒指一个大大的回报。同理，当信息技术这颗宝石镶嵌到教学这枚戒指上时，信息技术便与教学相互映衬、相互添彩，它们都成就着对方，并在成就对方的同时也成就了自己。"⑤所谓"融入"，是指"信息技术在教学中的一种存在状态，一种可能的境界，即相互调适，相互贡献，以至于亲密无间，最终成为一个整体，一个比钻石与戒指关系

---

① 参见李克农《信息技术与课程整合的目标和方法》，东北师范大学信息技术教育研究所 2001 年中小学信息技术教育国际研讨会论文选编。

② 中华人民共和国教育部. 品德与生活课程标准(2011 年版)[S]. 北京：北京师范大学出版社，2011.

③ 同上.

④ 同上.

⑤ 吴康宁. 信息技术"进入"教学的四种类型[J]. 课程·教材·教法，2010(2).

更加自然而然，更加天衣无缝的整体"①。

小学德育课程教学如何"嵌入""融入"信息技术呢？简而言之，就是将信息技术自然地、无缝地、艺术地融入整个教学过程之中，使信息技术变成教学的"要件"——用以改变和优化教学过程，成为提升教学效果不可或缺的教学手段，例如，《祖先的发明和创造》②主要是介绍"四大发明"，教师在教学这课时，制作了数字化的学习材料——主要是利用第 29 届奥运会开幕式的剪辑录像，并匹配了恢宏磅礴、扣人心弦的立体化音响：

"同学们，让我们一起跨越时空，去追寻、感受、领略祖先留下的文明瑰宝吧！看，那长达 70 米的画卷，从纸的制作、落笔着色、装裱成轴，充分凸显了发明纸的意义；那魔幻般的活字印刷板在印刷，方块字在起伏、流动、变化；此时表演方阵中托起硕大的'和'字，充分彰显了汉字的精、气、神，不愧是世界上最早发明、最优美的文字；那巨大的船桨，演绎出的海上丝绸之路，波涛汹涌；少女捧着指南针，正在为风浪中的中华勇士指明航向；那鸟巢内外夜空中燃放的五彩斑斓的烟火，是火药的升腾和绽放。"教师借助信息技术将四大发明，化抽象为具体，化远为近，化静为动，穿越几千年时空，呈现到学生面前。在优化的信息学习环境中学生受到了情感化的知识启迪，浓郁的人文情感的熏陶，浓浓生命情怀的感悟。正是情感的润泽、感化，以情激情，学生的心灵中也燃烧着奔腾的激情。他们感悟到："四大发明是中国人民创造的奇迹，是对世界文明作出的杰出贡献，作为中华儿女要为祖先、为祖国而骄傲！"

这节课的成功，就在于创构了一种全新的教学时空，学生置身其中，点燃了生命激情，陶冶了心灵，升华了爱国主义情感，营造出了一种如诗如歌的教学境界。

三、小学德育课程应用信息技术要注意的问题

信息技术如能适时、适切使用，可以给小学德育课程教学带来神奇的效应；反之，信息技术运用失时、失当、失度，就会给小学德育课程教学带来负面消极的影响。请对比《我们和太阳做游戏》③A、B 两个教例的得失利弊，就能说明这个问题。

---

① 吴康宁．信息技术"进入"教学的四种类型[J]．课程·教材·教法，2010(2)．

② 鲁洁．九年义务教育六年制小学教科书(实验本)品德与社会五年级上册[M]．南京：江苏教育出版社，北京：中国地图出版社，2004．

③ 赵昕．义务教育课程标准实验教科书品德与生活一年级上册[M]．北京：人民教育出版社，2002．

教例 A 片段：

（地点：教室）

师：小朋友，我们来看一段画面好吗？（课件演示，一轮红日在海天交界处升起，然后是烈日当空阳光灿烂，阳光下有稻田、青草与花朵，画面非常漂亮。）

师：你们都看到了什么？有什么感受？

生1：大海很大。

生2：太阳很大，小草都快被晒死了。

生3：老师，太阳很热。

生4：花儿很漂亮。

……

执教教师原想利用多媒体打造的"阳光世界"，让学生去感受阳光、认识阳光的作用，但实际情况却离这一目标相去甚远。精心设计的多媒体课件反而成了学生学习体验的绊脚石。

教例 B 片段：

（地点：大草坪）

师：小朋友，现在让我们抬起头来，伸出双臂去抚摸阳光，用脸蛋去感受阳光，一起沐浴在阳光下吧。

（师生来到校园里的一片草地上，教师播放音乐《今天天气真好》。学生随意坐着、躺着，有的闭上双眼感受，有的用小手小心翼翼地捕捉阳光……）

师：晒太阳后，你们有什么感受？

生1：阳光真温暖，照在身上真舒服！

生2：阳光就像妈妈的手抚摸着我，真想睡一会儿……

生3：阳光是绿色的，照在树叶上，树叶绿了，小草也绿了。

生4：阳光是红的，我用手捂住眼睛看太阳，看见了一片红色……

师：阳光不仅是温暖的，而且有许多作用呢。找一找，太阳公公都帮助我们做了些什么？你希望太阳公公还能帮你做什么？请分小组讨论一下。

讨论后汇报交流：

生1：妈妈晒被子后，被子散发出香味，这里面有太阳的功劳。

生2：晒太阳可以长得更高。

生3：我们家有"太阳能热水器"。

生4：表弟生病了，整天躺在床上，很可怜。如果阳光能为人们治病该多好哇！

生 5：我要给太阳公公安装一个遥控器，哪儿需要阳光，就照射到哪儿。

（生争先恐后地发言）

同一教学内容，教例 B 的效果显然更胜一筹。引导学生亲身去户外感受阳光，能帮助他们获得真实自然的生活体验，也更能激发他们探究的欲望。而运用多媒体手段打造的所谓"阳光世界"，把学生关在教室里感受"阳光"，结果可想而知。这两种教学方式的对比能给我们深刻的启迪：生活是德育的源泉，也是学生认识世界的重要途径。信息技术的运用，一定要遵循小学德育教学与生活实践紧密结合的原则。如果有条件让学生走进真实的生活世界，去亲身体验、感悟生活，显然比用信息技术"再现生活世界"要好得多。

综上所述，多媒体课件的使用是把双刃剑。只要制作精巧，运用适切，就能演绎教与学的精彩，收到神奇的效应。但是，信息技术并非万能，不可能时时刻刻都管用，不能将其绝对化、表演化。如果用的不是时机，用的不是该用的地方，信息技术这个"宝"就会变成废物，甚至变成捆缚学生感官、思维、想象和心灵的绳索，造成许多消极负面的影响，多媒体就变成了"倒霉体"。

复习与思考

1. 充分开发、有效利用小学德育课程资源有何重要意义？

2. 小学德育课程资源开发利用有哪些基本原则？请用具体案例说明如何坚守目的性和实效性原则？

3. 小学德育课程资源的开发利用要注意哪些要素？请结合案例分析校内资源的开发利用策略。

4. 小学德育课程校外资源有何重要价值？教师应如何开发利用？

5. 结合案例说明小学德育课程与信息技术整合的路径与意义。

推荐阅读

1. 教育部基础教育司. 走进新课程——与课程实施者对话[M]. 北京：北京师范大学出版社，2002.

2. 刘良华. 教师怎样开发和利用课程资源[J]. 基础教育课程，2004(9).

3. 陈光全. 农村小学"思品"新课程主题活动（教材）重组研究[J]. 教育实践与研究，2009(2A)，全文转载人大复印刊.

4. 陈光全. 德育课程资源开发利用原则[J]. 小学德育，2005(5).

第四章　小学德育课程活动教学

本章重点

• 小学德育课程活动教学的理论依据与实施原则

• 小学德育课程主题活动教学的地位与实施策略

• 小学德育课程游戏教学的实施策略

• 小学德育课程注重社会实践活动的价值、社会实践活动的教学分类与实施策略

第一节　小学德育课程活动教学概述

活动教学是彰显小学德育课程性质、课程理念，落实小学德育课程教学目标最基本的教学形态。

一、小学德育课程活动教学界定

（一）活动的含义

活动，是小学德育课程中的一个核心概念。活动是一切生命的本质属性。马克思说："自由自觉的活动恰恰就是人类的本性。"[①]活动是人认识和改造客观世界以满足主体需要的过程，是个体生存的基础和发展的方式。正是由于活动，个体的社会发展与个性化才能真正实现。著名心理学家列昂节夫说：活动的基本含义是"由自觉的目的所调节的人的内部（心理的）和外部的（生理的）积极性；活动是积极对待现实的形式。通过这种形式，便在人和他的周围世界之间建立现实的联系。通过活动，人作用于自然界、事物和其他人"。教育活动作为一种特殊意义上的人类活动，它属于主体性的实践活动，是以改造自己的主观世界，塑造主体个性为目的的活动。

（二）小学德育课程活动教学的定义

什么是小学德育课程的活动教学？小学德育课程活动教学，是指以生活德

---

① ［德］马克思.1844年经济学——哲学手稿［M］.北京：人民出版社，1979.

育、主体德育、实践德育的理论为指导，以建构具有教育性、创造性、实践性的学生主体活动为主要形式，以激励学生主动参与、主动实践、主动思考、主动探索、主动创造为基本特征，以促进学生德性素质、创新意识、实践能力发展和良好个性养成为目的的一种新型的教学形态。

二、小学德育课程活动教学的地位

新版品德与生活课程标准指出："通过引导儿童主动参与各类活动来进行教学是本课程的一大特点。"①这一论断表达了活动教学在小学德育课程的实施中具有极其重要的地位。活动教学是小学德育课程的枢纽。从课程性质到课程理念，从课程设计到教材编制，从课程实施到课程评价，课程的方方面面无不与活动教学有关。具体地说，小学德育课程的重要地位可用三句话概括：即活动教学是彰显小学德育课程性质的显著标志，是践行课程理念的优化选择，是实现课程目标的有效抓手。

（一）活动教学是彰显小学德育课程性质的显著标志

小学德育课程是"活动型综合课程"②。所谓"活动型"，是指小学德育课程"超越单一的书本知识的传递和接受，以活动为教和学的基本形式"③。注重活动教学，无疑是由小学德育课程根本性质所决定的。

（二）活动教学是践行小学德育课程理念的优化选择

理念体现了课程的指导思想和核心价值，活动教学主要践行了课程的如下四条理念。

一是生活德育理念。生活德育理念的要义是道德源于生活；德育要在儿童的生活中进行；实施德育的目的在于引领儿童过更好、更有意义、更有价值的生活。德育的生活性与活动性是分不开的。生活可以看作是"彼此交织着的活动总和"，而活动则是"主体的生活的分子性单位"。（列昂节夫《活动·意识·个性》）强调生活，实质上也是在强调活动。儿童的生活因活动而变得多姿多彩。注重活动教学无疑是践行生活德育理念的应有之义。

二是知识与意义建构理念。小学德育课程强调"儿童的知识是通过其在生活及活动中直接体验、思考、积累而逐步建构起来的"④。"儿童获取知识的主

---

① 中华人民共和国教育部.品德与生活课程标准(2011年版)[S].北京：北京师范大学出版社，2011.

② 同上.

③ 同上.

④ 同上.

要途径是通过活动主动地进行建构，而不是依赖教师的直接传授"。① 诚如著名心理学家皮亚杰所说，离开了儿童作用于环境的活动就无法建构知识结构。儿童只有在活动中才能触摸世界，感知万物，从而实现认知结构的发展。

三是尊重儿童理念。一方面，儿童需要并喜欢与自己的小伙伴交往，需要并喜欢嬉戏游乐；需要并喜欢参与各种活动并乐意在活动中表现自己，需要并喜欢探索未知世界，富于幻想……另一方面，儿童需要享有学习权、言说权、参与权、游戏权……注重活动教学，正是顺应天性，呵护童心，满足儿童需要，尊重儿童权利的必然选择。

四是讲求实效性理念。德育教学要赢得实效性，需要"采用学生乐于和适于接受的生动活泼的方式，帮助他们认识和解决现实生活中的问题，使教学成为学生体验生活、道德成长的有效过程"②。显而易见，活动教学既是学生乐于接受的方式，同时又有助于体验生活，促进他们的道德成长。

综上所述，注重活动教学，是践行生活德育理念、实现知识自主建构、尊重儿童、追求教学实效的优化选择。

(三)活动教学是落实课程目标的有效抓手

小学德育课程旨在培养具有良好品德和行为习惯，促进社会性发展，为学生成为乐于探究、有爱心、责任心和良好个性品质的公民奠定基础。

小学德育课程目标包括知识、能力和情感态度价值观三个方面。如何实现这些目标呢？"课程目标主要是通过儿童在教师指导下的活动过程中的体验、感悟和主动建构来实现"③，"通过亲历活动去达到教育目的"④。

1. 从落实知识维度目标看

注重活动教学，有利于知识的建构，经验的习得，认知结构的发展（前面已作论述）。

2. 从落实能力维度目标看

宝剑锋从磨砺出，能力须从实践来。"儿童通过观察、调查、讨论、参观、访问、制作、种植、饲养、交流等活动形式进行学习，与环境互动，与同伴合作，来获得对自然与社会的亲身体验和感受"⑤，有利于培养学生的创新精神，

---

① 中华人民共和国教育部.品德与社会课程标准(2011年版)[S].北京：北京师范大学出版社，2011.

② 同上.

③ 同上.

④ 同上.

⑤ 同上.

开发其创造潜能，提高他们的道德能力、收集处理信息的能力、分析问题解决问题的能力、与他人合作的能力以及道德行为实践能力。

此外，活动教学还有利于"促进儿童之间的相互认同、相互学习、相互支持、相互交流"，有利于学生在"活动过程中学会正确地认识自己与他人，发现同伴的长处，获得合作、协商、对话、分享、尊重的思想方式和行为方式"①，提高与他人合作的能力。

3. 从落实情感、态度、价值观维度目标看

情感、态度、价值观是学生借助在活动过程中的亲历、体验和感悟，才能不断地生成。活动教学的价值就在于学生在活动过程中不断地优化情感、态度、价值观，并不断地建构自我的整个精神世界。

综上所述，活动教学关乎"课程的本质，是实施课程的根本，也是保证课程质量的最重要、最基本的条件"②。

三、小学德育课程活动教学的理论依据

（一）哲学依据

马克思主义认为，人是实践的主体，实践是人的主体性活动，是主体的人有目的地认识与改造客观世界的活动。"活动是人的特性，自由自觉活动是全面发展的人的根本特征。"马克思从人的活动、实践、主体方面去理解人，说明具体的、现实的、自由自觉的活动是人存在的基本方式，活动是主体性生成和发展的机制，人的主体性是在活动中生成，在活动中发展的。

（二）现代心理学依据

现代心理学揭示了活动对意义建构和儿童发展的价值。人本主义心理学家罗杰斯揭示了活动对人的个性形成的意义。他认为个性的形成过程就是"自我"的形成过程。"自我"的形成不是靠外部的灌输或者行为塑造所能奏效的。一个人必须依靠自己在活动中所获取的体验或经验来发现"自我"。"自我的发展就是一个人独立性的形成、由依赖他人到自主的过程。"③教育必须正视学生的自我及其发展，把它作为全部教育活动的核心。罗杰斯还强调，学校教育应注重培养"能在各种活动中有效地与他人合作的人"④。

---

① 中华人民共和国教育部. 品德与生活课程标准（2011 年版）［S］. 北京：北京师范大学出版社，2011.

② 同上.

③ 钟启泉，黄志诚. 美国教学论流派［M］. 西安：陕西人民教育出版社，1993.

④ 同上.

现代心理学家皮亚杰认为，儿童认知是有规律的，活动是儿童认知发展的关键，离开了儿童作用于环境的活动就无法构建知识结构。儿童的活动包括三种方式：一是获得物理性知识的活动方式；二是获得逻辑数学知识的活动方式；三是获得社会性知识的活动方式。后一种知识的获得方式不可能像前两种知识那样仅仅从与客体的作用中获得，而必须依靠儿童与他人、与社会交往、互动的活动中方可构建。

人是活动的主体，一切影响都只能通过活动产生作用。没有活动就没有真正的学习。无论是学生思维、智慧的发展，情感、态度、价值观的形成，还是由自然人向社会人的转变和提升，都是以活动为载体、是建立在活动经验和活动过程基础上的。如果舍弃了活动，去谈学生发展只能是一句空话。

（三）现代德育学依据

生活德育理论、主体德育理论、实践德育理论是现代德育学的精髓。

德育是为人的。从人的全局发展看，活动（包含内在的观念性活动、外在的物质活动以及社会实践活动）是人的成长与发展的重要基石。注重活动教学，既能彰显学生的主体性，又能充分发挥"生活""实践"的教育价值。正如郭元祥教授所说：活动教学最合理地处理了学生的品德认知与品德行为之间的关系，引导学生在社会生活和社会实践中形成正确的品德观念和品德行为；同时，在实践中丰富学生的品德情感体验，并在开放的实践情境中锻炼品德意志。[①] 活动教学体现了生活德育、主体德育和实践德育的理念，走出了一条让德育课程适应儿童的新路。

四、小学德育课程活动教学原则

小学德育课程活动教学的实施，一定要坚守主体性原则、针对性原则、实践性原则、关注活动过程原则和实效性原则。

（一）主体性原则

人的主体性是在活动中展示，在活动中生成，并在活动中发展的。儿童生命的本性是活动。让学生在自主活动中学，是彰显生命活力的表现，是提升生命质量的需要。活动教学坚持主体性原则，就要"激发儿童主动想做什么，而不是由教师支配儿童去做什么"[②]。要注重"发展儿童的自主性、思考与判断能力，让活动真正成为儿童的活动"[③]。活动教学中学生要真正成为活动的主体，

[①] 郭元祥. 论实践教育[J]. 课程·教材·教法，2012(1).

[②] 中华人民共和国教育部. 品德与生活课程标准(2011年版)[S]. 北京：北京师范大学出版社，2011.

[③] 同上.

学习的主人，活动空间要尽可能为学生拓展，活动时间和资源要尽可能为学生提供，活动结果要注意彰显学生的"原创"。活动教学中是否遵循主体性原则，是判断活动能否取得成效的关键所在。

（二）针对性原则

小学德育课程活动教学要有儿童意识，活动内容和活动形式的设计要因时、因地、因人制宜，要灵活运筹，讲求针对性。

"因时"是指活动教学要注重时鲜性，要关注社会新的发展变化。选择和设计活动内容，应"结合社会生活中儿童能够理解的重大事件或有意义的公益活动、科学技术的新成果、儿童感兴趣的当地的自然现象、与儿童关系密切的热点问题等开展教学活动"，充分体现活动内容的丰富性和鲜活性。

"因地"是指活动内容要处理好普适性与学校所在地域特殊性的关系，做到既彰显发达地区现代文明成果的魅力，同时又不忽视本乡本土的特色，并注意从面向实际与面向未来的结合上去解决主题活动中所提出的问题。

"因人"是指活动内容、活动形式要适合儿童的年龄、心理和认知特点，特别要"关注儿童的兴趣和需要，关注儿童成长中的困惑与问题，从中捕捉有教育价值的课题作为教学内容或课程的生长点，提高教学的针对性"[1]；"活动安排要注意个别差异，关注有特殊需要的儿童，考虑如何帮助儿童找到适合自己的活动，以促使他们积极地参与"[2]；活动过程应"让儿童尽可能多地体验到成功感和自信心"[3]。

（三）实践性原则

生活实践的观点，是认识论首要的和基本的观点[4]。小学德育课程的实施，应是学生经历着和实践着的主动过程。"引导儿童在实践中发现和提出问题，在亲身参与丰富多彩的社会生活中，逐步形成探究意识和创新精神。"[5]坚守实践性原则，是德育课程的追求。

（四）关注活动过程的原则

小学德育课程的实施，是学生以活动主题为中心的经验重组过程。在活动中，学生个体已有的对自然、对社会、对自我乃至对文化现象的认识和经验都

---

① 中华人民共和国教育部．品德与生活课程标准（2011 年版）[S]．北京：北京师范大学出版社，2011.

② 同上．

③ 同上．

④ 列宁选集（第 2 卷）[M]．北京：人民出版社，1995.

⑤ 郭元祥．论实践教育[J]．课程·教材·教法，2012(1).

可能受到来自亲历行为和亲历情境中新经验的冲击，或得到矫正、或得到改写、或得到充实。

"活动过程是儿童的情感、态度、认识能力、品德和行为习惯、学习方式与特点等比较充分地展现与逐步形成的过程。关注活动过程不仅为教师了解儿童提供了丰富的信息，还为教育儿童，促进每个儿童在原有水平上发展提供了充分的依据和较好的机会。"①

关注活动过程，就是关注学生的体验生成和经验重组，就是关注学生在活动中的感受和收获，即关注活动过程对学生的发展价值。关注活动过程，就是引领教师在对学生学习的诊断、评价和帮助中发挥更大、更有效的作用。

（五）实效性原则

活动教学的设计要朴实，活动教学的过程要务实，活动教学的评价要求实。

1. 活动教学的设计要朴实

活动教学设计要充分考虑"活动形式要服从于内容，要符合儿童的生活经验、认识能力、学习方式等，切忌脱离实际、为活动而活动、搞形式主义"②。脱离实际、随心所欲、"画蛇添足"的设计，既劳神又费力，得不偿失。

2. 活动教学的过程要务实

活动教学要采用学生乐于和适于接受的活动方式，帮助学生认识和解决现实生活中的问题，使活动教学过程真正成为学生体验生活、道德成长的有效过程。讲求实效性还需要注意"不同活动有不同特点、指导方式与学生的学习方式也各有不同，在活动中要实事求是，灵活应对"③。

3. 活动教学的评价要求实

评价不能停留于对活动形式的品赏。因为活动所带来的感官愉悦，并不等于满足了学生成长和心智发展的需要。活动教学评价要注重活动的价值取向，权衡活动教学的目标是否落实到位，充分体现评价的求实性。

总之，活动教学要改变追求表面热闹，"忽视儿童的精神成长，忽视深层的态度、观念、情绪情感发展的倾向"④，就一定要贯彻实效性原则，做到活动教学设计朴实，活动教学过程务实，活动教学评价求实。

---

① 中华人民共和国教育部. 品德与生活课程标准（2011 年版）[S]. 北京：北京师范大学出版社，2011.

② 同上.

③ 同上.

④ 同上.

第二节　小学德育课程主题活动教学

小学德育课程的呈现形态有"主题活动、游戏或其他实践活动"①，主题活动居其首，足见它在小学德育课程中占有极其重要的地位。

一、小学德育课程主题活动解析

（一）主题活动中的"主题"与"活动"

主题活动由"主题"与"活动"两个词组构。"主题"，本是文学艺术领域常用的词语，一般指文学、绘画、戏剧作品中所表现的中心思想。德育课程主题活动中的"主题"，是指活动的价值取向和意义中心。

1. 主题活动中的"主题"

主题活动中的"主题"是预设的，具有鲜明的目的性。"主题"表现为词语。它不是一般的词语，而是经编者锤炼、萃取的词语。这种词语大多与生命体验有关，与儿童的精神成长有关。活动的主题，既是教材文本的核心，又体现精神生命的内涵，彰显人的生命意义。如《做事不拖拉》②《我会安排一天的生活》③《我随爸爸去做客》④《我最爱读的书》⑤等课题，一看题目就可了然其活动的主题意义。还有一些课题具有召唤性、艺术性，并未直接点明活动的意义。如《冬爷爷在哪里》⑥，课题只是一种引发，须得具体考量活动设计，才能追索出活动主题的意蕴，即冬天会给儿童带来另一番景观，享受到别有滋味的快乐以及按照儿童的兴趣、需要，去感受、探究冬天的种种奥秘。

小学德育课程的活动主题，按照《品德与生活》《品德与社会》两个课程标准所提课程目标和内容标准设计。如低年段的《我也想当升旗手》《坐立走有精神》《别把花草弄疼了》《我的好习惯》《我也能研究》《我最爱读的书》等主题；中年段的《父母的疼爱》《有多少人为了我》《真正的友谊》《我要攀登》《我和诚信在一起》

①　中华人民共和国教育部. 品德与生活课程标准(2011年版)［S］. 北京：北京师范大学出版社，2011.

②　鲁洁. 九年义务教育六年制小学教科书(实验本)品德与生活二年级下册［M］. 南京：江苏教育出版社，北京：中国地图出版社，2003.

③　同上.

④　同上.

⑤　同上.

⑥　鲁洁. 九年义务教育六年制小学教科书(实验本)品德与生活一年级上册［M］. 南京：江苏教育出版社，北京：中国地图出版社，2002.

《想想他们的难处》等主题；高年段的《我是自己的主人》《我们为祖先而骄傲》《我是共和国的公民》《中国人民站起来了》《可爱的地球》《跟着唐僧去西游》(以上所引课题见"苏教版")等主题，都富有生命活力，都有道德品质的寄寓和高尚人文精神的内涵；一个一个活动主题，犹如一级一级台阶，支撑儿童登攀道德的相应高度；一个一个活动主题，好比一粒粒饱满的种子，要借助活动教学的"春风"，播撒到学生的心田。

2. 主题活动中的"活动"

主题活动中的"活动"置于"主题"之后，是指主体参与的各种外显和内隐活动，都受既定主题统摄。主题活动中的"活动"，一般由若干子活动链接而成，如图 4-1 所示。

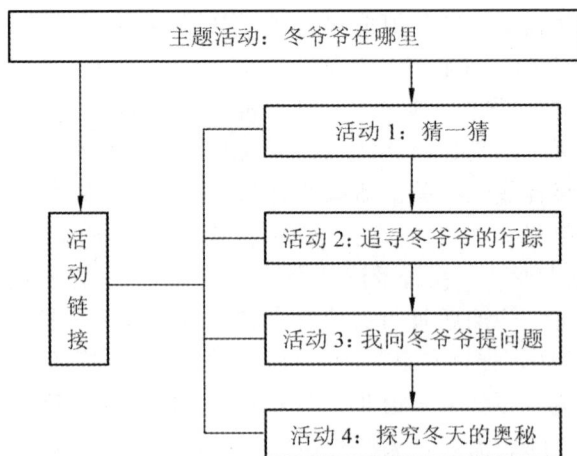

图 4-1 《冬爷爷在哪里》活动链

从图 4-1 不难看出，小学德育课程主题活动的实施，是通过各子活动分层展开，全程链接而实现的。学生从中一步步感知信息，扩展认知范围，在深入探寻中，获得对相关自然现象、人事之理的深度体验和感悟，从而完成对学习意义的自主建构。

主题活动中的"活动"，既有外显的、有形的、感性的实践活动——诸如听、闻、触、摸感受活动，实验和行为操练活动等；同时又有内隐的、无形的、观念的、思想的活动——即思维、想象、联想、追思、创意等方面活动。多种活动类型和形式，由浅入深，由动而静，再由静而动。"动"的时候，有热烈奔放的情感和行为表现。"静"的时候，只是空间的静，而学生的脑子仍在动，是思维、想象、感悟最为活跃的时期。"动"则动而不滥，学生的各种感官被调动起来，敏锐地摄取外界信息。"静"则讲求思维的深度，想象的宽度。儿童在"动"中灵动、张扬，如"江中涌浪，波澜起伏"，充分彰显出他们生命的活力。学生在"静"中孕育出感受、体验，"似林中清泉，悠然出涧，涓涓流淌"，滋润他们的心田。如此，活动教学既会有深度的意义建构，同时又会呈现急缓错落有致，虚实相映生辉的和谐美。

小学德育课程主题活动意义的寄寓与活动承载，应似"水乳交融"，浑然一体，不可分离。大凡设计或组织一个活动，一定要扣住主题，考虑活动的意义取向。例如，设计用餐活动，就有多种选择。

①吃饭时请父母、老人先入座，给父母、老人盛饭、奉菜，其意义指向是孝敬父母，尊敬老人。

②吃饭时，荤素都吃，不挑食、偏食，其意义取向是科学饮食、珍爱生命。

③吃饭时，不剩饭，不撒饭粒，其意义取向是注重节约，不浪费。

从这个案例不难看出，主题活动一定要关注主题，任何一个活动的创设和实施都要置于一定的主题统率下。如果不关注主题，只是让学生活动，那还不是盲动？这样德育课堂就会陷入失去德性滋润而徒有活动形式的误区。另一方面，主题的彰显，须得有活动支撑；主题意义的生成，要寓于活动中。如果忘掉这一点，撇开活动，主题意义就会架空，不可能落实。例如，教学《宽容待人》[①]一课，老师讲了一个故事，然后根据故事发挥，讲了宽容是对他人真诚的谅解，是对他人发自内心的友善，是积极健康的待人处世态度。像这样一步一步演绎，扣住了主题，完全没有活动，是干巴巴的说教。这岂不又走进了灌输式德育的死胡同。

总之，主题与活动融为一体，不可分离。活动一旦离开主题就会偏离方向；而主题离开活动，就会失去载体变成虚无。主题与活动相依相存，小学德育课程的活动教学才有勃勃生机，也才具有开发儿童潜能，促进学生发展的价值。教学实践证明，借助主题活动教育，有利于从各个维度，各种层面促进学生良好品德的形成和社会性发展；换而言之，小学德育课程的实施，必须建立在这些支撑和拓展儿童生命成长的主题活动教学中。

(二)小学德育课程主题活动的设计创意

小学德育课程的呈现形态是活动型的，而德育课程实施所借助的工具——教材，则是以主题活动为元素建构的。例如，鲁洁教授主编的《品德与生活》

① 靳岳滨，杜时忠. 义务教育课程标准实验教科书品德与社会五年级下册[M]. 武汉：湖北教育出版社，2006.

《品德与社会》教材有 188 个主题活动(其中低年段 64 个，中年段 49 个，高年段 55 个)。主题活动完全是按照"品德与生活""品德与社会"课程标准所提课程目标和内容标准设计的。即以儿童多彩生活以及由个人→家庭→学校→社区→祖国→世界逐步扩大的生活领域为"纬"，以学生在这些领域生活所关注、所遇到、所要解决的问题为"经"而编创的。

主题活动乃品德课程实施中最普遍、最根本的教学载体；主题活动教育的覆盖面广，有利于从各个维度，各种层面促进学生良好品德的形成和社会性发展；换而言之，品德课程的实施，必须建立在这些支撑和拓展儿童生命成长的主题活动教学中。

二、小学德育课程主题活动教学的实施策略

小学德育课程的教与学，需要以主题活动为载体，才能达到"好风凭借力，送尔上青云"的境界。小学德育课程主题活动教学的实施策略可概括为六句话：即"坚守一把尺子""把准学情脉搏""优化活动的组配""实现两大转变""凸显两个注重""处理好三对关系"。

(一)坚守一把尺子

教师要认真、细致、全面、深刻地解读课程标准有关活动教学的一系列阐释和论述，并将其视为一把神圣的尺子，用以规范自己的教育教学行为。这是提升主题活动教学品位的根本所在，也是最有效的一招。

(二)把准学情脉搏

"教学必须以深入地了解儿童为基础。教学的每一个环节都需要在了解儿童的实际生活和发展状况，掌握每个儿童的特点和各不相同的需要，了解其所在的家庭和社区的状况等基础上进行。"[①]这就决定了品德课程的活动教学必须关注儿童，以儿童的生活为基础。

【案例 4-1】基于学情，创意活动

教师常常从儿童生活中发现很多主题。例如，儿童怎么对待自己的作业本、怎么使用铅笔、怎么喝水、怎么玩，等等，都是教师关注的对象。当发现某些儿童的铅笔稍微用短一点就随便扔了的浪费现象时，教师为儿童准备了一个小纸箱回收，然后设计并实施了"怎样让短铅笔再变得好用"的主题活动教学。铅笔是怎么造出来的，需要多少资源、多少劳动……生动的参观、学习让儿童开始反思自己的行为，开始面对那些"无用"的铅笔开动脑筋，结果他们想

---

① 中华人民共和国教育部. 品德与生活课程标准(2011 年版)[S]. 北京：北京师范大学出版社，2011.

出了许多方法让短铅笔变长，变废为宝。更可贵的是，通过这个活动主题的教学，彻底地改变了儿童乱扔铅笔头的坏习惯。

上述案例说明，教师只有准确把握、调查学情，教学才有正确的基点，主题活动教学的实施才能调动和吸引学生全员参与，满足不同层次学生的需要，活动教学才能赢得实效和高效。

（三）优化活动的组配

活动教学是在既定主题统率下，由一串活动组成，渐进展开的过程。为了最佳地实现活动目标，活动与活动之间的组配、衔接要恰切、优化，具有艺术性。

1. 活动组配要呈现多样性

注重活动类型、活动形式的多样性，有利于解决单调感，克服学生参与活动的疲倦感，增强活动教学的丰富性、趣味性，全面彰显各类活动的价值与功能，以满足学生精神生活的需要。例如，教学《生活中的电视》，教师设计了"猜""说""辩""做""创"五种活动形式。"猜"（即借助多媒体课件，呈现鞠萍姐姐、月亮姐姐、金龟子、姚明、刘翔等公众人物的影像），让学生猜一猜，视频上的人是谁？你们是从哪儿认识他们的，通过猜主要是引出"电视"这个主题。"说"，主要是让学生陈述，教师借以了解学生喜欢看什么电视频道、看什么电视节目，一天看多少时间等方面的情况。"辩"，就是正反双方围绕看电视的好处或坏处，唇枪舌剑地展开交锋。"辩"，既有内隐的思维活动，又有外显的语言表达活动；既要内化，又要外化，是一种综合性的活动。"做"，即给每人分发一张广播电视报，做出计划安排，写出一周内自己所要收看的电视频道、节目和收看的时间。"创"是由课内到课外的延伸拓展活动，主要是让学生开动脑筋、开发潜能、自主策划，给创作新的儿童电视节目提建议。

2. 活动组配要讲求节奏感

主题活动中的各个子活动起承转合，有启动、有推进、有高潮、井然有序。多种活动类型和形式，由浅入深，由外显活动到内隐活动；由课内活动延伸到课外实践活动；由静而动，再由动而静，活动中既有热烈奔放的外在行为表现，也有寂静思考的"冷处理"。

3. 活动组配要注重发展性

各种活动类型与形式，既有独特的优点，同时又有其局限性。这就决定了只有多种活动类型和形式的结合、优化，才有利于开发学生的潜能，推动他们的发展。为了让学生在活动中成为完整生命投入的过程，成为完整心理结构参与的过程。我们就要注意既发展学生的认知能力，又发展他们的情感体验能力和创造能力；既让学生接受认知的挑战，获得理智上的满足，同时又让他们在情感、态度、价值观方面有所发展和提升。

（四）实现两大转变

1. 从关注活动形式，转变为更加注重活动目标的落实

文章写作讲求直奔主题。主题活动教学想要赢得高效，也应直奔目标。所谓"直奔目标"，是指对主题活动的设计应蕴含既定课题的目标，防止将关注重点放在活动形式的花哨、华丽上，从而淡化、丢失或背反了主题；防止活动环节的烦琐、重叠和活动节奏的滞缓而延误了对主题意义的感悟；防止过于追求活动表层的热闹和逗乐而影响了活动主题意义的生发和升华。请比对下面两个案例。

【案例 4-2】《远离小马虎》[①]**主题教学回放**

主题活动教学分为四步：第一步，准备。学生每人准备一张类似于书刊封面的纸片。第二步，学生每人在纸片上写出自己的"小马虎"毛病（注意保密）。第三步，将纸片折叠成飞机。第四步，让学生出教室，到操场上去放纸飞机，与"小马虎"告别。放飞的场景的确热闹。有的同学把落地的比较漂亮的纸飞机又捡到手中；有些同学还相互"斗狠"："我的飞机最棒。"学生在兴趣盎然中，将"小马虎"问题早已抛到了脑后。活动结束后我们随机采访学生，有的谈感受："活动好玩。"有的谈心得："我的飞机是用硬壳子纸做的，飞得远。"这样的感悟体验，与本次活动所要达成的目标风马牛不相及。这个案例从反面告诉我们：活动目标是主题活动教学的核心所在，是体现学生最近发展区的"基准点"，是"品德与生活""品德与社会"落实素质教育的集中体现。

【案例 4-3】《我的好习惯》[②]**主题活动教学回放**

本课主题活动包含层层递进、环环相扣的六个子活动：①儿童自主学儿歌。"金重要、银重要，好习惯，最重要！写重要，算重要，好习惯，最重要！好习惯，宝中宝，学做人，少不了！"②表演欣赏活动：我有哪些好习惯？表演给大家看。③讨论交流活动：我的好习惯好在哪里？它给我带来过什么好处？大家来交流。④自我成长设计：我还要养成哪些好习惯？⑤献计献策活动：怎样才能养成更多的好习惯？请大家出主意。⑥动手制作活动：试一试，做一张

---

① 鲁洁. 九年义务教育六年制小学教科书（实验本）品德与生活一年级上册［M］. 南京：江苏教育出版社，北京：中国地图出版社，2002.

② 鲁洁. 九年义务教育六年制小学教科书（实验本）品德与生活二年级上册［M］. 南京：江苏教育出版社，北京：中国地图出版社，2002.

行为习惯养成自查表。这六个子活动蕴含了本课的情感价值观、行为习惯、知识技能等目标因素。教师在教学中采用直奔目标的策略，有序地推进活动，使每一个活动环节都有利于他们养成良好的生活、学习、与人交往的良好习惯，使每一个活动环节都能成为学生自尊心和自信心，独立性和创造性不断生成、发展、提升的空间，成为学生生命灵动和个性张扬的舞台。学生在主题活动中真正体验到了成功的欣喜以及自我成长的快乐和幸福。

以上正反案例告诉我们：活动目标对主题活动全过程起着统领作用。在主题活动教学中要避免因追求表面热闹而造成目标的越位与偏离，要避免因陶醉活动形式的浮华，而使活动目标成为盲点。教师要时时关注主题活动教学的走向，一旦发现有偏离活动目标的干扰因素，就要及时引导，拨正航向。

2. 从学生被动活动，转变为真正意义上的学生自主活动

小学德育课堂上的教学活动不能说不丰富，但大多数"学生活动"其实是教师在"活动学生"，学生在被安排、被告诉、被排练、被演示的情境下被迫参与活动。他们的内心常常产生对活动的抵触情绪和逆反心理，内心充斥着对活动方式或活动内容负面的体验，这样的活动本身是不道德的。

为了扭转这种偏向，德育课程主题活动教学必须从学生被动活动，转变为真正意义上的学生自主活动。教师要注重激发和调动儿童多感官参与活动，既动手、又动脑；要尊重和弘扬学生的主体性，开发其潜能，实现学生主体的主动发展、彰显主题活动教学的本真意义。

(五)凸显两个注重

小学德育课程必须"贴近学生的生活，反映学生的需要，让学生从自己的世界出发，用自己的眼睛观察社会，用自己的心灵感受社会，用自己的方式研究社会"①。为此，小学德育课程主题活动教学必须凸显"两个注重"。

1. 注重加大学生思维的力度

教师应有效地调控主题活动的节奏感，正确处理活动中的动与静的关系。活动实际上有两种形态。一种是儿童肢体的"动"，这是一种外在的"动"，是用眼睛看得见的；另一种是儿童的脑子"动"，这是一种内隐的"动"，是用眼睛看不到的。如果活动教学只是关注学生肢体的"动"，就免不了肤浅。如教学《我与小动物》②，教师按照预案引发说："同学们在生活和影视剧中都听到过动物

---

① 中华人民共和国教育部.品德与社会课程标准(2011年版)[S].北京：北京师范大学出版社，2011.
② 鲁洁.九年义务教育六年制小学教科书(实验本)品德与生活二年级下册[M].南京：江苏教育出版社，北京：中国地图出版社，2003.

的叫声，谁愿意来学学？"接着学生争先恐后模仿鸡鸣、猫叫、狗吠、狼嚎、狮吼。千奇百怪的"动物"叫声，在教室里此起彼伏，一阵声浪高过一阵声浪。如此活动，学生忙忙乎乎显得很"活"，但过于肤浅，只是简单的发声和肢体活动，没有思维介入，不能让人怦然心动，撞击不出思想火花，活动自然不会有什么实效。

要提高小学德育课程主题活动教学品质，活动的内容一定要有一定的难度，能调动他们的深度思考。杜威说得好：学生在活动中"进行思维或者有意识地注意事物的联系，结果他们自然学到了东西"①。请看《筑起血肉长城》一课，围绕感受杨靖宇的英雄形象，师生所开展的对话交流活动。②

师：故事中的哪些细节深深震撼了我们的心灵？

生1：高寒、缺氧、粮食、服装、药品完全断绝的恶劣环境下，坚持同日军日夜鏖战，最后只剩下7个人……

生2：身患重病，衣服破烂不堪，直到最后体力耗尽，壮烈牺牲……

生3：他牺牲后，残暴的敌人剖开他的腹部，发现胃中竟然无一粒粮食，只有野菜、树皮和棉絮！让凶残的日军大为震惊！

师：如果说野菜还能勉强吃下去的话，那么树皮能吃吗？棉絮能吃吗？

生4：不能！

师：你们想想！一个人要把树皮和棉絮吃下去，那是一件容易的事情吗？

生5：非常困难！

师：那么，是什么力量让杨靖宇将军吃下这些东西？

生6：为了活下去，为了抗日！

师：让我们来看这样的一个材料吧！

日军的迷惑：日军根据连续追踪估算，杨靖宇缺粮有半个月，完全断食在5天以上，能够在零下40多摄氏度的气温下存活并坚持战斗，简直是一个谜。他们疑惑杨靖宇到底是靠什么坚持战斗到最后一刻？为了解开这个谜，敌人解剖了将军的胃，发现胃里竟没有一颗粮食，只有棉絮、树皮、草根，在场的日伪人员无不震撼和胆寒……

师：孩子们，现在能否告诉那些凶恶的日本鬼子关于杨靖宇的谜底吗？他到底靠什么坚持战斗到生命的最后一刻？

生7：这个谜底其实就是一种精神，一种中华儿女艰难负重的浩然正气与

---

① ［美］杜威．杜威教育论著选［M］．赵祥麟，王承绪，译．上海：华东师范大学出版社，1981.
② 池昌斌．历史题材品德教学的六个关注［J］．中小学德育，2011(6).

宁死不屈的民族精神，这种精神是不可战胜的！

从案例 4-3 可以看出，教师通过精心创意，引导学生进入特定的历史情境中，扣住野草、树皮和棉絮等细节进行触及心灵的深层思考，从而一层一层地感悟到杨靖宇的英雄形象和他的崇高气节。

2. 注重情境的创设和发挥情感的作用

心理学家伊扎德指出："情绪情感处于人格系统的中心。"主题活动若要真正成为一种抵达心灵、培育精神的教育，一定要诉诸情感。主题活动中的情感目标应该指向丰富学生在对己、对事、对他人、对群体的情感体验上。

真正的主题活动一定还包含情境这个基本属性。主题活动需要情感与情境的结合，因为没有情感的参与便没有主题活动的灵魂，没有情境的再现，就没有了主题活动生动的背景，也就没有活动时的触景生情。

在主题教学活动中，情感与情境的结合意味着教师要通过创设丰富而生动的情境，去充分唤醒学生的生活经验，让学生在体验中优化和提升情感、态度和价值观。

【案例 4-4】

这一天下着小雨，上午第四节课是《品德与社会》，学习的主题是《父母的疼爱》。当我跨进教室门时，发现妈妈竟坐在教室后面特设的嘉宾席上（同排坐的还有其他几位同学的父母）。我想：这是老师特意把妈妈请来"整"我的。因为前两天，我们母女俩有一场冲突：妈妈要我完成老师布置的作业，还要完成她安排的作业。我表示不接受。妈妈火了："你不做，今天就别想睡觉。"我也火了，跑进卧室，咣当一声，就把门反锁了。我心里有些烦，只听见妈妈在客厅里不断发出抽泣声。这次冲突之后，我放学回家，连妈妈也不喊……

这节课老师安排了一个活动，提供一个平台，让两代人面对面地说"知心话"，倾诉衷肠。主题活动开始后，我看见妈妈一步一步走到我的座位前，她带着内疚的语气说："珍子，妈不该让你超量做作业，你还生妈的气吧？"妈妈的自责更加重了我的难过，眼眶中止不住涌满了泪水。我先让妈妈坐在我的座位上，我蹲在妈妈的膝前说："妈妈，是我不对，我对您太粗暴了，伤了您的心。"妈妈听着，禁不住泪流满面，一双大手把我抱到了怀里……正是两代人倾诉衷肠活动，使我们母女俩的心灵沟通了。现在，我爱母亲，母亲也更爱我了。

置身于教师精心设置的真实情境中，学生引发了内心体验，情感得以升华，认识得到了提升。实践表明，注重情境的创设和情感的作用，是提高主题活动教学品质的根本策略。

（六）处理好三对关系

1. 处理好"形"与"神"的关系

我们所说的"形"，是指活动的具体表现形态、活动的具体形式；我们所说的"神"，是指活动所负载的主题意义，寄存的目标要素和渗透在活动中的价值诉求，是活动教学所应彰显和追求的"神采"和"神韵"。

主题活动教学中的"形"与"神"应相互依存，"神"不可离开"形"，"形"不可没有"神"。如果只关注"形"，而淡化、疏离了"神"，课堂教学就会因缺乏主题意义的统领和渗透，缺乏对预设目标的追索而表现出茫然、散乱和混沌；课堂所能呈现的不外乎是零零碎碎的活动形式的堆砌或表演。如此，没有意义阳光的照射，舍弃或偏离目标的盲动，要想在活动中实现学生德性的生长和社会性发展岂不成了泡影？反之，主题活动教学如果只注重"神"，而忽视、冷落了"形"，主题活动教学就会远离儿童真实、鲜活的生活，背离学生的童性、童真、童趣，课堂教学就会失去活动载体、教育支架，教学目标要素就无法渗透、无法附着。换句话说，这种离开"形"而要索取的"神"，必然与儿童的真实生命相悖离，这种"神"说到底只不过是文本和话语中的僵硬"教条"，进驻不了儿童的心灵，对学生的发展也毫无意义。进而言之，离开了活动这个支架，不注重与学生生活经验对接，品德课程教学岂不又回到了知性的授受式德育的老路上去了吗？

怎样处理主题活动教学中"形"与"神"的关系呢？可用"神"借"形"显、"形"靠"神"统加以概括。所谓"神"借"形"显，是指活动形式要鲜活、要多姿多彩、要贴近儿童的生活。只有活动形式优化了，才能吸引学生的参与，激荡其生命活力，才能为主题意义的渗透和彰显提供优质载体。所谓"形"靠"神"统，是指教师要注重用情感价值观、行为习惯、知识技能等目标要素统领活动的设计以及活动之间的链接和组配，从而使每项活动都能引发学生的深度体验和思想放飞，每项活动都能达成学生的情感陶冶和认识升华，每项活动都能开启学生的心智，有助于良好行为的养成，一旦活动中彰显了"神"，学生就会记住这个活动，成为铭刻在他们心中不可磨灭的成长印记。总之，主题活动中的"形"与"神"应相互联系、相互依存，共生共荣。

2. 处理好"事"与"思"的关系

所谓"事"，是指生活事实、生活事件；所谓"思"，既指思维，又指思想。按照生活德育理念，品德课程主题活动教学的实施，不仅要依托儿童经验，呈现儿童亲历的或是贴近儿童的生活事实、生活事件；更要让儿童围绕生活事实、生活事件思考；教师要引导儿童采用具象思维、类比思维、归纳思维、演绎思维等多种思维方式，以扩大思维的宽度，开掘思维的深度，从而点燃和点亮学生的思想。处理好"事"与"思"的关系，适用于品德课程各个主题的活动教学。此处侧重论述以历史题材为载体主题活动教学"事"与"思"的关系。"事"，指历史事实、历史事件。"事"是人做的，说到底，历史事实和历史事件无非是有着生命和心灵的"历史人"的活动及其所作所为。"思"，一方面指历史思维；另一方面是指借"事"引"思"，让学生生成自己的思想。

小学德育课程是一门综合型课程。教材中切入的历史事实、历史事件，大多以"点状"形式呈现，尽管从历史学科知识上看不具系统性，然而这些历史事实、历史事件是弥足珍贵的：或蕴含有中华民族上下五千年优秀文化的信息（如"四大发明"①"历史文化名人"②）；或记录、彰显了中国人民艰苦卓绝的斗争（如"虎门销烟""南昌起义"③）；或留下了中华民族在屈辱岁月中的悲惨痕迹（如"第一个不平等条约""南京大屠杀"④）；或凸显了世界文明多样性的风采（如"金字塔""狮身人面像""闪耀智慧光芒的希腊哲学"⑤……）

怎样处理"事"与"思"的关系呢？

一方面要关注"事"。因为"思"由"事"发，"事"既是"思"的前提条件，又是"思"的依据。在以历史题材为载体的主题活动教学中，让学生知道一些重要历史人物，感受一些典型历史事实，了解一些重大的有深远影响的历史事件，对于学生的生命成长和社会性发展非常必要。正如著名近现代史专家金冲及先生指出的："一个丧失记忆的人，是无法处理面前事情的。同样，一个对历史懵然无知的人，也不可能处理好现实生活中的种种复杂问题。"⑥

另一方面，看重"事"，又不能止步于"事"，不能让学生简单去记诵中外漫漫历史进程中的一些"碎片"，而要由"事"而"思"，这是更重要、更关键的一环。诚然，历史事实、历史事件属于过去，而对于历史事实、历史事件的思考，则应在儿童的当下生活中"活"起来，从而点燃或点亮学生的思想，这是以

---

① 鲁洁．九年义务教育六年制小学教科书(实验本)品德与社会五年级上册[M]．南京：江苏教育出版社，北京：中国地图出版社，2004.

② 靳岳滨，杜时忠．义务教育课程标准实验教科书品德与社会五年级上册[M]．武汉：湖北教育出版社，2006.

③ 鲁洁．九年义务教育六年制小学教科书(实验本)品德与社会五年级下册[M]．南京：江苏教育出版社，北京：中国地图出版社，2006.

④ 同上．

⑤ 鲁洁．九年义务教育六年制小学教科书(实验本)品德与社会六年级上册[M]．南京：江苏教育出版社，北京：中国地图出版社，2007.

⑥ 金冲及．中学历史教育：意义深远的大事[J]．课程·教材·教法，2010(2).

历史题材为载体主题活动教学的灵魂和真谛所在。

历史之"思"如何操作呢？对以形象思维为主的小学生来说，一般适宜采用"神入"的思维方式。"神入"，是历史学科常用的语汇，主要是指让学生设身处地地进入历史情境之中，从心理上与历史人物相遇，或倾听其言说，或与之对话，从而把握"历史人"的心灵踪迹。对于历史之"思"，可采用如下两种策略。

策略1：让学生把自己作为倾听者，想象性地去倾听历史人物、历史事件所发出的声音。

历史本来是人创造的。历史的"人化"，就是要把隐藏在历史事件中的人凸显出来。在以历史题材为载体的主题活动教学中，教师应让学生在自主阅读、理解教材文本所提供的史实基础上，引领他们发挥想象力，穿越漫漫时空隧道，去屏息静思，托腮倾听历史人物、历史事件所发出的声音。例如，教学《寻访伟大的古代文明》第三节《爱琴海上的回声》[①]，教师引领学生运用"神入"的思维方式，进入四千多年前欧洲南部古希腊人民所创造的爱琴海文明的境域，在了解《伊索寓言》时，学生们仿佛听到了古往今来的人们对经典名篇《龟兔赛跑》《农夫和蛇》《狼和小羊》《乌鸦和狐狸》的朗读声和赞美声；在与希腊鼎鼎大名的科学家阿基米德"对话"时，聆听到了他因创造灵感闪现而发出的"尤里卡！尤里卡！"（意为"我发现了！"）的异常惊喜的声音；在感受亚里士多德时，聆听到了他坚持真理的声音，"我爱我的老师，但是我更爱真理"；在"神入"雅典公民大会会场时，倾听到了公民们在选举国家重要官员时自由表达自己意愿的声音；在想象奥林匹亚赛会每四年一次的盛况时，仿佛又倾听到了"停止战争"的呐喊以及"更快、更高、更强"的恢宏、豪迈、超越的声音。通过倾听上述历史人物、历史事实、历史事件发出的悠远的、优雅的如诗如歌般的声音，从而叩及了儿童的心灵，放飞了儿童的想象，深化了儿童的思考，点燃了他们思想的火花。高洁同学充满激情地说："我从这些充满智慧与思想的声音中，理解到了人类热爱科学，坚持真理，追求民主，向往和平的精神。"陈露同学感慨地说："走进历史人物的心灵，倾听他们的心声。我感到历史事实、历史事件是有血有肉的，有着鲜活生命的涌动，激情的飞扬，并非我先前认为只是一些枯燥的东西。"张亮倾诉了自己的体验："我感到希腊文明很辉煌。她对欧洲文明和世界文明的进程产生了巨大影响。"李萌补充说："我赞同张亮同学的意见。世界文化自古就是多样性的。多样性很精彩，作为中华民族的子孙，我们要弘扬中

---

① 鲁洁．九年义务教育六年制小学教科书（实验本）品德与生活一年级下册[M]．南京：江苏教育出版社，北京：中国地图出版社，2002.

华文化的优良传统，同时也要学习和吸收世界其他民族的优秀文化成果。"

台湾学者张先教授认为，学习历史重要的是"思"，在感受历史事实、历史事件时，要像学习数学一样"头脑必须不停地转"。上述教学片段，采用"神入"思维方式所出现的课堂活跃气氛，营造出的教学高效以及学生绽放出的"思维花朵"，足以证明由"事"引"思"所带来的奇效。

策略2：让学生进入历史事件的前台，想象自己是历史活动的参与者。

引领学生"神入"历史情境，感受历史人物的音容、情感，包括感受其痛快或悲苦、愉悦或忧愁，还可以采用"移情"或"角色充当"的方法，让学生穿越时空隧道，从心理上作为挺立在历史前台中的一员，想象性地去参与历史中的事件或活动，从而引发和点燃学生的思想火花。

3. 处理好"放"与"引"的关系

我们所说的"放"，是指在主题活动教学中，教师要放手、放开，让儿童真正成为活动的主人，让他们的主动性、积极性得以彰显，灵动性和创造性得以张扬。我们所说的"引"，即引领、引导，是指在主题活动教学中，教师要注重发挥并善于发挥对活动的引领和对学生的价值引导作用。

要想提升主题活动教学的品质，赢得教学的高效，教师需要正确处理"放"与"引"、尊重学生主体性与发挥教师主导作用的关系。我们强调"放手""放开"，绝不是对学生在活动中的不当行为和言说中的谬误视而不见，充耳不闻，肆意放纵。我们强调凸显学生的主体性，并非要贬低教师的主导作用。学生是处于发展中的主体，他们在成长中所表现出的不成熟性、不确定性、不完善性，强烈需要教师的引领和帮助。如果只注重"放"而不注重"引"，教师在活动教学中就等于自动放弃了教育责任和教育担当，辜负了社会和家长的重托。反之，如果只注重"引"而不注重"放"，诸如在活动中用种种规约禁锢学生的身心，或者在活动中指令学生要这样操作不那样操作，或者在活动中教师只顾陈述个人观点，而不倾听学生言说……这样的主题活动教学，就完全异化成了不是学生在自主活动，而是教师在代替（或牵着）学生活动。如此，活动教学就变性变味了，变成了假的、空的、虚的"活动教学"，学生从中又怎能实现经验增长、潜能开发、情感陶冶、意义自主建构和价值观的提升呢？

科学地、艺术地处理"放"与"引"的关系，一般要做到两条：

第一，"放"，要放得开，放得活。因为活动是学生生命存在的方式，学生是活动的承担者。在主题活动教学中，教师要解放学生的大脑，解放学生的听、说、闻、触等感官，让他们亲历丰富多彩的活动，在活动中学习，在活动中发展。

第二，"引"，要引得及时，引得精要，引得到位。引导不同于简单、生硬的灌输，而是侧重在对学生成长内在动机的唤醒，从而使意义建构活动成为学生自主自愿的活动。

美国教育哲学家乔治·奈勒说："那些不用哲学去思考教育工作必然是肤浅的，好的好不到哪里去，坏的则每况愈下。"这话启示我们，小学德育课程主题活动教学一定要用哲学思想引领，要科学地、艺术地处理好"形"与"神"、"事"与"思"、"放"与"引"的关系。唯其如此，主题活动教学才会有学生的深度体验，情感飞扬和意义建构；课堂上才会有学生的生命灵舞和诗意栖居；学生才能获得观念和价值观的提升，从而享受到生命成长的快乐。

第三节　小学德育课程游戏活动教学

注重游戏活动，是践行小学德育课程理念的需要；开展游戏活动教学，对学生的德性建构和社会性发展具有多维价值；实施游戏教学的策略应具有科学性、艺术性和实效性。

一、注重游戏教学的必要性

游戏，即娱乐（《现代汉语词典》）。小学德育课程中的游戏，不是一般的游戏，而是教学游戏。所谓"教学游戏"，是指教学中所采用的带有"玩"的色彩而又与学习内容配合的活动方式。[①] 游戏，是顺应儿童天性的活动，是小学德育课程呈现形态之一；小学德育课程的实施，不能没有儿童的游戏。新版《品德与生活课程标准》强调："童年生活具有不同于成人生活的需要和特点"，要"尊重儿童的权利"[②]。游戏是儿童的天性，更是儿童释放身心力量，展现自身生命活力的舞台。为了维护儿童钟情于游戏的"专利"，激励儿童成为快乐的游戏家，国际儿童游戏教育协会曾推荐过小孩子在 10 岁前应做的 25 种游戏，诸如"在草地上打滚""捉蝌蚪""用硬纸板做面具""用沙子堆城堡""用手脚作画""自己搞野餐""用颜色在脸上画鬼脸""玩泥塑""放风筝""用草和树枝搭窝"，等等。我国民俗中流传至今而深受孩子喜爱的游戏活动，还有"捉迷藏""猜灯谜""过

---

① 中华人民共和国教育部．品德与生活课程标准（实验稿）[S]．北京：北京师范大学出版社，2002．

② 中华人民共和国教育部．品德与生活课程标准（2011 年版）[S]．北京：北京师范大学出版社，2011．

家家""剪刀、锤子、布",等等。上述这些富有价值的游戏,无疑是表征儿童文化的最重要元素,是推动儿童认知发展的动力、获取社会经验的载体。儿童有关"公正""责任""规划""秩序""合作""诚信""勇敢"等观念的启蒙意识,都是在游戏活动中建构的。保障儿童的游戏权,从根本上说就是维护他们的发展权。

二、小学德育课程游戏教学的价值

教学游戏是儿童有效的学习方式。游戏具有较强的吸附力和黏合力,是儿童最自由、最自主的活动。当儿童参与游戏的时候,会兴致勃勃地全身心去投入。正如苏联教育家赞可夫指出:"小学课堂要有活泼的气氛,要有游戏成分和某种趣味性。"教学游戏有利于促进和实现学生智慧和人格的发展。具体表现在:

(一)教学游戏是儿童认知发展的动力

教学游戏可以激发儿童全身心地投入某种探索性行动中。游戏天生具有竞争性和挑战性,儿童的潜能只有在受到挑战的时候,才会被激发。教学游戏为学生自由地、综合地挖掘自身的各种潜能提供了最有效的形式。诚如古人所言,游戏具有"优而游之,使自得之,自然慧性日开,生机日活"的功能。

(二)教学游戏是儿童获取社会经验的一种独特方式

游戏一般都有相应的规则系统。规则在游戏中既是一种积极的限制,也是一种积极的赋权。

儿童在参与游戏时,通过对规则的理解和运用,把认识和实践、动脑与动手、身体与心理因素结合起来。规则作为一种具有敬畏感的超个人存在,有利于学生从中孕育良好的道德意识,实现社会性发展。

(三)教学游戏对于儿童"学习科学知识"是"很有用的"[1]

在游戏活动中,能"使学生对学科的兴趣转化为对科学的兴趣"[2],并从中学习和领会到相关的科学知识。例如,放风筝游戏可以让儿童了解、感受风向、风速、重力、平衡等方面的知识。又如"弱肉强食"游戏,通过扮演食物链中的捕食者和猎物,学生从中可以感受、体验到食物链中的生态学知识。

(四)教学游戏有利于激发、培养儿童的情感

游戏是一个动态的自我表现过程。儿童多感官、全身心地参与游戏,从中获得精神的释放和自我生命的体认,享受情感愉悦而带来的满足。著名学者西

---

① 中华人民共和国教育部. 品德与生活课程标准(实验稿)[S]. 北京:北京师范大学出版社,2002.

② 高峡,康健,丛立新,高洪源. 活动课程的理论与实践[M]. 上海:上海科技出版社,1997.

克森特米赫利普在谈及游戏的体验特点时曾充满激情地说:"在那一刻、自我、现实……一切的一切似乎都远远遁去了,全副身心都被当前活动占据了……灵感迸发,思如泉涌。"①如此,游戏的过程也就成了游戏者兴趣感、成就感生成的过程。

(五)教学游戏有利于培养儿童的游戏精神

游戏世界是一个神圣的领域,游戏具有自身特有的基本精神。《真理与方法》一书这样阐述:游戏活动彰显有"自我目的的精神,一种积极开放的精神""一种不断自我生成、自我更新的过程"。顾明远教授认为,游戏精神是"一种自由想象和创造的精神,一种平等的精神,一种过程本身就是结果的非功利精神"②。游戏精神与小学德育课程的价值追求是完全吻合的。苏霍姆林斯基说得好:"孩子只有生活在游戏、童话、音乐、幻想、创作世界中时,他的精神生活才有充分的价值,没有了这些,他就是一朵枯萎的花朵。"

三、小学德育课程游戏教学的实施策略

小学德育课程教学游戏的实施,总的要求应与学习内容配合,凸显和发挥教学游戏的价值和效益,促进教学目标的达成。实施策略可概括为五个"注重":即注重实效性、科学性、艺术性、挑战性和创新性。

(一)注重实效性

游戏虽是儿童所喜爱的,但绝不可为游戏而游戏。游戏施用于小学德育课程是大有讲究的,切不可脑子一热,随意而为。既然是教学游戏,就不能简单地玩玩而已,而是要着眼于和服务于课程的教学目标,侧重在学习者和意义建构点之间营造一种理想的诱发性背景。例如,《拉拉手,交朋友》③,其教学目标在情感态度维度,主要是培养学生乐意和同学、老师交往的情感;在行为习惯维度,要初步养成与人交往讲文明,懂礼貌的行为习惯;在知识技能维度,要初步了解与同学交往的知识。学习者是刚离开幼儿园进入小学一年级的儿童,他们怀着渴望与不安的心情跨进小学大门,面临许多问题和挑战。首先碰到的是如何熟悉环境,认识老师和同学,并和新老师、新同学建立良好的人际关系,体验学校生活的愉悦。针对本课的教学目标、儿童的年龄特征和心理特点,教师选择了如下游戏:一是"找朋友"游戏。小朋友一边唱儿歌"找呀找呀

① 刘焱. 幼儿园游戏教学论[M]. 北京:中国社会科学出版社,1999.
② 顾明远. 教育大辞典[M]. 上海:上海教育出版社,1990.
③ 鲁洁. 九年义务教育六年制小学教科书(实验本)品德与生活一年级上册[M]. 南京:江苏教育出版社,北京:中国地图出版社,2002.

找朋友，找到一个好朋友，敬个礼，握握手，你是我的好朋友"，一边做游戏。在游戏中感受到班内的每个小朋友都是自己的好朋友，同学之间应该和睦相处，见到老师和同学应主动打招呼，做一个讲文明、懂礼貌的好孩子。二是"拉钩"游戏。学生两人一组相互问候、介绍，相识相交。三是"网小鱼"游戏，由8个小朋友搭成渔网，其他小朋友装作小鱼穿过网，边做游戏边唱歌"游呀游，游呀游，游到网边快快跑，跑不掉的被逮着，开开心心作介绍"。被逮着的"小鱼"就要进行自我介绍：我叫什么名字？我从哪个幼儿园来？家住哪里？喜欢干什么事？……在这个游戏中，小朋友通过作自我介绍，不仅锻炼了口头表达能力，还让其他小朋友更多地了解了自己。本课选择的教学游戏，适合儿童的年龄特点和心理需要，能营造良好的、快乐的交往氛围，有利于培养学生乐于和同学、老师交往的积极情感，有利于操练和养成与同学交往的讲文明、懂礼貌的行为习惯。

类似上述游戏才能使学生激其情、悦其态、悟其道。如果脱离教学目标，片面孤立地去琢磨教学游戏应如何如何，那就会游离目标，得不偿失。

小学德育课程的实施是一个整体。在绝大多数情况下，游戏仅仅是整个活动流程的一个环节。一位哲人说过："尽管一枚花瓣再美，如果从花束中剥离出来，就不显得美了。"教师一定要有整体观，设计和组织教学游戏一定要服从、服务于主题活动各个环节的和谐统一，服务于教学流程的最佳运行。

(二)注重科学性

施用教学游戏，应按照德育课程教学原理，寓教育于活动中，善于引领学生通过游戏建构知识、丰富情感、孕育深度体验。例如，《我的家乡在哪里》[①]，当教学完了湖北政区图后，为了让学生进一步了解、掌握家乡——湖北在中国版图中的位置；了解、掌握湖北有哪些相邻的省市；了解、掌握"东北""西南""西北""西南"等知识点，教师设计并切入了"我是拼图大玩家"的游戏[②]。请看该课的游戏教学片段：

师：老师为每个小组准备了一件不完整的中国政区图(缺湖北省及周围的六个省市)。请同学们根据湖北省在中国版图中的位置及其特殊的形状，玩一玩拼图游戏(提供湖北政区图和标有河南、湖南、重庆、安徽、陕西、江西六

① 靳岳滨，杜时忠. 义务教育课程标准实验教科书品德与社会四年级上册[M]. 武汉：湖北教育出版社，2005.
② 邓正平，陈光全. 张扬儿童的生命激情——《我的家乡在哪里》课堂实录与评析[J]. 小学德育，2009(22).

省市名相应的政区图形），看哪个组最先将这幅不完整的图拼完整。

（学生分组玩拼图游戏，教师巡回观察）

师：同学们玩拼图都很投入，都拼对了。

师：（指名）李阳洋，我发现你拼得最快，你是怎么拼的？

生：湖北政区图形状我知道，先把湖北这一块摆在祖国拼图的中部。然后按照边缘相互契合的特征，再把湖北相邻的省市图，一个个拼进去，很快就能拼成一幅完整的图。

师：讲得好！

师：大家玩拼图游戏，从中领悟到了什么呢？

生1：知道家乡湖北位于我们伟大祖国的中部。

生2：我知道了湖北相邻的省市。

生3：湖北的北部和南部，分别是河南省和湖南省。

生4：湖北的西部和东部，分别是重庆市和安徽省。

生5：湖北的西北部是陕西省。

生6：湖北的东南部是江西省。

生7：我领悟到了湖北是伟大祖国的一部分。

师：同学们玩拼图，既动手，又动脑。既玩得痛快，又学到了不少知识，收获不小哇！

"我是拼图大玩家"的游戏，不仅做到了"动"与"静"的协同（所谓"动"，就是学生动手拼；所谓"静"，就是学生在动脑子想，怎样将湖北及其相邻省市，融进祖国版图的框架中）；同时又体现了"知"与"情"的互动。学生将具象思维与推理判断相结合，有利于他们加深对家乡湖北同周边省市的联系以及家乡与祖国关系的认识，从而有效地培养了学生热爱祖国、热爱家乡的感情。

（三）注重艺术性

教学游戏施用于品德课程要讲求艺术性。著名儿童教育家卡罗琳说得好：游戏是孩子们最愿意接受的。"教师的智慧在于要抓住孩子的心，把教学内容'包装'在恰当的、富有吸引力的形式中。"例如，教学《宝贵的水》[①]，可开展射谜游戏："一物不稀奇，人人不能离，钢刀切不断，铁钩钩不起。"由教师陈述谜面，学生竞猜谜底。这是一种平行性游戏，能激发儿童的认知好奇心，有利于营造热烈的、积极的乐学氛围，对于学生参与《宝贵的水》的主题活动，无疑

① 杜时忠，靳岳滨. 义务教育课程标准实验教科书品德与生活一年级上册[M]. 武汉：湖北教育出版社，2004.

是一次很好的预热。又如教学《爸爸妈妈都爱我》^①的课尾，切入开火车游戏："火车轰隆隆开，装满全家人的爱，讲一件父母爱自己的事，你也可以坐上来。"开火车是充满动感，孩子乐此不疲的活动。学生情趣盎然地边开火车，边讲爸爸妈妈爱"我"的故事，使全课意犹未尽，能收到"余音绕梁"的效应。

（四）注重挑战性

游戏实质上是学生能动地驾驭活动对象，并在此过程中，获得创造性体验的活动。因此，游戏设计要有挑战性，通过活动的适当难度，诱发儿童的好奇心，引导他们在参与游戏中孕育深度体验，享受成功带来的快乐。例如，教学《我们的合作》^②，为了体验合作的意义，可切入手指造型游戏，让学生人人动手，由同桌伙伴商量创意，通过两双手二十个指头多种多样的组配和合作，惟妙惟肖地呈现出人物头像、小动物以及有关物品的造型。在游戏中学生的手、脑器官和各种心理因素都处在积极地活动中，他们从中能真切地体验到通过合作协力，可以创造出难以想象的视觉效果，对于深化学生的意义建构能起到画龙点睛的作用。又如教学《我来试试看》^③，可切入游戏环节——取环。教师课前要求每个学生准备一套游戏工具：即一根绳索串着五个环，中间是一个红环（可用竹篾做环，中间的环涂上红色）。游戏规则是：不摘下两边的环，能取出中间的环，谁成功了，谁就是赢家。学生开始有点发懵，这怎么可能呢？经过亲自动手尝试，失败了，再尝试，终于恍然大悟。这不很简单嘛！只要把线的两头打成结，然后拎住中间的红环把它移到线头上再解开结，就能将红环取出来。借助教学游戏，让学生亲历实践，在直觉思维的帮助下，孕育了感悟：只要敢于动手试，善于改变想问题的角度，不怕困难，挑战困难，就能享受尝试成功的快乐。"游戏的过程就成了游戏者兴趣感、自主性、成就感生成的过程，是游戏者在游戏中实实在在的'收获'，这也正是游戏的魅力所在。"^④

（五）注重创新性

教学游戏要与时俱进，不断创新。教师要基于教学需要，善于将丰富多彩的资源作为引线，创编一些富有教育价值和吸引力的教学游戏。这样不仅能使

---

① 杜时忠，靳岳滨．义务教育课程标准实验教科书品德与生活一年级上册[M]．武汉：湖北教育出版社，2004．

② 鲁洁．九年义务教育六年制小学教科书（实验本）品德与社会四年级上册[M]．南京：江苏教育出版社，北京：中国地图出版社，2003．

③ 鲁洁．九年义务教育六年制小学教科书（实验本）品德与社会二年级上册[M]．南京：江苏教育出版社，北京：中国地图出版社，2003．

④ 闫守轩．游戏：本质、意义及其教学论启示[J]．教育理论与实践，2002(5)．

游戏教学变得更加精彩，而且能丰富课堂精神，促进课堂文化的提升。

【案例 4-5】

《我们的合作》①一课的教学目标是体验互帮互助在我们生活中的重要性，学会主动帮助别人。教学中，教师把一个经典故事改编成游戏。故事是这样的：同样是一桌美味，同样用长长的筷子去夹，天堂的人们把筷子伸向别人的嘴，帮助别人品尝佳肴，结果都吃得很开心，诠释了"我为人人，人人为我"的道理；而地狱里的人们只知道往自己的嘴里送，结果谁也吃不到，因为筷子实在太长了——比手臂长，不会帮助别人的人最终得不到别人的帮助。基于教学的需要，教师把这个故事改编成了游戏"同享甜蜜"。

师：为了祝贺同学们挑战成功，我要犒劳大家，请你们吃水果。

（导入课件："同享甜蜜"游戏规则——吃水果时，只能用伸直的右手拿，手肘不能弯曲）

（学生对课堂上的品尝游戏很感兴趣，伸直右手，拿起水果，就往嘴里送。由于手肘不能弯曲，想送入自己口中，实在太难。有个学生创造性地把自己手中的水果送到旁边同学的嘴里，嘿，成功了！受他的启发，别的同学纷纷效仿，都尝到了甜蜜的水果。）

师：你为什么吃不到呢？

生：我一个劲地往自己嘴里送，可就是吃不到。

师：有人吃到吗？你是怎么想到这个办法的？

生：我吃到了！一开始，我把水果往自己嘴里送，不管怎么用力可就是吃不到。我的朋友坐在我对面，他也吃不到，我就把自己的给他吃，他也夹起水果给我吃，结果我们都吃到了！很甜！

师：此时此刻，你有什么体会？

生：帮助自己最好的办法就是帮助别人。

生：帮助别人，快乐自己！

生：在生活中有了互帮互助，就没有什么事办不成。

这个案例说明，教师创编的精彩游戏"同享甜蜜"，是对学生价值观最有效、最有力度的引领。借助游戏活动，学生充分体验到了自主探索的乐趣，帮助别人的快乐以及得到他人帮助的幸福。

---

① 鲁洁．九年义务教育六年制小学教科书（实验本）品德与社会四年级上册[M]．南京：江苏教育出版社，北京：中国地图出版社，2003.

第四节　小学德育课程社会实践活动教学

　　"打破封闭的、孤立的课堂中心模式，通过走出去、请进来，建立校外活动基地等方式，为儿童开阔视野，更好地向自然学习，向社会学习，向各行各业的劳动者学习创造条件。"①这段话强调了小学德育课程必须注重社会实践活动教学。

　　强化社会实践活动，是丰富、优化小学德育课程呈现形态的内在要求，对于学生的德性建构和社会性发展有特殊的意义。

一、小学德育课程社会实践活动教学概述

（一）实践与社会实践活动的定义

　　何谓实践？各学科因研究领域不同，视界有别，对"实践"的解读也有所不同。从哲学层面看，实践是"人类有目的地改造自然、社会和人本身的一切实际活动"②。基于教学论的视点，可把"实践"理解为：由学生亲历的旨在作用、影响于人或物的包括实验、展示、表演、调查、访谈、角色扮演等在内的种种操作活动以及学生改善、优化自身（含道德行为践行）的种种外显形体活动。所谓社会实践活动，是指小课堂实践活动之外的实践活动。学生参与的社会实践活动，诸如社会调查、参观烈士陵园、博物馆、科技馆、工厂、农村，访问社区和各种社会人士等活动。

（二）小学德育课程社会实践活动教学的依据

1. 参与社会实践活动，是儿童成长的内在要求

　　小学阶段是培养学生有责任感、有创意、有个性的生活方式的关键阶段，亦是对其实施情感、态度、价值观教育的关键阶段。儿童向往成人的社会生活，具有参与社会生活的愿望，具有一定的社会实践能力。拓展德育课程教学空间和活动内容，引导儿童在社会实践活动中学习，主动地参与社会生活，是儿童身心发展的内在要求。

2. 注重社会实践活动是社会发展对基础教育课程提出的新要求

　　当今世界，民族素质和创新能力越来越成为综合国力的重要标志。我国构

---

　　①　中华人民共和国教育部. 品德与生活课程标准（2011 年版）[S]. 北京：北京师范大学出版社，2011.

　　②　宋原放. 简明社会科学辞典[M]. 上海：上海辞书出版社，1984.

建社会主义和谐社会，加快建设创新型国家的历史重任，要求基础教育课程必须深化素质教育，引领学生参与社会实践活动，大力培养学生勇于探究的创新精神，提升实践能力和社会责任感，以响应时代的要求。

3. 注重社会实践活动教学是彰显小学德育课程性质的需要

一位法国教育家说："过去我们把课程当作整个世界，现在我们要把整个世界当作课程。"[①]新版品德与生活课程标准在阐述课程性质时指出：让学生"在参与丰富多彩的社会活动中，逐步形成探究意识和创新精神。"[②]注重社会实践活动教学，无疑是彰显小学德育课程实践性本质的应有之意。

(三)小学德育课程实施社会实践活动教学的价值

小学德育课程注重社会实践活动教学具有特殊的意义。

1. 有利于培养学生的创新精神与实践能力

注重社会实践活动教学，能密切学生与社会生活的联系，实现以创新精神与实践能力培养为重点，发展和提升学生情感、态度、价值观的教育目的。

2. 有利于培养学生积极参与社会生活，关注社会需要的态度

注重社会实践活动教学，能让学生到社会中学习，对自己所关注的问题，通过亲身体验，增长知识，开阔视野；注重社会实践活动教学，有利于建构公民意识教育平台，培养学生积极参与社会生活，关注社会需要的态度与技能。

3. 有利于培养学生的爱国主义精神，形成社会责任感

注重社会实践活动教学，能让学生关注社区的变化，祖国的发展，有利于培养学生的爱国主义精神，增强社会责任感。

二、小学德育课程主题性社会实践活动教学

(一)小学德育课题主题性社会实践活动教学的界定

什么是主题性社会实践活动教学？所谓主题性社会实践活动教学，是指按照"因地制宜地拓展教学时空"[③]的要求，将课程、教材中设置的活动教学主题，转变成到社会大课堂中去实施。

(二)主题性社会实践活动的教学模式

主题性社会实践活动教学如何实施呢？一般可采用"四环式"教学模式，如图 4-2 所示。

---

① 陈萍．以学生为主体的"活动体验型"德育[J]．人民教育，2010(23)．
② 中华人民共和国教育部．品德与生活课程标准(2011 年版)[S]．北京：北京师范大学出版社，2011．
③ 同上．

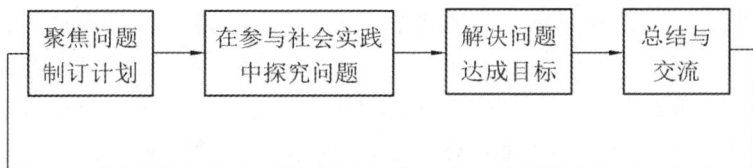

图 4-2　主题性社会实践活动"四环式"教学模式

第一步，聚焦问题制订计划。针对学生提出的问题，经梳理、归纳后聚焦成中心问题，然后引领学生到社会实践中去解决问题，并制订出相关的社会实践活动教学计划，让学生明确活动的目的、意义与要求，以调动学生的积极性。

第二步，在社会实践中探究问题。学生在教师的指导下投身到社会实践活动中，通过看一看、听一听、做一做、想一想等方式，去探究问题的奥秘与意义。

第三步，解决问题达成目标。学生亲历社会实践活动，通过探究、体验和反思，明确问题的本质，达成既定的目标。

第四步，总结与交流。一般在学生回校后进行。主要是通过说一说、演一演、画一画、写一写等形式，让学生总结、交流参与社会实践活动的所见、所闻、所获，相互分享彼此的体验与感受。

【案例 4-6】主题性社会实践活动"爱惜每一滴水"①的教学

第一步：聚焦问题，制订计划。本次社会实践活动聚焦的问题是：自来水管里的水是从哪里来的？它是"自来"的吗？自来水来得容易还是不容易？教师针对这个主题，制订了实施社会实践活教学的计划。

第二步：在参与社会实践中探究问题。教师带领学生走出校门去参观自来水厂。学生察看自来水的源头，原来水是用抽水机从江河提取，再通过管道输入厂中。在厂内的沉淀池，学生留意观察江河水中的泥沙经过沉淀后已经沉到池底。依次到了过滤池，学生摸一摸水体，比较过滤前后的水，后者更透明。在看消毒装置时，学生请教："这些东西有什么用？"工作人员说："用于清除水中的有害病菌，让水变得更纯净。"此次社会实践活动，教师用摄像机记录了学生看一看、比一比、摸一摸、问一问的影像资料。

第三步：解决问题、达成目标。学生亲历自来水厂，通过观察、访问、探

---

① 靳岳滨，杜时忠. 义务教育课程标准实验教科书品德与生活二年级下册[M]. 武汉：湖北教育出版社，2004.

究、体验和反思，认识到自来水来得十分不容易，要尊重工人的劳动，养成节约用水的好习惯。

第四步：总结与交流。参观完后，教师和学生集中到工厂的休息室对活动进行了总结。学生抑制不住内心的激动，纷纷表达了自己的观点，倾诉了自己的感受和体验。有人说："过去以为自来水就是自来的，我好无知哇。""妈妈教我用完水要拧紧水龙头，我总是听不进去，还反驳说，'不就是一滴水嘛？'现在我明白了，一滴水要经过这么多的工序，真是来得不容易啊！""我看到了水厂工人忙碌的身影，我们每时每刻能喝到干净卫生的水，与他们辛勤劳动是分不开的。"有的还激动地说："水龙头流出的一滴一滴的水，需要花费一滴一滴的油，需要工人付出一滴一滴的汗，今后我一定要节约用水。"有同学趁机补充说："是呀，节约用水，也是节约能源，是尊重工人们的劳动。"同学们既言说，又倾听，充分地分享彼此的收获。

教学的辩证法证明，活动教学讲求深度，有赖于活动教学宽度的拓展。借助主题性社会实践活动教学，更能孕育儿童丰富的、真切的、深刻的体验。

（三）主题性社会实践活动实施的路径

小学德育课题主题性社会实践活动，一般可采用如下三条路径加以实施。

1. 采用"走出去"的方式实施

所谓"走出去"，就是带着既定的学习主题，走出学校大门，直接进入事先所选定的社会情境中，包括社区、农村、工厂、企业、军营和各种专设场馆去进行教学。采用"走出去"方式，有利于充分利用所到之处教育资源的独特优势，以丰富、拓展和提升教育主题的教学品质。例如教学"日益富强的祖国"[①]，邓老师一方面让学生感受教材中"从农村到大都市""西部大开发"等教学内容，认识我国改革开放取得的举世瞩目的伟大成就；另一方面又带领学生走出学校，去参观总部设在湖北宜都的著名高新企业——湖北三峡鲟业有限公司。这是一家专门从事鲟鱼驯养繁殖、饲料加工、鲟鱼制品加工与销售的私营企业。经过16年的艰苦创业，这家公司开发创新了循环水工业化养鲟模式，生产出了品质最优的鱼子酱和品种繁多的鲟鱼深、精加工产品，远销到欧美和中东国家。这家公司不仅注重自身高速发展，同时还带动公司周边的2900个农户养殖鲟鱼，年产鲟鱼6700吨，实现产值3亿多元，年户均增收3万元。同学们边听管理人员介绍，边在公司创办的"世界鲟鱼博览园"参观，亲眼目睹

---

① 靳岳滨，杜时忠. 义务教育课程标准实验教科书品德与社会五年级下册[M]. 武汉：湖北教育出版社，2006.

循环水工业化养鲟的壮观景象，欣赏流线型的硕大鲟鱼游弋水中的优美姿态，对"博览园"中琳琅满目用鲟鱼的肉、骨和各种器官制作的各式各样的罐头食品、保健品、化妆品以及用鲟鱼皮制作的精美皮鞋、皮带、皮包等产品，同学们看一看、闻一闻、摸一摸、比一比、问一问、评一评、夸一夸，既满足了感官需要，又激活了思维，还孕育了深切体验。有的同学感动地说："三峡鲟业公司真了不起！它们的产品既能满足人们多样化的需要，还能帮助农民致富。"同学们收获一次感动，就会有情感的升华，迸发出思想的火花。这种在社会课堂里经受的心灵洗礼及其所带来的社会经验的积累和认知上的收获，一定会让学生终生都铭记在心。

2. 依托社会实践基地实施

德育基地包括各种博物馆、纪念馆、爱国主义教育基地、名人故居、青少年教育野外训练基地以及由学校自行与有关乡镇、社区、街道、企业、单位共建的实践基地，等等。

小学德育课程依托实践基地教学，大致有两种类型。

第一种，学了某课后，立即到相应的实践基地去亲察、亲历、亲为。例如，学了《影响世界的四大发明》①，就带领学生到清江彩印公司的印刷车间，先听公司负责人介绍印刷历史及现代印刷技术变革的最新信息，然后在师傅的指导下，当一回彩印工人。学生通过亲自操作，看到新书一页页从机器中印刷出来，他们的成就感油然而生。这种与课程内容相结合的实践活动，既让学生了解到中华印刷文化的源远流长，感受到印刷行业的变革和创新，同时又陶冶了学生的情操，丰富了他们的生活经验。

第二种，组织学生到德育基地开展综合实践活动，将品德教育主题寓于其中。实施策略可以概括为四句话：即"学校统一安排，主题教育渗透，学生经受磨砺，催升生命体验"。

——学校统一安排。例如，湖北宜都市各级小学主要是依托宋山青少年野外训练基地实施的。那里除了有较好的营地、比较多的活动设施和完善的安保措施之外，更为重要的是该基地已经开发出了诸如"让红旗高高升起""徒步登山不畏难""走访宋山脚下农户""野炊进行时""篝火晚会展才艺""倘徉在花木虫鸟的世界"等颇有特色的野外训练"18课"。学校在一个学期内安排一两次赴校外"基地"活动，时间两天。主要是让学生离开父母，主动去接受生活的挑战，

---

① 鲁洁．九年义务教育六年制小学教科书（实验本）品德与社会五年级上册[M]．南京：江苏教育出版社，北京：中国地图出版社，2004.

以此锻炼学生不畏困难、敢于拼争的精神,磨砺其自立自强的意志品质。

——主题教育渗透。小学德育学科主要是让学生把学习《别把花草弄疼了》《我和春天一起玩》《夏天的小虫》《秋游回味》《我不胆小》《我会安排一天的生活》《让危险从我身边走开》《我们的合作》《我要攀登》《我是独生女(子)》(以上均为苏教版《品德与生活》《品德与社会》教材中的课题)等课的所知所得,运用到实践活动中去加以确证,并实现进一步地提升。

——学生经受磨砺。这种在大自然中上的"18课",同品德与生活、品德与社会课程中的很多教育主题彼此呼应、相互沟通。依托社会实践基地进行野外训练,有利于学生自我磨砺,促进他们知与行的统一。

——催升生命体验。课外实践基地的训练科目是开放的、鲜活的、多彩的,富有"野味"。学生满怀激情地参与其中,会不知不觉地顿生心灵的感悟,迸发出生命感言。

【案例 4-7】

宋山笑面岩下,我们架起了炉灶,野炊活动开始了!对于我们这些独生子女来说,这是最具挑战性,又是最富情趣性、最有吸引力的一课,被同学们戏称为"自己动手,丰富餐桌"。

这次野炊活动,暴露了我这个独生女的弱点,在家能说会道,而离开父母,由自己切菜做菜时,却成了一个"弱智"。在生活处理和提高生存能力方面我真得加紧学呀!我的心头重又浮现出《我是独生女(子)》①这课中的"我们的宣言":"独生子女将会越来越多,创造中国未来的重任就落在我们的肩膀上,我们绝不能成为一代'中国小皇帝',我们一定是最有希望的一代。通过这次在基地锻炼,深感这不应是纸上的东西,它应成为我生命的宣言。"

由于"基地"营造的是与都市学校生活、家庭生活、社区生活等多种生活情境完全不同的"田野"风格,学生在实践中亲历亲为,有利于激发他们的情思,引发其生命的感悟,提升他们的情感、态度和价值观。这种在"基地"的生命性体验,即使通过千百节品德课堂教学都是难以获取的。学生在课堂上孕育的精神种子,可以借助于"基地"的实践锻炼,绽放出耀眼的花朵。

3. 结合校本课程的开发加以实施

伴同国家编制、审定的"品德与生活""品德与社会"课程的实施,学校一般都编制、开发了德育学科校本课程。校本德育课程的内容大多以引领学生参与

---

① 鲁洁.九年义务教育六年制小学教科书(实验本)品德与社会五年级下册[M].南京:江苏教育出版社,北京:中国地图出版社,2004.

社会实践活动为主。如配合《我的家乡》①的教学，湖北宜都陆城一小开发了《家乡探宝》校本课程，内容主要包括《走进中国谜语第一村》《到蜜橘之乡走走看看》《参访守敬故居》(杨守敬，湖北宜都陆城人，中国近代著名历史地理学家、书法家、金石学家、古籍收藏家)《遨游奇特的潘湾石林》等。这本校本教材，以家乡探宝为主线，以引领学生走出校园，直接到美丽的大自然和社会课堂中去亲历、亲为、亲验为特征。学生以品德学科校本课程为载体，到"故居"，与家乡名人"对话"；到橘乡，感受社会主义新农村的富饶以及"金果果"给农民带来的"小康"家境和幸福；到民俗村，体验流传上千年的谜语、谜诗、谜歌等非物质文化遗产的奇妙和精彩；到石林，品赏大自然的鬼斧神工和家乡江山的壮美。通过校本课程的实施，学生接触了人民，走进了农村，拓宽了视野、增长了见识、陶冶了情感、真可谓收获多多。总之，品德学科校本课程的开发和实施，无疑为实践活动扩宽了渠道，增添了新的魅力。

(四)开展主题性社会实践活动要注意的问题

(1)活动前要做好准备，包括分析学情，熟悉社会实践活动的环境，收集相关资料，联系调查访谈的单位(人)，以及进行相关的安全教育等。

(2)制订好主题性社会实践活动方案。要结合教材中设计的教育主题制定好主题性社会实践活动的目标、实践内容和活动步骤。

(3)教师要统筹、综合、动态地把握社会实践活动中学生的情况和变化，对活动随时进行指导。在社会实践实施过程中，教师要采取各种评价手段对活动主体进行及时的评价，利用录音、摄像、照相等不同方式做好活动过程的记录。

(4)社会实践活动结束后，师生应围绕参与社会实践活动的收获，进行总结、交流与分享。

三、前置性与课后延伸性社会实践活动教学

除了主题性社会实践活动外，按照与小课堂教学相互关联时间节点的不同进行划分，还有前置性社会实践活动和课后延伸性社会实践活动。

(一)前置性社会实践活动教学

前置性社会实践活动，是指将社会实践活动匹配在主题活动教学之前，将其作为课前准备，让学生借助课前调查、访问，收集信息、丰富感受、积累经验。

---

① 靳岳滨，杜时忠. 义务教育课程标准实验教科书品德与社会五年级下册[M]. 武汉：湖北教育出版社，2004.

1. 前置性社会实践活动的设计

"教师应将本课程的教学"与"社区活动、社会重大事件等紧密结合,从中捕捉、挖掘鲜活的素材,调动学生在课外学习和活动中获得的经验和知识,充实本课程的教学过程"[①]。新版课程标准中的这段话,应作为设计前置性社会实践活动的指针。

前置性社会实践活动的设计,要注意与主题活动内容紧密结合,讲求后续效应;实践活动设计应考虑就近实施,操作简便可行。例如,教学《有多少人为了我》[②],教师对前置性社会实践活动的设计包括"提示语"和"访谈卡"。提示语是:"同学们,大家就要学习新课《有多少人为了我》啦!请在你生活的社区访问不同行业的劳动者,注意不少于八人。访谈时请按照'访谈卡'中的栏目填写。老师相信你会积极参与这项实践活动,十天内要完成哟!"访谈卡如表 4-1 所示。

表 4-1 "有多少人为了我"访谈卡

姓名	性别	职业	劳动(或工作)的特点	劳动者的感言
苏丹丹	女	清洁工	每天清晨四点开始工作,清扫城区街道	为城市美容,我的生活很充实,很快乐

2. 后续教学与前置性社会实践活动的衔接

借助前置性社会实践活动,有利于学生丰富见识,积累经验。这些见识和经验,可以为学生后续学习提供"支架"。

【案例 4-8】"身边的变化"[③]课前社会活动与课中活动的衔接

(教学《身边的变化》一课,通过课前社会调查,学生有了收获和体验;将此引入课堂学习,使学生对改革开放后的巨大变化感受特深。)

师:与以前相比,我们的生活到底发生了怎样的改变呢?课前,老师布置大家从衣、食、住、行等方面对自己家庭三十年来的生活变化进行了小调查。下面请将你的调查结果与大家分享一下吧。

---

① 中华人民共和国教育部.品德与生活课程标准(2011 年版)[S].北京:北京师范大学出版社,2011.

② 鲁洁.九年义务教育六年制小学教科书(实验本)品德与社会三年级下册[M].南京:江苏教育出版社,北京:中国地图出版社,2002.

③ 鲁洁.九年义务教育六年制小学教科书(实验本)品德与社会六年级上册[M].南京:江苏教育出版社,北京:中国地图出版社,2005.

生1：我调查的是"衣"方面的情况。我爸爸说他小时候的衣服不仅破破烂烂、色彩单调，连保暖都不行。而现在每个人都穿得很好，衣服色彩艳丽、款式新颖、面料很好。

师：你家的柜子里有多少件衣服，你数过吗？

生1：这我可数不清。

生2：我收集的是旧版人民币一分、两分的纸币。妈妈说，她小时候收到的压岁钱有时是一分，有时是两分，因为当时家里很穷。而现在，我们的生活变好了，今年我收到的压岁钱就有一万多。妈妈把这些钱存在了银行里，说给我上大学时用。

师：是啊，一张小小的旧纸币折射出我们生活的巨大变化。

生3：爷爷告诉我，以前人们出行，或是走路，或是骑自行车。拉货用手推车或独轮车，路窄车少，去一趟县城很不容易。有一次，爸爸去县城亲戚家拜年。由于客车一天只有一趟，人们潮水一样使劲往车上挤，有的还从车窗往里爬，爸爸的鼻血都挤出来了。现在我们家买了小汽车，去哪儿都方便，假期里，我们还去自驾游呢！

师：是呀！现在短途出行可以乘公交车、出租车，长途旅行可以乘火车、飞机，还可以自驾出行，多方便！

生4：我收集到了几张做饭的照片，分别是用柴烧的炉灶、煤球炉、煤气灶、电磁炉、微波炉。以前烧饭又脏又慢，而且灶台前离不开人，现在是又干净又快捷。

……

师：透过刚才同学们所描绘的家庭生活细节，我们真真切切地感受到丰衣足食、安居乐业的小康社会正向我们寻常百姓家走来。

学生通过课前调查访问，收集自己家庭三十年来衣、食、住、行等方面的变化和长辈们的生活小故事。一张旧纸币，一张老照片，一辆破自行车，一封发黄的信件，都可能藏有或喜或悲的故事。这些经过学生用心调查访问得来的具有穿透力的素材，或趣味盎然，或发人深省，或催人泪下。正是借助课前的社会实践活动，学生从中感受到了三十年前社会的贫穷，长辈们生活的艰辛，真正体验到了改革开放以后整个国家和自己的家庭所发生的翻天覆地的巨变。

（二）课后延伸性社会实践活动教学

小学德育课程要注意"将课内学习延伸至其他学科的学习或校内外其他活

动中，提高教学的实效性"①。依据上述要求，我们应特别注重课后延伸性社会实践活动的设计、实施与评价，并将其作为德育教学不可或缺的一环，要认真地抓，抓落实。

1. 课后延伸性社会实践活动的设计

为了扩展和深化课堂上的教学内容，提高教学的实效性，教师可设计、安排相应的"课后延伸活动来配合"②。例如，教学《怎样和他联系》③，有位教师设计了走进本地邮电局(所)、电信局(所)，感受体验现代通信发展的课后延伸性社会实践活动。又如教学《生活中不能没有他们》，教师设计的课后延伸性社会实践活动是：在清洁工人的指导下，尝试在马路上清扫一小段街道，或学习自己的长辈，去干干自己力所能及的农活。

2. 课后延伸性社会实践活动的指导

社会实践活动，有的操作起来有一定难度，教师既要有安排，同时又要进行相应的指导。例如，《别把花草弄疼了》④一课，教材设计了课后实践活动：要求学生到社区"分组调查花木种养情况，进行交流，并给当地管委会提出建议"。教师在安排这项社会实践活动的同时，进行了精细指导，并提供了相应支持。①按学生居住区域组成小组，由他们推选组长和记录员；②说明调查的内容，主要是了解花木生长情况和保护措施；③教师与街道、居委会相关领导联系、沟通，恳请他们带领小朋友巡察有关种养花木的区域；④调查完后，小组相互交流，把有关建议交给管委会。有了这种精细指导和相应支持，学生才能以社会实践活动为载体，有效地培养发现问题和探究、解决问题的能力。

3. 课后延伸性社会实践活动的评价

教师对课后延伸性社会实践活动不能当作"表演秀""装饰品"，名义上打着课后延伸的旗号，而实际上并未真正实施，只不过是闹形式，走过场而已。课后延伸性社会主题活动由学生操作，而课后延伸后的"延伸"，包括督导、检查、评价等工作，教师应肩负责任，从始至终地坚持抓。特别是对课后延伸性社会实践中的关键一环——多元评价，要抓到位。首先是学生的自我评价。学

---

① 中华人民共和国教育部．品德与生活课程标准(2011年版)[S]．北京：北京师范大学出版社，2011.

② 同上．

③ 鲁洁．九年义务教育六年制小学教科书(实验本)品德与社会四年级下册[M]．南京：江苏教育出版社，北京：中国地图出版社，2003.

④ 鲁洁．九年义务教育六年制小学教科书(实验本)品德与社会一年级下册[M]．南京：江苏教育出版社，北京：中国地图出版社，2002.

生既是课后延伸的承担者，同时又是对课后延伸实施评价的主体。每次课后延伸的情况和结果，分为"做得很好""做得较好""一般"和"做得较差"四个等级，由学生自己"把脉"，自我评定。其次，针对不同的延伸内容，可由同学、家长、邻里和社会有关人士参与评价。最后，教师进行评价。一方面采用激励性语言肯定学生自我践行的收获，表彰他们的进步与发展，让学生感悟到过有道德生活的快乐。另一方面可采用成果展示的方式，将学生的课外延伸的作品（包括调查报告、访谈记录、探究成果、行为践行日记……）以及家长、邻里、社会有关人士的"评价卡"加以展示，以此培养学生的成就感。总之，教师要抓好课后延伸后的"延伸"，要追踪学生的实践，采用多种形式，了解学生是否按照课后延伸性社会实践的内容在做，做得如何，并相应地做出评价。如此实打实地操作，课后延伸才能取得预期的效果。

复习与思考

1. 简述小学德育课程活动教学的地位和活动教学的实施原则。

2. 主题活动中的"主题"有何特点？怎样处理主题活动中"形"与"神"、"事"与"思"、"放"与"引"的关系？请结合案例说明。

3. 小学德育课程游戏教学为什么要凸显实效性、挑战性和创新性？

4. 小学德育课程为什么要让学生参与社会实践活动？

5. 怎样设计课后延伸性社会实践活动？如何做好课后社会实践活动的评价？

推荐阅读

1. 郭元祥. 论实践教育[J]. 课程·教材·教法，2012(1).

2. 陈萍. 学生主体活动不能"被活动"[J]. 人民教育，2011(24).

3. 陈萍. 以学生为主体的"活动体验型"德育[J]. 人民教育，2010(23).

4. 闫守轩. 游戏、意义及其教学论启示[J]. 教育理论与实践，2002(5).

5. 陈光全. 品德课程教学的"课后延伸"研究[J]. 思想理论教育，2009(4下)，全文转载人大复印刊.

6. 陈光全. 活动教学中教师情感性语言的运用[J]. 中国教育学刊，2009(3).

7. 陈光全. 新课程活动教学的运筹艺术[J]. 中国德育，2008(10).

第五章　小学德育课程对话教学

本章重点

• 小学德育课程实施对话教学的必要性，有效对话教学的基本特征
• 优化师生对话品质的前提、要素与目标追求
• 学生与德育教材文本对话的含义、理念与方法
• 教师引领对话教学的基本策略与方法

第一节　小学德育课程对话教学概述

什么是小学德育课程对话教学？小学德育课程为什么要实施对话教学？有效对话教学有哪些基本特征？这是本节要研究的问题。

一、什么是小学德育课程对话教学

（一）对话教学溯源

教育的起始与对话分不开。人类的教育活动起源于交往、沟通，而沟通就离不开对话。世界教育史上最古老的教育经典——《论语》，就是孔子（公元前551—前479）"应答弟子、时人及弟子相与言而接闻于夫子之语也"（班固·《艺文志》）。可见，我国古代著名思想家、教育家孔子是开创对话教学的先驱。西方思想家苏格拉底（公元前469—前399）首创"产婆术"。他主张教师不应把知识直截了当地告诉学生，可通过与之对话、沟通甚至辩论的方式揭露认识中的矛盾，以引领学生自己得出结论、发现真理。近现代以来，西方一些思想家、哲学家认为对话不仅是一种沟通与交往的方式，更是一种存在方式。它不再局限于人与人之间，而是扩展到人与自然、人与社会、人与环境之间。

新课改所倡导的对话教学，深受巴西教育家弗莱雷的影响，他所提出的对话六要件——平等、爱、谦虚、信任、希望、批判性思维[①]受到了教育者和广大老师的普遍关注。著名学者巴赫金也是对话理念的奠基人之一。他指出，人

[①]　王向华. 对话教育论纲[M]. 北京：教育科学出版社，2009.

的生命提升和自我发展就是与自我、与他人、与世界对话的过程。① 这些有关对话教学的哲学思想与教育观念，无疑是小学德育课程实施对话教学的理论依据。

（二）小学德育课程对话教学的界定

什么是教学中的对话？美国教育学者尼古拉斯·C·伯布勒斯与伯特伦·C·布鲁斯曾定义为："对话是一种教学关系，它以参与者持续的话语投入为特征，并由反思和互动的整合所构成。"②该定义有三层含义：其一，对话是教师与学生主体间的一种动态教学关系；其二，对话是对话参与者对其共同面对的问题的探究、思考所引发的话语投入；其三，对话注重个体的反思与对话参与者间的互动。

什么是小学德育课程对话教学？

小学德育课程对话教学，是指以生活德育、主体德育、实践德育理论为指导，以德育教材为中介进行的对话性学习；它以参与者彼此间的相互尊重、信任、人格平等为基本前提，以教师与学生、学生与学生、学生与教材文本、学生与自我，以语言和非语言手段所进行的话语、情感和思想等方面的多元、多向、多层的沟通与理解为主线；以参与者的交流、反思、互动、整合为必不可少的要素；以优化师生的生命经历，达成对话者视界融合和意义建构、最佳地实现学生德性生长和社会性发展为目标的一种新的教学形态。

二、小学德育课程实施对话教学的必要性

（一）注重对话教学是呼应时代精神培养一代新人的需要

我国构建社会主义和谐社会，加快建设创新型国家的战略目标，要求基础教育更新教育观念和教育方式，大力加强社会主义核心价值体系教育，培养学生具有良好的公民素质、创造精神和实践能力。注重对话教学，正是遵循时代要求，培养一代新人的有效途径。当今世界，民族素质越来越成为综合国力的重要标志。注重对话教学，借助"主体间的交往活动，能强化学生的社会交往意识和社会角色规范，形成群体的归属感、认同感，有助于培养学生的规则意识、任务意识、合作意识、责任感及团结合作精神，培养合群性、利他性和社交技能，并使他们获得一定的社交经验"③。对话教学的价值恰恰就表现在能

---

① 朱小蔓，杨桂青.关于负责任的道德主体如何成长的一种哲学阐释——关于巴赫金道德哲学的解释[J].全球教育展望，2011(2).

② 张华.对话教学：含义与价值[J].全球教育展望，2008(9).

③ 裴娣娜.教育创新与学校课堂教学改革论纲[J].课程·教材·教法，2012(2).

呼应时代要求，有利于培养和提升学生的上述素质。对话本身不只是一种手段，也是目的。对话是基于信息化时代的需要，追求的是培养能对话的人，或者说要把学生培养成能动的、创造的、孜孜追求理性，善于沟通和具有国际视野的人。

（二）注重对话教学是彰显教学本质的应有之义

国家第八次课程改革强调："课堂教学的转变——从'授受中心教学'转变为'对话中心教学'；从'记忆课堂文化'转变为'对话中心文化'。"[①] 对话是对传统"独白式"教学的摒弃，是对多元课堂的重建。为什么教学要凸显对话呢？因为教学就其本质而言是交往的过程、是对话活动，是师生通过对话在交流，沟通中创造意义的过程。课堂教学本身应当是一种充满活力的对话实践。"没有对话，就没有交流；没有交流，就没有真正的教育。"[②]

三、小学德育课程有效对话教学的基本特征

（一）有效对话教学是彰显师生生命状态的教学

有效对话教学是生命被激活、被发现、被欣赏、被丰富、被认同的过程。小学德育课程有效对话教学是主体间的相互言说、倾听、应答、质疑、反思，是师生生命体在相应时间点上生命活力的表征，是他们生命中有意义的构成部分。作为对话的参与者，对话是一种心灵相激、智慧相荡、灵魂相融的生命共享和共进的过程。师生投入生命激情，在彼此倾诉和接受中实现精神相遇，心灵共鸣，开始对生命意义的追寻，从而享受到课堂生活的快乐和幸福。

（二）有效对话教学是学生自主建构、生成意义的教学

"意义"体现了人与世界、人与他人、人与自我的诸多关系。建构主义者认为，教学意义的生成，主要是通过师生间的对话、协商、互动、分享而实现的。对话是师生相邀，共赴一场"知识与信息"的盛宴。英国著名哲学家戴维·伯姆指出：有效的对话"先是某个人产生了一个想法，另外一个人则吸收了这一想法，接下来又有其他人对这一想法进行补充。思维于是就像潺潺之水流淌于对话者之间"。这是一种精神上的接力，不断地共鸣、不断地补充、不断地丰富。"它使所有对话者都能够参与和分享这一意义之溪。"（戴维·伯姆《论对话》）

对话不仅是言说者（含德育教材文本）的言语交流，更重要的还是思想上的

---

① 钟启泉. 对话文本：教学规范的转型[J]. 教育研究，2001(3).
② 同上.

碰撞、情感的共鸣和经验上的共享和融通。雅斯贝尔斯认为："对话可以造成真理的敞亮和思想本身的实现。"经验因对话而彰显，知识因对话而激活，迷失因对话而醒悟，盲点因对话而消解，思想因对话而澄明，认识因对话而提升，情感因对话者的感染而共鸣共振，智慧因对话而孕育。对话生成意义是教学的主旋律，它为课堂营造和呈现出了多姿多彩的景观。

（三）有效对话教学是关注差异，促进每一个学生发展的教学

每一个儿童都是一个独特的世界。同一个班级的几十名学生的性格、智商、情商、身体状况、生活经历、家庭背景不同。不同就意味着差异。差异性体现了世界图景的实然状态，亦是对话教学展现多姿多彩色调的源泉。巴赫金说得好："对话性是具有同等价值的不同意识之间相互作用的特殊形式。"真正的对话是师生、生生不同意识之间"同意或反对关系，肯定或补充关系，问和答的关系"①。具有不同意识是学生差异性的表征。小学德育课程对话教学特别关注差异，因为差异性是教学的基础性资源。学习者以自己独有的方式和感受、建构对事物的理解。借助对话教学，学生可以分享彼此的体验和感悟，使自己的理解更加丰富，认识更加全面，这是对话教学的一大特点，也是一大优点。对话是动态、流动的，没有预设的终点。对话参与者的言说，随时有可能发生转折，成为后续对话的"商讨点"。诸如学生的一次质疑，个别学生言说中的异想天开，或是学生的某种"阴差阳错"，都有可能转变成生成性资源，从而为对话教学打开一扇新的门窗，开辟出"别有洞天"的新境界。

关注差异意味着要尊重学生凸显个性的言说，让他们倾吐自我的独特感受、体验和创意。小学德育课程对话教学要注意为彰显学生个性提供时空，为促进学生个性发展营造平台。

关注差异还要特别关注班级中的"特殊儿童"。这里所指的"特殊儿童"包含两层意思：其一是指班级中的弱势学生，如缺乏亲情呵护的孤儿、弱智儿童以及生理上有缺陷、肢体上有残疾的学生等；其二是指因亲人病故、家庭不和、个人挫折等偶发因素的影响，临时受到打击而导致心灵创伤的儿童。教师关注上述"特殊儿童"的心理诉求，并运用教育智慧应对，就能为这些"特殊儿童"送去一缕缕阳光，使之消除心灵上的阴影。

有效对话教学应是师生之间心灵对心灵的叩响，情感与情感的共鸣，期待与响应的契合。教师有大爱之心，善于营造平台、提供机会，给每个儿童"发言权"，让学生的个性得以张扬。特别是当"特殊儿童"吐露内心惆怅、苦闷和

---

① 董小英．再登巴比伦塔［M］．北京：生活·读书·新知三联书店，1994.

难于解开的"心结"时，教师应倾吐真情，马上回应。做到像著名哲学家海德格尔所说的，教师应在对话中表现出"对学习者的关切、倾听和呼应"。

总之，有效对话教学一定要关注差异，呈现多元声音交响的"和而不同"的课堂世界。

（四）有效对话教学是凸显民主精神的教学

对话教学是学生学习民主、享受民主的教学。杜威在《民主主义与教育》一书中写道：民主"是一种联合生活的方式，是一种共同交流的方式"。对话教学把班级转换成了具有民主性的学习共同体，转变成了传习和演绎民主精神的操练场。首先，师生都是"学习共同体"中的成员，彼此都平等地享有参与权、话语权、发展权、享有受尊重的权利，等等。其次，对话教学的实施，摒弃了昔日传统教学中诸如教师独享话语霸权，学生在课堂上"失语"，教师处于控制高点，而学生沦为受控"木偶"等非民主、非道德的弊端。在对话教学中学生是言说者、倾听者、经验享有者、意义生成者和最大的受惠者。再次，在对话交流中，学生可以挑战教材、挑战教师；一旦发现对事物的认知持有不同观点，可以通过商讨、争辩，以分清是非曲直，达到互补共识，不存在谁排斥谁、谁压制谁的问题。最后，对话教学让学生学会倾听，不随便打断别人的发言；学会质疑，凡是听不明白的问题，可请求对方解释；学会接纳，善于通过交流，汲取别人有益的观点；学会言说，会条理自己的思路，倾吐自己的心声。锤炼和习得这些能力，既是参与对话教学的需要，更是学生学习过民主生活的需要。

（五）有效对话教学是师生共享经验、融通智慧、共进双赢的教学

美国学者帕克·帕尔墨认为："教师和学生犹如一个电池的两极。"他们组合在一起就能产生能量。在这种能量的作用下，一方面会使学生受惠于老师，包括听受教师言说的知识，接纳教师的人生经验，受到教师优秀品德的熏染，等等；另一方面教师也会受惠于学生，包括听取学生独特的家庭背景、生活经历、成长经验的言说，童话般的幻想、创意和智慧童心的启迪以及学生接受现代信息的敏感性和崇尚道德的良知，等等。教师受惠于学生，是所谓"后喻时代"一种趋势性的表现。

话语是主体的经验、思想和情感的体现。只有负载经验、思想、情感和生命经历的语汇触及心灵，才能达到经验的共识和共享。小学德育课程有效对话教学表现为师生各自陈述意见，相互倾听，沟通交流，分享彼此的思想、经验和知识，求得新的发现，从而获得共识、共享、共进的效应。具体地说，借助对话教学的展开，学生在教师引领下，能获得学习新知、丰富经验、开发潜

能、孕育创意、生长德性，实现社会性发展的效应；而教师在对话教学中，由于得到学生的呼应、支持与合作，从中可以获得增长实践智慧，提升教学素养，并因引领学生有效发展而带来的成就感以及因对话教学的成功、精彩、彰显自身的生命价值而带来的职业幸福感等。

总之，小学德育课程有效对话教学的基本特征，表现在它是彰显师生生命状态的教学；是教师引领下，由学生自主建构、生成意义的教学；是关注差异，促进每一个学生发展的教学；是学习过民主生活，凸显民主精神的教学；是师生经验共享、智慧融通、教学相长、彼此双赢的教学。

第二节　课堂场域中教师与学生对话

考量课堂场域中诸多对话形态，教师与学生的对话居其首。师生间对话效能的高低，直接关乎学生与学生、学生与文本、学生与自我三种对话的深度。

一、师生间建构真正的对话关系

课堂场域中师生间的对话，要避免集权主义"空对话"、一问一答或一问齐答的"假对话"、毫无意义生成的"零对话"和蜻蜓点水的"浅对话"的失误和尴尬，就必须建构起真正的对话关系，这是两者对话得以实施的基本前提。

什么是师生间真正的对话关系？

德国哲学家马丁·布伯认为：作为沟通的主体，师生之间不是"我"与"他"的关系，而是一种"我"与"你"的关系，是一种主体间的关系。"教师不是把对方看作占有和改变的对象，而是与我讨论共同'话题'的对话中的'你'、沟通交往中的'你'，师生之间是一种平等参与——合作的关系，二者的合作达到一种默契。"①

师生间真正意义上的对话，"不仅仅是指二者之间的狭隘的语言的谈话，而且是指双方的'敞开'和'接纳'，是对'对方'的倾听，是指双方共同在场、相互吸引、互相包容、共同参与的关系。这种对话更多地是指相互接纳和共同分享、指两方的交互性和精神的相互承认"。②

权衡师生间是否建立了真正的对话关系有四个关键词：即"平等""敞开"

---

① 冯建军. 主体间性与教育交往[J]. 高等教育研究，2001(6).
② 金生鈜. 理解与教育[M]. 北京：教育科学出版社，1997.

"倾听"和"共享"。

（一）师生间的平等

教师与学生对话的平等性，意味着学生作为对话一方的独立性和内在自由得到承认，而不是被钳制和束缚；意味着教师以平等的态度在与学生共享经验基础上相互促进，而不是以一家之主去垄断和灌输；意味着通过对话使学生进入一个未知领域共同探究，而不是以教师的先知先觉让学生产生一种先入为主的思维定式；意味着对来自学生作为活生生生命个体的内在关注，而不是过早地将学生带入成人世界。

（二）师生间的敞开

作为对话参与者的教师和学生要让自己处于开放的状态，敞开心灵，彼此接纳对方，在相互接受和倾诉中实现精神的相遇、心灵的共鸣、生命意义的追寻。只有精神的开放，才会有鲜活的、创造性的思想之流潺潺流动。

（三）师生间的倾听

对话中的倾听，绝不仅是从技术层面对信息不遗漏，最根本的是真诚的灵魂上的倾听。在对话过程中，通过对对方言语、行为、神态等细节的观察，听到彼此心灵的东西，从而使自己达到内心世界的洞明和透彻。

（四）师生间的分享

对话教学是一个场，这个场中必然流淌师生创造的意义。师生间通过相互理解、相互合作、相互商讨，以彼此的言说、反馈、应对、接纳、反思为支撑，共享不同的个人经历、人生体验，分享对话流淌的意义之溪所蕴含的知识、情感和智慧的滋润。

二、课堂场域中教师与学生对话的目标追求

教师与学生对话不是海阔天空的高谈阔论，不是逢场作戏的笑谈，不是讨价还价的谈判，不是唇枪舌剑的论争，而是负载目标的教学活动。教师与学生对话的根本追求应当是价值追求。如果对话教学淡化或抛弃目标，表现为无涉价值，这无疑是致命性失误。反之，运筹好对话教学目标，实乃优化教师与学生对话的第一要务。诚然，师生间的对话流程有着不可预期性。正是基于这一点，教师心中更要亮起"目标"这盏灯。

（一）注重对话目标的预设

教学目标是一定价值观的具体化。设定对话教学目标，要根据《课程标准》，针对具体的教学课题，按照知识与技能、过程与方法、情感态度与价值观三维目标进行统筹。此外，要注意把培养具有能动性、富有理性和创造性，

善于与他人对话的人纳入到目标运筹之中，因为这是对话教学所要追求的特殊价值。

（二）注重对话中生成性目标的彰显与整合

在教师与学生的对话中，注意预设性目标与生成性目标的整合，对于实现教学效益最大化，最大限度地满足学生发展的需求，提升教师的教育素养和教学能力，具有重要的理论价值和实践意义。

1. 注意催生与接纳始料不及超越预设外的"溢出目标"

教师与学生对话，随时可能出现新情境、新话题，常常会赢得既实现了预设的教学目标，同时又达成了预设外的"溢出目标"的神奇效应。因为师生间对话的交往性、灵动性和创造性等特点，决定了教师与学生对话的价值效应，可以包括教师的预设目标以及未曾预设的新的目标点。英国课程论专家劳伦斯·斯腾豪斯指出：除了完成预设的东西外，还要坚守"过程原则"，特别关注对话活动中的"生成性目标"的达成，并强调以此作为课堂教学评价的要素之一。一旦在特定情境中，在师生互动的支撑下，学习者可以迸发超出常态的想象力和创造力以及实现未曾预设的情感态度价值观的提升。对于这种旁逸斜出，演绎生成性目标的课堂，我们应拍手称赞，给予其超越性的积极评价。

【案例 5-1】

教学《我爱您，祖国》一课，当教师与学生在对话中谈及"各族人民的风俗习惯"这一环节时，大家都为我国少数民族奇异的风俗习惯而深深陶醉。突然有一位学生提问："老师，现在地球上的水越来越少了，可是，傣族人民在泼水节上要泼掉那么多水，这不是浪费吗？"面对这一突如其来的"不和谐音符"，教师并没有轻易否定或批评，而是"顺水推舟"引出新的话题："泼水节这一天，傣族人民为什么特别高兴？这里的'水'到底有什么含义？"一石激起千层浪，学生纷纷发表意见：有的说："清洁的水不仅是一种宝贵的自然资源，还具有文化意义。"有的说："在傣族人民心目中，水象征着友爱、尊敬和祝福。"有的还动情地说："傣族人民是爱水的民族，泼水是他们内心深处的情感寄托，表现他们是最敬重水的！"通过对话交流，学生不仅了解了傣族人民的风俗习惯，而且还受到了一次民族文化的熏陶。

2. 关注表现性目标，注重催生学生精彩观点的产生

对话教学目标的运筹还表现在善于处理建构性目标和展示性目标的关系。建构性目标是指向学生全体的；表现性目标是指向学生个体的，旨在彰显学生具有特色的学习成果和个人愿景。

在教师与学生对话中，追索和达成表现性目标，是对不同特质学生的尊重

和欣赏，更能让学生释放心灵的火花，放飞诗意的想象，陈述独特的思想，表达丰富多彩的情感。注重表现性目标，需要特别关注学生精彩观念的诞生。美国著名教学论专家达尔沃斯说："课堂教学必须建基丁每一个学生的独特性之上，而学生的独特性体现在每一个观念的独特性中，教学的目的（或价值）就是帮助学生在原有观念的基础上，产生新的更精彩的观念。"①

【案例 5-2】

教学《家庭的记忆》一课中的"家庭吉祥物"②时，学生通过观看、欣赏吉祥物图案、实物、自主阅读教材以及师生的对话交流，知道了"福娃"、"海宝"等几种有影响的吉祥物，明确了吉祥物多是变形或夸张的动物形象或其他物品形象，用来表达对某种良好意愿的渴望。用来做吉祥物的原型往往具有我们所向往的品质。教师在引领学生落实建构性教学目标的同时，又注重引发学生的表现欲望，注意营造展示的平台，打造交流的空间，并借助激励性评价，让学生获得成功的快乐体验。

师：同学们都希望自己的家庭美满幸福。我们来亲自动手做个家庭吉祥物，好吗？设计时要好好想想，怎样才能把自己向往的品质、美好的期盼寄寓在吉祥物中。

（学生动脑思考，动手制作，教师巡回指导）

师：同学们都是美好家庭的设计师。现在让我们来交流分享各自设计的吉祥物，好吗？

生1：我设计的吉祥物是白鹤。爷爷是画家，最爱画白鹤，父母和我也喜欢白鹤，白鹤无论是挺立还是飞翔，姿态都特别美。我觉得，白鹤具有高洁、健康、快乐、和谐的品质。

生2：我画的是蓝蓝的海天，海鸥翱翔，小船停泊在港湾里，我渴望我们家是爱的港湾，温馨的乐园。

生3：我的吉祥物是熊猫。我觉得熊猫的形象特别可爱，使我联想到圆圆满满。一个家庭圆圆满满多好哇！

生4：我愿把帆船作为吉祥物。我的父亲在外地打工，我祝愿全家人一帆风顺。

生5：我画的是三只羊。我的父母属羊，我的生肖也属羊。俗话说，三羊

---

① ［美］爱利诺·达尔沃斯. 精彩观念的诞生——达尔沃斯教学论文集［M］. 张华，等译. 北京：高等教育出版社，2005.

② 鲁洁. 九年义务教育六年制小学教科书（实验本）品德与社会三年级上册［M］. 南京：江苏教育出版社，北京：中国地图出版社，2003.

开泰，吉祥如意。

生 6：我设计的吉祥物是牛，我最羡慕牛的勤劳朴实的品质。

师：同学们的设计很好。我从这些吉祥物中，也分享到了家的温暖和同学们的美好心愿。

制作吉祥物的案例很精彩。表明了学生迸发了灵性思维，孕育了智慧，释放了个人独特的愿景，表达了独特的观念，折射出了生命的光彩。之所以有这种奇效，是与教师善于引领学生达成"表现性目标"分不开的。

三、优化师生对话品质的五要素

优化师生间对话有五个要件：即优化对话场域、优化话题、优化对话情境、建构相互间的倾听关系以及提高学生参与对话学习的品质和对话能力。

（一）注重优化师生对话的场域

建构优化的场域是营造教师与学生对话绿色生态的需要，是实现和促进师生有效对话的保障性条件。教师与学生对话需要建构什么样的场域呢？除了要采光好、空气流通，相关设施整洁的物理环境外，更需要营造充盈对话文化的环境和优化的氛围。

1. 注重营造兼容不同声音的对话性场域

营造对话性空间，意味着德育课堂上应是各种不同声音共同存在的场域。德育课堂上只有兼容不同的声音，参与对话者各自才有表达倾听、交流的可能。

2. 注重营造充满和渗透"爱"的场域

缺乏对世界、对人的热爱，对话就不复存在。"爱是对话的基础和对话本身。"[1]爱的本质在于给予，并伴随着关心、响应、尊重与了解等各种态度。试想，如果不愿意将内心有生命力的东西用语言表达，如果没有对对方的关心、响应、尊重与了解，对话如何存在？正是在这个意义上，我们才特别强调要营造充满和渗透"爱"的场域，这是实施对话教学的基础。

【案例 5-3】营造充满和谐的、爱的对话场域[2]

在徐进老师营造的对话课堂上，责备、埋怨变成了一个个鼓励的眼神，一句句亲切的话语。"没关系，坐下来想好了再说"，让学生信心倍增；而当学生正确回答问题后，她总能给予发自内心的微笑。她的目光，她的爱心激发了每一个孩子参与对话学习的积极性。教学《金色的秋天》一课，正当徐进老师与学

---

① ［巴西］保罗·弗莱雷. 被压迫者教育学[M]. 顾建新，等译. 上海：华东师范大学出版社，2001.

② 魅力人物徐进. 真纯教育心、斑斓品德梦[J]. 小学德育，2009(24).

生围绕秋天的色彩进行对话时，突然，一个小男孩高高举起小手，认真地说："我觉得秋天先是青色的，再是红色的。""为什么呢？"徐进老师适时追问。"因为到了秋天，我最爱吃的阳澄湖大闸蟹上市了，没烧熟的时候它是青色的，蒸熟了不就是红色的吗？"听课的老师无不惊叹这个孩子的勇气及细致的观察力。此时，徐老师略微调整了一下自己的精神，真诚地说："真没想到，金色的秋天在你的眼中是那样的与众不同，由青到红，变化无穷，向你学习！"一句看似不经意的点拨，一下子激发了在场学生思维的火花，交流互动达到了高潮："我觉得秋天是白色的，丰收的棉花朵朵白；秋天也是绿色的，松柏的叶子就不会黄；秋天还是五颜六色的，因为我们都会换上各种颜色的毛衣……"此时此刻，徐老师满怀深情地说："你们说得太好了，秋天有玛瑙般的红，翡翠般的绿，大海般的蓝，雪花般的白，稻谷般的黄，葡萄般的紫……因此，我们可以大胆地说秋天是多彩的季节，它是迷人的。"此时，课堂上响起了热烈的掌声。这节课师生间的对话之所以能凸显亮点，与教师善于营造轻松的、和谐的、爱的对话场域是分不开的。

（二）注重优化话题

教师与学生对话是围绕一定话题和话题键展开的。话题是引发、融汇话语流的载体，是牵引对话教学的引擎。舍弃话题师生之间的言语交流，就不是教学意义上的"对话"，而只能是"闲聊""谈白"。教师与学生对话的本质无非就是彼此间的提问、析疑、解答的过程。"人的发展就存在于对一个又一个问题的解决之中。"优化话题无疑是优化教师与学生对话机制的关键要件。

教师与学生对话的话题，要避免"肤浅""细碎""问题过大"和"架空跳跃"等缺失，就一定要彰显"四性"：即凸显价值性、讲求针对性、具有挑战性和注重开放性。

1. 凸显价值性

话题是教师与学生对话不可或缺的要件。不是什么问题都可当作话题的。能够作为话题的问题本身一定负载有德育课程的价值蕴含、其旨归都关乎学生的精神生长和生命成长。凸显价值性，教师应设计一个或几个辐射范围较广的核心话题，以彰显学生所学课题的价值取向。

2. 讲求针对性

用于对话的话题要考虑学生已有的经验和成长需要，要与学生的认识构成一种协调的张力平衡。如此，话题就能点燃学生参与对话的热情。

3. 具有挑战性

话题如果仅限于照搬书本就能回答"是与否""对与错"，学生就感受不到思维的快乐、体验不到智力价值的增长，参与对话的激情就会丧失。话题要有适当难度，具有思考价值。如此才能开拓学生的视野，激活学生的联想和想象；通过话题的展开、深化，才能促进教学目标的达成。

4. 注重开放性

话题除采自教材外，还有一些是在对话教学动态展开的进程中，或因学生的创意、或是学生的另类思考、或是学生的质疑、或是学生的错误引出来的。杜威认为真正的问题应该是思维的刺激物，是学生在对话活动中产生的，是学生自己的问题，是他们最为关切的问题。关注生成性问题，才能够引出"真正的对话"。

（三）注重优化对话情境

教师与学生对话，需要有一定的情境支撑。心理学研究表明，学习内容与学生熟悉的生活越贴近，学生学习的自觉程度就越高。因此，教师与学生的对话要提供与学习主题有关、与现实生活连接的情境，以激活学生认知结构中的已有知识，为有效对话做好铺垫。例如，《我有一份责任》[①]一课，为了深化与学生的对话，教师借助一幅动漫设置情境："我是凝聚剂：面对家里的烦人事，不要以为我们无足轻重。用你的一片爱心抚慰爸爸妈妈心灵的痛楚，用稚嫩的双肩为父母撑起一片晴天。"借助上述活灵活现的情境，教师激发说："总结一下，你有哪些充当凝聚剂的宝贵经验？"在教师的"激将"下，学生打开了话匣子。有的说："当妈妈不高兴时，我就帮妈妈多做家务，行动胜过一切。"有的说："当爸妈吵架时，我会以妈妈的名义给爸爸发条短信，再以爸爸的名义给妈妈买枝玫瑰花，他们肯定和好。"有的还得意地说："妈妈、奶奶有点小矛盾，我学着做调解员，拿着一块高级酥饼对奶奶说，这是妈妈要我拿来孝敬您的，奶奶笑意盈盈的收下了。在妈妈面前我又说：'奶奶总是念叨您操劳家务很辛苦，要我听妈妈的话。'我的这一招还真灵。现在奶奶、妈妈再也不生闷气了。"学生倾诉的这些经验，与教师注重优化对话情境是分不开的。

马丁·布伯说过：教师与学生间"我与你的对话，不仅是言语上你来我往，而是寓于'生活深处'的具体体验"。以生活情境为背景展开的教师与学生的对话，使道德知识、社会知识的学习与人的生活意义、生活价值不断产生"相遇"的机会，从而把学生的思想、情感与体验不断地引向深入。

---

① 靳岳滨，杜时忠．义务教育课程标准实验教科书品德与社会五年级上册［M］．武汉：湖北教育出版社，2004.

(四)注重建构师生间的相互倾听关系

师生间对话与师生间倾听是相互联系、相互依存的。师生间倾听是实现师生间有效对话的基本前提；而师生间对话则为师生倾听提供丰富的意义蕴含。"如果要创设一个每个学生都能安心发言的教育环境的话，就必须对各种不同的意见十分敏感地倾听，建立起相互倾听的关系来。"

1. 学生的倾听

对学生来说，对话内在地包含着对他人言说、观点的关注与尊重。倾听是学生获取信息、知识、分享他人智慧、改造和提升自身经验不可或缺的手段。庄子在《人世间》中指出："无听之以耳而听之以心。"这句话的大意是强调"用心听"。当别人发言时，要全神贯注、不开小差、不拦截和打断别人的话头。"用心听"还意味着对所有参与者的言说都要有高度敏感性，既要潜心静听老师传输的知识、经验、人生感悟及其有关的引导信息，同时也要认真听取同学伙伴的言说以及他们的认识和感受。

2. 教师的倾听

(1)教师倾听是一种善的表达，是人格魅力的外显。"当倾听成为一种关心情愫和理智投入的时候，它并不局限于'耳朵'和听觉，而是弥散于人的整个身心，我们由此会拥有'倾听的眼睛'，'倾听的身体'。"①从课堂上，我们常常会看到教师全身心投入的情状，即身子微微前倾，竖着耳朵，双眼炯炯有神，面带甜美的微笑，全神贯注地倾听学生的一言一语，深切表达了对学生的呵护及对他们的需要、诉求的尊重和呼应。教师的倾听，营造的是一种道德情境，学生置身于这种情境中，可以体验到教师的关爱以及民主、和谐氛围的濡染。倾听一旦营造出这种境界，教师的人格魅力就会对学生产生潜移默化的影响。

(2)教师倾听有利于把握学生的不同需要和诉求。作为个性化的学生，必然会发出不同声音。教师是派往未成年人世界的"大使"，而未成年人的声音则是派往成人世界的"信使"；只有"大使"倾听"信使"的言说，老师才能理解学生。教师多一些倾听，对学生就会多一些理解，学生也会多一些表达、展示和获得学习成就感的机会。

(3)教师倾听有利于意义生成。在教师与学生的对话中，生成是无条件的、永恒的和绝对的，每时每刻都有新问题出现和新思维形成。教师倾听可以营造民主、和谐的文化氛围，这恰恰是精彩观念赖以脱颖而出的土壤。因为"学生精彩观念不可能诞生于压抑的、控制性环境中，而只能涌现于学生体现到平

---

① 张华. 对话教学：含义与价值[J]. 全球教育展望，2008(9).

等、感受到尊重和欣赏的氛围之中"。① 教师倾听有助于捕捉转瞬即逝的生成点，点燃学生思想的火花。

(五)注重培养和提升学生参与对话学习的品质和对话能力

"在对话中学习"是小学德育课程所倡导的学习方式之一。学生是对话的参与者、受惠者。教师与学生对话要呈现优化状态，彰显其生成性、建设性、发展性特征，学生在对话中一定要有良好的学习品质，具有较强的对话能力。

1. 学生要有较强的参与对话的内驱力

学生参与对话的内驱力源于他们强烈的认知好奇心。弗莱雷说："把对话理解为一种学习和认知过程，先决条件是学生在对话合作中要有强烈的'认知好奇心'。"②反之，没有认知好奇心，就不会有真正意义上的对话。从课堂上我们发现，学生正是在认知好奇心的驱动下，兴致勃勃地参与对话，并从彼此间持续的话语和情感交流中获取信息、激活经验、拓宽视野、砥砺思想、提升认识。学生从对话中取得的成绩和进步，会进一步强化和提升学生的认知好奇心。如此双向作用，会促进对话教学进入最佳境界。

2. 注重在对话中培养学生的勇敢品质和批判性思维

对话涵养着勇敢。学生要勇于袒露心胸，率真地言说，勇于提出自己的观点。敢于纠正他人言说中的偏失；同时，对话内在地蕴含着对自身思考的反省与批判，如果学生发现自己言说中有错误，要敢于改口、敢于修正，实现经验的改组和重建。博尔诺夫说得好："说话总是要求有自由参与的勇气和放弃'理所当然'的自信，如此始终要求在极大程度上克服自我。"③"正是批判性思维，使教育变成提出问题的过程。对话教学则是问题解决和探究的过程。而发展批判性思维则又成为对话教学的重要目的。"④教师与学生对话，不仅要激发学生思考问题的解决方案，还要启发学生进一步质疑，对现实问题进行批判性分析。

【案例 5-4】"逛商场"⑤教学片段回放

师：上商场购物，一定要注意商品的保质期。如果不小心买了过期商品，该怎么办？

---

① 周杰. 倾听与教学——论教师作为倾听者[J]. 全球教育展望，2010(7).
② 张华. 对话教学：含义与价值[J]. 全球教育展望，2008(9).
③ [德]博尔诺夫. 教育人类学[M]. 李其龙，译. 上海：上海师范大学出版社，1999.
④ 张华. 对话教学：含义与价值[J]. 全球教育展望，2008(9).
⑤ 鲁洁. 九年义务教育六年制小学教科书(实验本)品德与社会四年级上册[M]. 南京：江苏教育出版社，北京：中国地图出版社，2003.

生1：退给商场。

生2：要把发票保管好，没有发票，商场不退货。

生3：打12315投诉。

生4：可以把购买的过期商品送人。

师：为什么要这样做？

生4：送给别人不要人家的钱（此时教室里出现轻轻的议论声）。

师：同学们，议一议，如何看待这件事情？

生5：这样做不好，别人吃了过期食品会拉肚子的。

生6：别人会想，小气鬼，怎么送过期的东西给我。

生7：我觉得可以过得去，因为不用花钱买东西送人了。

师：同学们，你们送过礼物给别人吗？

生8：阿姨生病了，我跟妈妈买了鲜花水果去看望她。

生9："三·八"妇女节，我给妈妈送了一束康乃馨，妈妈笑得合不拢嘴。

生10：走亲戚送礼物是表达友好的心情。

师：同学们说了这么多好的想法，送礼物是为了表示友好、友情或亲情，是为了他人开心高兴。大家反过来想想，如果别人接受的"礼物"是过了期的，会是怎样的心情？

生4：会生气的。觉得送礼的人是故意骗自己。

生7：别人会很烦，这不是友爱，而是害人。

师：对呀，别人收到过期的东西，心里很不好受，我们不能把过期的食品送给别人。

这个案例说明，"富有批判性思维的对话创造了有思想的课堂和分享思想的空间。不同观点之间的激荡碰撞，使学生在了解他人思维的同时也更清晰地看到自身思维的合理与局限之处"。①

3. 注重培养和提升学生的言说能力

怎样培养和提升学生的言说能力呢？可针对学生有话想说、有话能说、有话敢说、有话会说四个方面下工夫。

(1)有话想说。主要是激发学生喜欢言说的欲望，提高他们参与对话学习的自觉性。

(2)有话能说。教师尽可能多地给予学生言说的机会，要鼓励学生质疑问题，有了问题就可以问，不一定要经过举手授权。

---

① 崔维云. 对话，不仅需要语言[J]. 思想政治课教学，2012(3).

（3）有话敢说。话语是思想的外露。一方面，学生要言为心声，真情表达，坦诚相告，切忌遮遮掩掩，吞吞吐吐。要畅所欲言，痛快淋漓地表达自己的观点和思想。另一方面，要营造安全感，让学生不用担心说错了会受到嘲笑、挖苦，更不会被批评、指责。

（4）有话会说。主要是培养表达能力。学生言说一方面要能清晰、有目标地陈述个人意见、观点，能有条理地说出支持个人观点的理由；另一方面，又能针对老师和同学伙伴的言说进行回应，或赞同，或补充，或质疑，或反驳、或争辩，尽可能做到言之有据、言之有"礼"和言之有"理"。

4. 提升学生借助口、耳、脑及其心灵整体性参与对话的能力

在对话教学中，学生要善于把说和听融为一体，要基于个人的原有经验，充分调动注意、感觉、思维、记忆等心理成分，对来自教师和学生伙伴的信息流，进行应对、过滤、筛选、反思，借助认知因素和情感因素的协同作用，通过一个个瞬间的判断、选择、接纳、质疑和一次次加工、改造、重组和整合，从而获取知识，融通经验，形成思想，孕育智慧，并完成对有关人、事、物、境的意义建构。

伴随德育新课程的深入实施，与我们一起对话的学生，是有头脑、有思想、有感情、有血有肉的活生生的人，是代表人类发展前途和命运的群体，是社会中最富有活力的成员。让我们凭借对话平台与他们共进共长，升华生命的境界，享受事业成功的愉悦。

第三节　学生与德育教材文本对话

学生与德育教材文本对话，既是彰显学习者能动性、创造性的表征；又是影响教师与学生对话、学生与学生对话、学生与自我对话能不能深入展开、能不能取得实效的基础。

一、学生与德育教材文本对话的含义

德育教材文本不能简单地理解为信息和纸质载体。哈贝马斯认为："文本是一种语言，也就是说它更像一个'你'一样说话，它不是一个客观对象，而更像对话中的另一个人。"

学生与德育教材文本对话，实质上是学生与人的精神产品之间的对话。这种对话不是以口头语言的交会为特征，而主要表现为对文本符号和意义进行观

照、解读和理解。即德育教材文本不断地向学生提出一个又一个问题，为了理解和解答这些问题，学生就必须理解德育教材中给出的准备性知识，也必须对自己的生活经验进行反思和整理。正是借助这种内隐的一问一答，双方不停地相互进入，学生的思想观点和认识与德育教材的思想观点和认识不断融合，学生才得以自主地完成意义建构。这种意义建构的实质，就是学生在与教材对话互动中所创造出的"属于自己"的一个新的意义世界。

二、学生与德育教材文本对话的理念

(一)激活文本理念

德育教材文本由一个个语言符号和画面组成，它有声、有色、有味、有文化、有思想、有情感，具有生命的灵性。然而当它躺在学生的书包中时，它只是一个沉睡的生命体；只有当学生与德育教材相遇和对话时，文本的生命灵性才能被唤醒。按照全国著名特级教师于漪的话说，就是让"教材中的文字不再躺在纸面，而是让它站起来，跟你对话①"。学生与德育教材对话的过程，就是文本被激活的过程；借助与教材对话，学生可以走向文本的深处，成为它的"知音"。两者的对话，就变成了具有鲜活生命的儿童与被赋予了生命特征的纸质"生命体"之间的倾心交流和深谈。

(二)双向建构理念

双向建构理念是指通过学生与德育教材文本的对话，既让学生实现了意义和德性的自主建构；同时又使教材的意义变得更加丰富，在某种程度上实现了重构。

1. 基于学生建构的视角看

借助两者间的对话，学生走进文本深处，文本也走进学生内心深处和情感深处。通过这种对话，学生的思想观点和认识与教材的思想观点和认识不断融合。正是在这种融合中，学生完成了自主建构。

2. 基于德育教材文本重构的视点看

对话中的学生并不是传统意义上被理解、被记忆、被复述的对象，他们是对话的卷入者、参与者，他们的感受、思想和对问题思考后得出的结论，可以向对话的另一方(教材)表达。用鲁洁教授的话说，学生可以"敞开自己的内心世界，用文字或图画等方式，将自己的感受和想法告诉'教材'这位朋友②"。

---

① 于漪，王厥轩. 选择了教育，就是选择了高尚[J]. 中国德育，2011(1).
② 鲁洁."品德与生活""品德与社会"课程标准研制的基本思想[J]. 人民教育，2002 年增刊.

学生与德育教材文本的对话，德育教材会因为主体"我"的进入，融入了"我"的经验、"我"的反思、"我"的展示、"我"的心灵放飞，从而变得更亲切、更鲜活、更丰富。

总之，学生在与德育教材文本对话中，实现了经验的改造和重组，开发了自身潜能，放飞了思想；同时，教材也因融入了学生的鲜活经验和独特感受而得以重构。双向建构是学生与德育教材文本对话所具有的最根本的意义。

（三）教学生成理念

基于哲学解释学的观点，学生与德育教材文本的对话是教学生成的一个环节。双方不停地相互进入，实现了视阈的融合，在这种融合中，课程的意义得以构建和生成。①

（四）尊重差异理念

按照新课改的理念，走进德育教材文本的学习者是一个整体的人，进入文本的是他的整体性经验，其中既有他的知识，也有他的主观感受和体验、他的期待和需要，等等。由于学生认知基础、学习风格及其所处家庭和社区影响的不同，即使面对教材中的同一生活事件，同一道德人物的言行，不同的学生会有不同的感受；对教材内蕴含的道德观念和价值取向的解读亦会有不同。当学生结合德育教材文本内容，联系自己的经历、经验进行联想、想象、领会时，就有可能孕育独特的情感体验和生命感悟。学生的差异性决定了学生与德育教材文本的对话只能是个性化的，对话的过程和结果会呈现出多姿多彩的特征。对此，教育要尊重学生的差异，尊重学生对文本的个性化解读，尊重他们独特体验的发展价值。

三、学生与德育教材文本对话的方法

学生与德育教材文本对话如何实施？怎样才能获得最佳效益？基于策略层面的思考，"两者"间对话，宜采用"追踪问题""理解、倾诉""反思内省"三种方法。

（一）追踪问题法

少年儿童德性生长的原点是问题。学生学习德育课程面对的是个人生活、家庭生活、学校集体生活和社会生活中的一个又一个问题。这些问题关系学生的切身利益，能引发相应的道德认知冲突。辽宁师范大学教授傅维利说："人

---

① 张增田，靳玉乐. 论解释学视域中的课程实施[J]. 课程·教材·教法，2007(5).

的道德成长是在不断地解决道德冲突的过程中逐步实现的。"①依据少年儿童德性建构机制，德育教材十分重视对学生真实道德问题的提炼、筛选和设计。问题是打开德育教材文本奥秘的钥匙，是追求真理的台阶。只有追踪问题，思维才能捕捉到既定目标。对话的过程也就成了解决问题，自主建构意义的过程。例如，《我会交朋友》②循序渐进地提出了两个问题：①有人总交不上真心朋友，有人交的朋友只亲热几天就疏远了。这是什么原因？②与朋友相处，遇到意见不一致时，该怎么办？学生以这两个问题为抓手，与教材文本进行了倾心晤谈。针对第一个问题，学生借助"我"和郭美辰、童仁和马彤、何灿与贾新的三则背景故事，认识和体验到了真诚是最重要的交友原则，真诚是联系朋友的纽带，真诚是发展友谊的基石，有了真诚就会有朋友，没有真诚即使已结交的朋友也会离你而去。交朋友忌讳的是虚荣、虚伪、虚情；最青睐的是真情、真诚、真心。针对第二个问题，学生了解了背景材料"我和刘星"、"我"与尤优之间闹矛盾的经过、原因及其所遇到的困惑悉心解读，思考了教材设计的"友情发言"栏目的内蕴，从中感悟到了如果朋友间有了分歧，可通过交流、沟通和必要的妥协加以解决。

采用追踪问题法要注重问题的渐进性和整体性，学生既要对一个一个问题探幽索微、寻根究底；又要弄清各个问题之间的递进、依存和因果关系。如此，才能从整体上把握文本的精髓。著名科学方法论学者鲍波尔指出："正是问题激发我们去学习、去实践、去观察。"③学生在与德育教材文本的对话中，采用追踪问题法，可以索取知识的瑰宝，获得认识的升华和情感的陶冶。

(二)理解、倾诉法

学生与德育教材文本对话，从本质意义上说，是"我、你"之间的相互进入、相互融合。教材进入学生主体，主要是学生为了理解、感悟教材这个"你"；学生进入教材，主要是教材要接纳作为"我"的一个个学生的倾诉和展示。

1. 学生在"对话"中深化对教材的理解和感悟

德育教材不是一般的知识文本，而是负载或渗透了社会主义主流价值观的载体。理解德育教材内容与理解数学教材内容截然不同。伽达默尔认为："道德知识显然不是任何客观知识，求知者并不只是立于他所观察的事实的对

---

① 傅维利. 在真实的道德冲突中促进学生成长[J]. 基础教育课程，2010(7/8).

② 靳岳滨，杜时忠. 义务教育课程标准实验教科书品德与社会五年级下册[M]. 武汉：湖北教育出版社，2006.

③ 陈光全. 追踪问题阅读法[J]. 中国青年，1984(11).

面。"①对数学等边三角形的内容，学生只要面对教材，就可直接理解；而对德育教材中的"人""事""物""境""情""理"的理解，则不能停留于"他所观察的事实的对面"，而要用自己的心灵去烛照。具体地说，学生主体先要经过价值评价和价值思考，只有在价值趋同的前提下，学生才能"进入"教材的深处，理解、感悟其中的"人""事""物""境""情""理"的内在价值和意义。

学生通过与教材文本对话，对教材内容的理解，所要达到的是"德育的'知'"。孙迎光在所著《德育理解：跳出传统教育学思路》②一文中强调："德育的'知'不同于认识论上的'知'"，"德育的知是普遍价值观念与具体情境中'怎么做'知识的结合。这种'知'，既要识理（了解某一观念的价值），又要'识事'（在生活情境中懂得怎样做）。"例如，《父母的疼爱》③的教育内容主要是让学生知道孝敬父母，懂得感恩。学生学习感恩的价值观，先要自我选择（评价、认同和接受），只有当学生意识到这种价值观对自我的成长是有意义的，感恩的价值观才能成为指导学生生活的"普遍观念"；至此，学生对教材内容的理解和感悟并未了结，而是需要将感恩的价值贯穿到自我生活中去，围绕"怎么做"认真地去践行。如此，感恩的价值观才能内化为学生的思想，成为引领其成长的"精神支柱"。

2. 教材因"对话"而接纳学生的倾诉和展示

小学德育教材在关键处设计了一处处留白，留下了许多省略号，意在让学生倾诉自己的思想、观点，表达自己的创意、构想；总结自己的经验，优点；展示自己的作品、设计；放飞自己的想象、期待……这种创意的目的，旨在让教材吸纳凸显学生特征的一个个元素，一个个符号和一行行文字。例如，《认识我自己》一课，教材中"设计"了两个表格：

经验	优点

教训	缺点

针对表格（一）的提示语是："回顾自己的经历，找出几件有助于你认识自己，给你留下深刻印象的事件。对照自己的经验，总结自己的优点。"针对表格（二）的提示语是："根据自己的教训，总结自己的缺点。"教材编者别具匠心的

---

① 孙迎光. 德育理解——跳出传统教育学的思路[J]. 新华文摘，2011(3).

② 同上.

③ 鲁洁. 九年义务教育六年制小学教科书(实验本)品德与社会三年级上册[M]. 南京：江苏教育出版社，北京：中国地图出版社，2002.

创意，旨在为学生认识自我、展示自我营造空间。学习这个主题时，借助"留白"，学生向教材这位"朋友"，敞开心胸，认真进行了倾诉。请看三则案例：

○晓妮向教材"朋友"的倾诉

经　验	优　点
我的同桌小芳，常因母亲邀人在家打麻将而烦恼。为了解开她的心结，我建议她以"女儿的真心话"为题写一封信，放在妈妈的枕头边。前天小芳开心地对我说："我照着你的法子做了，还真管用。妈妈说：'一定要为女儿的学习着想，保证以后不再邀人打麻将了。'"	帮人之所需，会出点子

○春燕向教材"朋友"的倾诉

经　验	优　点
学校运动会 100 米竞赛中，小潘跑到了最后面。小捷当面对小潘说："哈哈，你也得了'第一'喽!"对这样的"祝贺"，我看不惯，就直截了当地对小捷说："你这是喝倒彩，说风凉话，会伤别人心的。"小捷听后红了脸，承认这样做是错的。	为人真爽，能当面指出别人的错误言行

○陈跃向教材"朋友"的倾诉

教　训	缺　点
作为班长的我精心设计了一次主题班会方案，我的一位好朋友竟然不同意。我觉得他太挑剔了，一气之下，就当着他的面，把方案撕得粉碎。	不会与人商量，不能宽容待人

从上述案例不难看出，学生与教材文本的对话，是一种"我、你"之间可以相互进入、相互融通的关系。德育教材为学生倾诉自我心灵营造了空间，为学生展示道德良知提供了舞台。正是借助学生与教材文本的对话，教材不仅负载了公共知识、人类经验；而且也吸纳了学生的个体知识、个体经验，从而使教材的意义更加丰满，更有亲和力，更富有魅力。

（三）反思内省法

采用反思内省法，就是让儿童从德育教材这个"你"中觉察到有一个"我"。德育教材与其他读物的不同点在于，它要通过儿童与文本对话实现自我建构。采用反思内省策略，学生要坚持以教材中的生活事件为"镜"，或以教材中阐明的道德观念为"镜"，审度自己，"修理"自己，以提升自己的道德素养。例如，《我想要，我能要……》[①]一课，在"我想要……"这部分，插图上画的是旅游鞋、书包、复读机、乒乓球、自行车，此外还留出了七个空白，让儿童填写或画出自己的需要。在"星星逛商场"这部分，提供了情景剧脚本：主要情节是在逛商场的时候星星向自己父母吵着要买东西，甚至赖在商场柜台前不走；但他的爸爸妈妈并没有满足他的所有要求，常对他说"不"。针对上述内容，教师在教学时注意让学生厘清自己真正需要的东西是什么，为什么需要购买、得到这些东西。学生借助科教书中的图片、留白和情景剧中"星星"及父母的表现，审度了"我"。明白了个人需要应建立在急切所用和家庭经济状况允许的基础上，不能把未来的需要立刻转变为眼下的需要，不能盲目地与同学任意攀比，不能产生超越实际可能的贪求。儿童一旦从教材中觉察到了"我"，教材就能在儿童的心灵中运转起来，活动起来，构成儿童生命体中的一部分，从而让学生实现知识的习得、智慧的生成和德性的自我建构。

学生采用反思内省法，实施与德育教材文本对话，其意义追寻是指向自我的，是为了净化心灵，选择道德行为，规避不道德的认知和行为的产生。苏霍姆林斯基说：学生与德育教材文本对话，实质上是"自己对自己谈话，诉诸自己的良心，这才是真正的自我教育"；如此，"才能为自己的心灵吸取宝贵的东西""才可达到思想和生活的最高境界"。

学生与教材文本对话的过程，也是他们内心深处的勇气、灵感、仁爱、智慧和正直等品质逐渐形成和积淀的过程。学生对德育教材中所传承的人类智慧和经验保持开放、接纳的态度，就能发现自己身上的不足或局限。

第四节　教师引领对话教学的教育艺术

引领真实课堂中的对话教学，教师不仅要有教育学、心理学的理论素养，

---

① 鲁洁．九年义务教育六年制小学教科书（实验本）品德与社会五年级上册[M]．南京：江苏教育出版社，北京：中国地图出版社，2004．

而且要有灵活应对对话情境的教育艺术。要善于针对话语权的交替、变换，针对话语意义的走向和对话语境，或适时归纳、画龙点睛；或适当引申，纵横发散；或由表及里、指点迷津；或敢于突破、另辟蹊径；或针对个体、循循善诱；或面向全体、以石激浪。教师要凭借自己的教育艺术，把准对话教学的"航向"，使之最佳地达成教学目标。

一、教师引领对话教学的基本策略

优化小学德育课程对话教学的基本策略有：自主建构策略、适切反馈策略、意外生成策略和价值引导策略。

（一）自主建构策略

所谓"自主建构"，是指学生借助对话教学平台，在教师引领下，实现意义的自主建构。对于学生学习德育课程而言，建构"意义"就是学生对"为人之道"和"处事之理"的某种理解、领悟和把握。德育学原理指出，学生的品德形成和社会性发展是在学生主体与他人、与外部事物、与自我的相互作用中实现的。

对话教学关涉到意义，是一种意义生成活动。但"意义"绝不可由教师一方单向地布施给学生。这种硬塞给学生的"意义"如过往云烟不能生成，因为它不可能在学生心里生根。据此，优化对话教学必须采用由学生自主建构意义的策略。教师要注重彰显学生的主体性和认知好奇心，让他们在参与对话、交流、分享、协商、反思、体察、比较、争辩、修正和师生、生生的言语、情感、思想的互动中，自主地感悟其做人之道和处事之理。请看《塑料与我们的生活》①对话教学片段回放：

（创设一个情境：班级需要购置一个盆，请学生帮老师出主意，究竟买什么样的盆。）

师：我们班做清洁需要添置一个盆，用班费购买。超市里有搪瓷盆、塑料盆和木盆。究竟买哪种盆呢？老师正在发愁，请同学们帮我出出主意。

生1：买塑料盆便宜。

生2：买搪瓷盆漂亮。

生3：搪瓷盆很容易碰掉瓷，碰掉了瓷就不够美观了。

生4：我同意买塑料盆，它不会生锈，还经得起摔打。

生5：我建议买木盆。

---

① 鲁洁. 九年义务教育六年制小学教科书（实验本）品德与社会四年级上册[M]. 南京：江苏教育出版社，北京：中国地图出版社，2002.

师：有什么好处？

生5：木盆结实耐用。

师：说得不错。木盆是有这个优点，它比塑料盆、搪瓷盆都耐用。

师：各种盆都有自己的优点：塑料盆轻便，搪瓷盆漂亮，木盆耐用。老师请教同学们，买盆是供同学们做清洁用的，究竟买哪种盆更适合？

生6：我赞成买塑料盆。塑料盆轻便，也好看，还经得起摔打。

生7：我也赞成买塑料盆。

师：你能谈谈理由吗？

生7：我认为造塑料盆比造搪瓷盆的工序要少一些，所消耗的能量要少一些；也不会像做木盆那样，消耗宝贵的生态资源——森林。

生8：是的。我妈是搪瓷厂的工人。她告诉我，做搪瓷盆消耗的能量比较大。

师：我到家具厂了解到，做一个木盆，大约需要一棵生长三年的杉树。假如一个班购一个木盆，全校46个班需要多少树？如果有一万个教学班，都购买一个木盆，又要砍伐多少棵树呢？

生齐：（计算后惊讶地说）要一万棵。

生5：请允许我改变主意，老师，我们就买塑料盆，不买木盆了，这有利于少毁林，保护环境。

生9：我想补充一点，端木盆有点重，我们儿童还是用塑料盆轻便。

师：我赞成大家的意见，同学们做清洁，买塑料盆最适合。

从以上对话片段不难看出，学生对塑料的特点及其对人们生活带来便利的正确认识，不是教师强加和灌输的，而是通过恰当引导，由学生自主建构的。通过对话、讨论、探讨、辨析，往往能点燃学生的智慧火花。

（二）适切反馈策略

1. 对话教学中教师适切反馈的含义

对话是一种语言和情感交流，一定要有来有往，来而不往，就丧失了对话关系。所谓"往"，就是反馈。源于老师的反馈是指对话情境中，教师基于对学生的态度、行为、情感、创意等，通过瞬间思考后，借助言语、非言语信号，再返回给学生的一种教育教学行为。

2. 对话教学中教师适切反馈的意义

教师借助适切反馈，可以鲜活地呈现师生间有来有往、有言有对、有启有发、有疑有诘、有情有感的双向和多向互动，使对话不至于停滞或进行无深度的重复。正如叶澜教授所指出的：精彩的反馈，常常体现在能收拢学生头脑中发出的"波"，集"波"成"澜"，再推给学生，从而将对话教学引向深处。

班级是一个群体，由若干学生组成。教师既要与学生群体对话，又要与学生个体交流。正如掌握学习理论的创立者布鲁姆指出的："群体教学并辅之以每个学生所需的频繁的反馈与个别化的矫正性帮助。"如此，才能体现教育的人性关怀、促进每个学生的发展。

3. 对话教学中教师适切反馈的艺术

教师反馈怎样做到科学、经济、精彩呢？

反馈要及时，快捷。第一，要尊重学生，仔细倾听学生的言说和表达。注意观察学生的表情和行为变化，不可傲慢，不可懈怠；第二，对来自学生信息的应对思考要快捷，判断要及时，不可犹豫，不可滞后；第三，教师要有较强的注意分配能力，除了注意支配、调控自身行为外，还要观察每个学生的表现，耳听八方，这样才能及时、快捷地捕捉学生对话中的信息，抓住要害。教师反馈的及时、快捷，不仅能顺应学生的心理需要，促进意义的快速生成，而且能够提高对话教学的效率。

反馈要妥帖、精当。所谓"妥帖"，是指反馈的言语和非言语行为准确适度；所谓"精当"，是指教师的言语和非言语行为精妙、精彩，体现教育性与艺术性的完美统一。有位教师教学《别把花草弄疼了》①一课，师生围绕如何爱护花草树木的话题进行对话交流，有个学生脱口说："当看到不爱护花草树木的人时，我会大喝一声，你真可耻。"面对这种不友善、不和谐的声音，教师反馈时不置一词，而是面带微笑，用手势示意学生坐下。教师如此借助非言语行为进行反馈，从人文性和针对性考量，无疑是一个失误。其实，针对学生的言说，教师可以采用如下方法机智地加以回应：(1)反诘式——非要大吼"可耻"吗？请你想一想还有没有更好的方法？(2)以"它山之石攻玉"——非要大吼吗，谁能说说不同意见？如果采用后两种方法反馈，不仅可以澄清言说者的错误，而且能引出"我不会吼他，因为这样做也不文明""我会劝他，花草是有生命的，你爱护它，它会更逗你爱"等精彩的观念。

怎样做到适切反馈呢？教师要善于针对学生话语和意见的内容、性质、相应地做出不同的应答。

①学生的话语和意见有错，应相机启发引导，使之从误区中走出。

---

① 鲁洁. 九年义务教育六年制小学教科书(实验本)品德与生活一年级下册[M]. 南京：江苏教育出版社，北京：中国地图出版社，2002.

②学生对问题的理解正确，应及时肯定，必要时可做点评，使之锦上添花。

③学生的话语确有新意和创见，要充满激情地进行表扬和赞美。

④学生对问题的看法基本正确，还欠深刻，老师要抓住关键点，加以点拨，使学生的认识得以升华。

⑤学生在对话中提出了难题，教师要敢于发表个人的意见，或者提示解决问题的途径，让学生自己去寻觅答案。

⑥学生提出的问题，属于教师认识上的盲区，教师除表示歉意外，还可向同学请教，或以这个问题为媒介延伸到课外，继续与学生探讨、交流。

反馈要能推动师生互动，着眼于意义的提升。反馈绝非从教者出发，而是要着眼于学生，服务于学生，善于从新的层面上促进师生、生生间的互动。

【案例 5-5】《想想他们的难处》①**教学片段回放**

师：假如你是残疾人当中的一员，你心中会有什么感受呢？

生1：很痛苦。（教师认真倾听）

生2：很伤心，很难过。（教师感同身受，脸上露出伤心的神情）

生3：觉得生活没意思，对生活失去了信心，想自杀。（刹那间捕捉到话语的意义，随即借助有声语言反馈）

师："想自杀？"这不是太消极了吗？残疾人中有不少自立、自强的榜样，谁能举一个例子给我们大家听听。（待举例完后追问生3）听了这个故事你会有什么新的感受呢？

生3：同学讲了海伦的故事，我受到了很大触动。她是个双目失明的人，但她没有绝望，她自立、自强。今后我要关心残疾人，学习残疾人身残志不残的可贵精神。

师：（兴奋地走近生3，摸着他的肩膀说）你说得真好！（返回讲台，环视全体学生）残疾人有许多动人的故事。他们顽强拼搏、身残志不残，为社会作出了贡献，我们应该向这些残疾人学习。

这个案例说明，教师反馈是激活、重组学生经验，提高学生认知的活性因素。

（三）意外生成策略

对话教学洋溢着师生的智慧和灵气，同时也充满着许多变数和意外。所谓

---

① 鲁洁．九年义务教育六年制小学教科书（实验本）品德与社会四年级下册[M]．南京：江苏教育出版社，北京：中国地图出版社，2003．

"意外"，是指在对话教学中出现的始料不及的偶发事件，或者学生在对话中展现了创意或是表述了歧见、谬误、奇谈怪论。面对这种意外因素的侵扰，通常会出现两种应对情况：一种是教师一筹莫展，陷入尴尬；另一种是变"意外因素"为"特殊资源"，通过教师的机智应对，使"特殊资源"转化为精彩的意义生成。后一种就是我们说的意外生成策略。

【案例 5-6】

教学《我们和诚信在一起》①，首先借助视频惟妙惟肖地演绎了教材呈现的"凡卡的故事"。正当师生围绕教材设计的"有人说'这是做游戏，不必当真，凡卡早就该走了，你同意吗'"的话题，展开对话交流时，不料坐在中间座位的小楼"旁枝斜出"，突然冒出了几句话："前不久，我的校服丢了，传达室恰巧有一件衣服。保安叔叔说好几个月了，一直没人认，让我拿走。就这样，我把别人的校服领回来了。现在我很矛盾，不知该不该送回去。"面对来自学生抛出的难题，教师处变不惊，临乱不慌，而是将挑战视为宝贵的资源，即刻设计了认知冲突："小楼拿的这件衣服是该留下来穿，还是要送回去？"一下子教室里热闹起来。大家纷纷发言："应该把校服还回去。""不行，不穿校服要扣分的，我们班以后的优秀评比就全泡汤了。""反正校服放在那儿也是一种浪费，还不如合理利用。"……在切身利益面前，空话、套话没了，留下校服的意见占了主流。"校服是在学校丢的，肯定是被某个同学拿走了。既然这样，小楼也可以心安理得地拿走这件校服。"又一个声音冒了出来。

"心安理得？"教师追问："小楼，穿这件校服时，你内心有什么感受？"小楼说："每次其他班的同学朝我看时，我都很紧张，担心人家说我是小偷。现在，一穿校服我就不舒服。"教师回头问刚才发言的那位学生："你喜欢这样的生活吗？你觉得他捡了什么？丢了什么？"此时，学生又一次掀起波澜。"快乐！""尊严！"的声音成了大家的认同。教师顺势小结："是啊，在利益面前，坚守诚实比金子还可贵。"这个案例说明，当对话教学的"小舟"遭遇到不可预测的风浪、涡流侵扰时，教师应凭借教学机智加以应对。"教学机智是教师面对复杂问题时当机立断，在瞬间选择适宜性教学行为的能力。"②教师设计认知冲突，引发了学生的思想交锋和碰撞，使对话教学"跌宕起伏，摇曳多姿，呈现出迷人的

① 鲁洁.九年义务教育六年制小学教科书(实验本)品德与社会四年级上册[M].南京：江苏教育出版社，北京：中国地图出版社，2003.
② [加拿大]马克思·范梅南.教学机智——教学智慧的意蕴[M].李树英，译.北京：教育科学出版社，2011.

艺术魅力"①。

（四）价值引导策略

当人类跨入以全球化、现代化、信息化为基本特征的又一个新世纪。我们面对的是一个更加开放和转型的时代。儿童在现实生活中，既享受便捷、繁荣与发展进步带来的丰硕成果，同时也常常受到来自成人世界形形色色的影响。这些影响往往是积极与消极、正面与负面、正确与错误的东西混杂在一起，难免会使儿童产生错觉和误区。

小学德育课程对话教学需要遵循核心价值观。诸如合作、互助、幸福、公正、爱心、和平、责任、同情心、尊重他人……都属于核心价值观的范畴。尽管生活德育的旗帜反对生硬地灌输，但教学"绝不是'干什么都行''做什么都容许'的片面相对主义"②。如果不教育孩子认同、接纳这些核心价值，就等于给道德教育的失败掘好了坟墓。

教师对学生成长所承担的教育责任，决定了教师不可能是一个放任自流的旁观者或价值无涉的中立者，而理应成为对话教学过程中的价值引导者。价值引导不是教师一厢情愿就能成就的事。面对渴望独立喜欢追潮的少年儿童，仅仅"告诉"他们何为正确、何为错误是远远不够的；应该通过道德对话、价值商谈实现对社会主流价值的共识。裴娣娜教授指出：对话教学"所蕴含的价值、精神、意义不是直接灌输给学生的，而是师生在协商与互动的过程中通过达成共识的方式生成的"③。

【案例 5-7】《有多少人为了我》④**对话教学片段回放**

师：不少劳动者，为了我们的学习、生活、成长辛勤地劳动着，多让人尊敬。

林群：老师，可有些人是为了钱，也要尊敬吗？

师：请你举一个事例好吗？

林群：我们学校食堂里的吴师傅就是为了赚钱。

师：你是怎么知道的？

生：吴师傅亲口对我说的。她家在农村，有一个姑娘上大学，为了给孩子积攒学费才到学校做工的。

---

① 王彦明．论课堂冲突的意义及建构[J]．当代教育科学，2008(23)．

② 鲁洁．"品德与生活""品德与社会"课程标准研制的基本思想[J]．人民教育，2002 年增刊．

③ 裴娣娜．教育创新与学校课堂教学改革论纲[J]．课程·教材·教法，2012(2)．

④ 鲁洁．九年义务教育六年制小学教科书（实验本）品德与社会三年级下册[M]．南京：江苏教育出版社，北京：中国地图出版社，2004．

师：你举的事例有思考价值。厨师付出劳动，为了孩子积攒学费，该不该尊重呢？我想听听同学们的意见。

生：劳动要有报酬，做生意要赚钱，这是很自然的。我觉得该不该尊重，不能停留于是不是赚钱，而是要看他（她）在劳动中有什么表现。

师：你的意思是说，人们干一件事，既要看他的动机，又要看他的表现，看他做事的效果，是不是？

生：（点头）

师：你肯动脑筋，提出了看问题的新角度，很好。

生：我也有这种看法。就拿吴师傅来说，她做事勤快，为同学服务很周到。冬天里我们总能吃上热菜热饭，真感激她。

生：我走进食堂，就感到舒畅。食堂处处都收拾得很干净。我想吴师傅一定很辛苦、很忙碌。她的劳动是很有价值的。

生：我有次买菜，从窗口中窥见案板上放着一本烹调的书，吴师傅劳动之余还不忘学习，难怪我们的菜一天一个花样，即使是普通的青菜也做得很可口。吴师傅真棒！

师：是呀！吴师傅干得这么出色，她勤勤恳恳、兢兢业业为同学们服务，应当受到我们的尊重。

师：（走到林群同学的面前）听了同学们的发言，你有什么新的看法？

林群：我以前片面地盯住"钱"了，其实，"钱"有什么错？关键要看一个人采用什么手段赚钱。像吴师傅这样凭自己的双手诚实劳动，用一颗真心为同学服务的人，真正值得尊重。说老实话，对于社会上有些投机取巧，坑蒙诈骗，不择手段赚钱的丑恶现象，我是很痛恨、很厌恶的！

师（立即评价）说得好！我赞同你的看法。

师：听了同学们的发言、介绍，老师有一个想法，吴师傅做工想为孩子积攒学费，只是她回答别人的一种很质朴的说法；而她在平日里的所思所为，都是把同学们能按时进餐、饭菜可口、饮食卫生放在心上，这是支配她行动的深层次的动机。类似于吴师傅这种为他人着想的人，是很高尚的。这样的人值得我们尊重和敬佩！大家同不同意？

生（齐）：同意！

这个案例表明，在对话过程中，教师面对学生在价值观方面的质疑没有责备，而是用教育智慧与学生商谈，从而拓宽了学生的思路，使之"悠然心会，豁然开朗"，师生之间实现了价值同感。

二、教师引领对话教学的方法

方法属于策略范畴。方法是策略的细化和具体化。按照"自主建构""适切反馈""意外生成"和"价值引导"等基本策略运筹，教师科学地、机智地、艺术地引领对话教学，具体可采用"示例点化法""重复凸显法"等十三种基本方法。

（一）示例点化法

美国学者帕克·帕尔墨认为，在以对话为中心的教学活动中，教师的任务是促进对话而非指挥对话，他倾听意见，"提供例子，提升和再构造学生的发言"。请看《别把花草弄疼了》[①]对话教学片段回放：

师：校园是我们的乐园。我们要爱护校园的一花一草一木，请大家出出主意，提提建议，应该怎么做？

生：随时随地注意不碰伤花草树木。

师：说得好。

生：我们的校园鲜花很多，太美了！鲜花是供老师、同学们观赏的，不能摘花。

师：你的建议不错，老师非常赞同。

小刚：（很认真地说）老师在草坪上用石灰画线，我建议老师再不这样做了。

师：（追问）在什么草坪上？

小刚：在操场的草坪上。

师：用石灰画线有什么不好？

小刚：用石灰画线会伤草坪的。

师（追问）：老师为什么要在操场上画线呢？

生：是为同学们上体育课作准备的。

师：我们班上有谁从电视上看过足球赛？

生：（纷纷举手）

师：足球场为什么要铺草坪呢？

生：踢足球双方竞争激烈，容易摔倒。草坪软软的，可以保护运动员的健康。

师：你真会动脑筋。其实，绿色草坪有不同类型，有的是为美化环境用

---

① 鲁洁．九年义务教育六年制小学教科书（实验本）品德与生活一年级下册[M]．南京：江苏教育出版社，北京：中国地图出版社，2002.

的，有的是为软化地面，专供体育运动和健身用的。不同的草坪，有不同的作用，保护的方法也不同。

小刚：我明白了。学校操场上的草坪主要是供我们锻炼和活动用的。

从上述案例不难看出，教师提供了"绿色草坪有不同类型"的事例，使学生领悟到"学校、操场上的草坪主要是供我们锻炼和活动用的"，从而实现了对自我发言的更正、改造和提升。

苏霍姆林斯基说：优秀的教师"不是把真理当成说教，而是跟学生一起讨论，向学生提出供他们思考的问题，请他们一起动脑筋解决问题。在教师和学生之间，就像有一种默契，双方的思想能水乳交融"（《和青年校长的谈话》）。

（二）重复凸显法

所谓"重复"，是指"重复学生的话语，再一次确认学生的意思"，这是教师在推进对话教学时常常使用的方法。美国学科教育专家瑞恩·尼克指出，借助这一方法，可以"从个体自我意见的表达，转化为全班可以沟通的语言"。

能够被重复的"学生话语"以及能够被"确认的学生的意思"，不外乎是学生的一些独到认识、深刻体验、精辟见解和表达创造性思维的创意。课堂上之所以能孕育这些"精神精品"，实际上是对话参与者在彼此观点的相互碰撞、互动中生成的。从某种意义上说，这些"精神精品"凝结了"学习共同体"中所有成员的智慧。正是基于这一点，美国学者帕克·帕尔墨指出，借助"重复"，教师可以把"团体形成的智慧、思想，回馈给团体"。

（三）设置情景法

一般是围绕既定的话题，设置可视、可察、可比的真实情景，让学生进入其中，通过学生用眼观察、用手触摸、用心考究，从而获得对情景中人和事的真实感受和深切体验。采用情景法，不仅能调动学生参与对话的积极性，而且能提升学生言说的质量，促进意义的深度建构。例如，教学《在餐桌上》一课，教师设置"自助餐"的情境，引导学生研究和发现早餐的学问。

师：同学们，你们想为自己准备一顿早餐吗？

生（高兴地）：想！

师：请每个小朋友精心挑选你认为最合理的早餐，一定要记住能吃多少选多少。

（学生纷纷离开座位挑选食物）

师：大家都选好了。请在小组里交流一下，你选了什么？为什么这么选呢？

（小组交流，气氛热烈）

师：谁愿意给大家介绍介绍你的早餐是怎么安排的？

生1：我给自己选择了一瓶牛奶、一个鸡蛋和一片面包。

师：大家看看，他这样安排合理吗？

生2：合理。因为他吃得很有营养。

生3(有点自得地)：我准备了三瓶牛奶和八根油条。

(底下有小朋友发出"哇"的惊叹声)

师(转向表示惊叹的学生)：请说说你为什么这么吃惊呢？

生4：因为他根本就吃不完这么多东西，实在是浪费。

生5：对，油炸的食品吃多了对身体不好。

师：你觉得他们说得对吗？现在你能重新选择一次吗？

(有几个学生悄悄地把多选的食品放了回去)

……

师(小结)：看来，早餐要吃得有营养又实惠，需要我们用心选择，合理搭配。

上述精彩的对话教学片段，得益于情境法的应用。通过设置情境，为话题充盈了生活意蕴，让学生有话可说、有情可抒、有感可发。如此，对话教学显得五彩斑斓、生机勃勃。同时，借助师生"共同体"在情境中的"联动思维"，可以催生学生智慧的火花。

(四)呼应呵护法

"呼应"是指对学生的诉求、焦虑、疑窦、困惑、期待进行及时的呼应；是站在对方的立场和高度去体会对方的感受，并且把这种感受传达给对方，让对方感受到你是理解、关注和接纳他的。"呵护"是教师从行动上提供与学生需要相对应的个别化的有效帮助。对话教学中，教师"只有在倾听的基础上理解了学生，呼应了学生的召唤，才能为学生提供帮助。"①

(五)角色扮演法

儿童追求、向往真、善、美的事物，摒弃、厌恶假、恶、丑的东西。针对这一特点，在对话教学中，教师有时隐去故有身份，或故作愚钝，或假装犯错误，或从反面充当儿童认知的瞄准靶，以此激发认知冲突，掀起对话波澜，从中引出学生自己的思想。例如，有位教师教学《皮诺曹的鼻子》②一课，故意隐

---

① 张华. 对话教学：含义与价值[J]. 全球教育展望，2008(6).

② 鲁洁. 九年义务教育六年制小学教科书(实验本)品德与生活一年级上册[M]. 南京：江苏教育出版社，北京：中国地图出版社，2002.

去教师身份乔扮教材中的童话角色"皮诺曹"，与学生"角逐""周旋"，使对话显得异常活泼精彩。

师：(将皮诺曹的动漫像作为面具戴在头上，模仿其语言、行为、进入童话情境中)同学们，你们觉得皮诺曹怎么样？

生：皮诺曹撒谎不好，你以后不要再撒谎了。

"皮"：为什么呀？

生：撒谎了，爸爸妈妈会打你屁股的。

"皮"：打屁股，那多疼呀！

生：再撒谎，你的鼻子会变得更长的。

"皮"：长鼻子多难看呀！

生：再撒谎爸爸会伤心的。

"皮"：我可不想让爸爸难过。

生：你总撒谎自己心里也不舒服。

"皮"：是呀，每次撒谎时我的心都"扑通扑通"快跳出来了。

生：我给你讲讲《狼来了》的故事(略)。

"皮"：(睁大眼睛)撒谎还会引来这么可怕的后果。

生：你总撒谎别人就不信任你，不愿跟你做朋友了。

"皮"：(伤心地)那我多孤单呀！

生：你说了一个谎话，就要用很多谎话来掩饰，一错再错。

"皮"：(难过地)是的，我现在就是这样。大家都叫我"谎话大王"了！我很后悔，撒过谎我该怎么办？

生：你不再撒谎了，应该找爸爸、妈妈、老师承认错误。

"皮"：我就去承认错误，同学们热情帮助我，我很感谢。

以上精彩的对话教学片段，教师采用的就是角色扮演法，收到了事半功倍的效应。

(六)幽默风趣法

教师在对话教学中时不时地运用幽默风趣的语言进行反馈或点拨，以此营造轻松的对话氛围，推动对话教学的深入。请看《爱惜每一滴水》①一课对话教学片段回放：

师：我们在生活中有浪费水的现象吗？

---

① 鲁洁．九年义务教育六年制小学教科书(实验本)品德与生活一年级下册[M]．南京：江苏教育出版社，北京：中国地图出版社，2002.

生：我家装了"太阳能"，冬天洗澡时，我会打开水龙头，把冷水放掉，等到热水出来了，我才开始冲洗身体。

师：（采用幽默风趣的语调）我明白了，原来我家经常停水，原因就出在你这儿。

（学生笑声一片）

师：你动动脑筋，怎样让来热水前的这股冷水不浪费。

生：可以把流出来的冷水，用桶接着，热水来了再冲洗身体。

师：这办法管用，老师从你这里学到了"小精明"。

上述案例表明，幽默语言具有机智、诙谐、逗趣等特点。莎士比亚说："幽默是智慧的闪现。"在对话教学中，教师恰当地使用幽默风趣的语言，能让课堂充盈笑声，能激发学生思考，使他们享受到学习的快乐。

（七）延迟评价法

教师在对话教学中，对于学生言说的是非对错，瞬间分辨不清、拿捏不准时，可暂不评价，而是抱着继续倾听的态度，留出时间让学生表白，然后根据学生解释时说出的事实和理由，再做出相应的质性评价。采用这种延迟评价法，既可避免对学生误判，伤及学生的心灵；同时又不会酿成不问青红皂白就滥用激励性评价而带来的负面影响。

（八）借"鸡"生"蛋"法

借"鸡"生"蛋"是一种形象的隐喻。"鸡"与"机"谐音，意指要抓住机会；生"蛋"指生成。教师引领对话教学，采用借"鸡"生"蛋"法，可以充分捕捉有价值的因素，并寻找合适的切入点，引导学生再思考、再体验，从而提升道德认识，激发道德情感，明确道德行为。例如，《学会合作》一课中的镜头：学生观看了录像片断《发生车祸后》，纷纷发表自己的感触："多亏了大伙的共同帮助，受伤的人才能得到及时的救治。""这让我想到，当别人有困难时，需要热心帮助。""老师，发生车祸后应该先拨打 120 而不是 110。"显然，后一位学生的体验在教师的预料之外：体会团结合作，怎么迸出"120、110"来了？面对意外，采用借"鸡"生"蛋"法，追问了一句"为什么不能拨打 110"？"因为拨打 110 比120 浪费时间，这对受伤的人是不好的。"多么可爱的学生啊，原来在关注该打什么电话号码的背后，仍然惦记的是应如何有效地帮助他人。

这个案例告诉我们，运用借"鸡"生"蛋"法，既保护了学生的自尊心，又引发了精彩的课堂生成。

（九）"接口"点评法

对话教学中的"接口"，是指学生的话语与教师话语的交会衔接处，学生话语间的交会衔接处以及分配话语权的转换点。善于抓住对话流程中的"接口"，施以精要的点评，是教师引领对话教学走向深入的重要一招。

"接口"点评法，有利于将对话交流中过于零散、没有条理的信息，加以概括、引申，使对话得以深入，或是将学生话语中的意义加以提炼，凸显其精粹。

【案例 5-8】"接口"点评法[①]

三年级《竞争与合作》一课的"捏橡皮泥比赛"教学片段回放：

（四人小组按规则开始捏橡皮泥，师巡视）

师：这次比赛第三组最快，我们来欣赏一下他们的作品，觉得怎么样？

生1：很不错。

生2：比我们好多了。

师：成功一定有方法！老师想采访一下，你们怎么会做得又快又好？

生3：我们是分工合作的，王××做头，李××做四肢……

师：原来你们是分工合作的。（板书：合作）

师：这是第六组的作品，也很不错。谈谈成功的经验好吗？

生4：我们也是合作的。还有我在做四肢时，白色橡皮泥不够用了，方××主动把白色的橡皮泥借给我。

师：你们在合作中，能互相帮助。

师（出示一张没有完成的熊猫图，学生都笑起来）：这是第九小组的作品。你们小组怎么做成这么一只缺胳膊又残腿的熊猫啊？

生6（一直不停地笑）：我们组没有分工好，比赛开始了，大家抢着做。

师：怎么个抢法？

生7：我做头，他也做头。后来做了很多头，没有身体。（学生大笑）

师：哦，你们没有分工。还有别的可以借鉴的教训吗？

生8：我们组有的要做躺着的大熊猫，有的要做站着的大熊猫，结果什么也没做成。

师：意见不统一导致了失败。

师：哪位同学总结一下，小组要又快又好地完成作品，需要注意什么？

（生交流，师随机板书）

师（指着板书）：这就是我们刚才从活动中得出的经验。

从以上案例不难看出，教师借助"接口"点评法，及时地把学生个体的零散

---

① 谢林燕.小学品德课堂交流存在的问题与对策[J].中国德育，2009(11).

的经验扩大为群体的系统经验，把感性的体验提升为理性的认识。

（十）化"玄"为"实"法

"玄"指抛出的话题，比较玄乎，学生进入话题的语境中，如"丈二和尚摸不着头脑"，即使想开口，但又不知道该说什么；"实"指抛出的话题，很实在，契合儿童的生活经验，能点燃他们的对话激情。采用化"玄"为"实"法，教师应基于儿童立场，抛出的话题以及组构话题的语词，要采用儿童化语言，重在激活儿童的生活经验。如此就能引发学生话语的"小溪流淌"。

【案例5-9】

（教学五年级《父母——我特别的朋友》一课，师生对话片段回放）

师（抛出话题）：你知道父母对你的期待吗？

生无语（由于话题宽泛，显得有点玄乎，学生感到无从下手，交流中止）。

师（考虑到与儿童生活经验对接，重新设计话题）：同学们，每个人在出生的一刹那，就凝结着父母对自己的期待，你知道这种期待可能会体现在哪里吗？

生：体现在名字上。

师（趁势说）：我的名字叫……，父母给我取这个名字是希望我……（随机进行板书）

（学生的创造性思维马上彰显出来）

生1：我爸爸姓甄，我妈妈姓妙。所以我叫甄妙，也是"真妙"的谐音。

生2：我爸爸姓戴，妈妈姓高，我的出生给两家人带来了快乐，所以我叫戴高乐。

这个案例告诉我们，如果话题过于宽泛，或采用书面语言，学生就会感到玄乎，无言应对，课堂教学就会出现"冷场""胶着"的局面。一旦面对这种情况，教师切不可抱怨或焦躁不安，要沉着冷静，可以将话题变换角度，或化大为小，或化难为易，或化虚为实。一旦话题变小了、变活了、变实了，就能激活学生的生活经验，他们有话可说，有话想说，就会情不自禁地倾吐自己的心声。

（十一）理性引导法

对话中围绕话题引出生活事件，在讨论交流时，如果学生表达的话语仅仅停留于感性层面，抒发的是个人情绪上的偏好，而缺乏理性的审思和正确的价值判断，针对这种情况，教师可采用理性引导法，以激活学生的理论思维，使其消除感性的误判，从而掌握德与理的尺度。

【案例 5-10】理性引导法①

（教学《法律护我成长》一课，师生围绕肖像权的对话回放）

师：你们有没有去照相馆照过相？有没有照片被照相馆放大张贴的经历？

生1：（激动地）有！我的照片就被照相馆放在橱窗里。

师：当时你是什么感觉？

生1：心里很高兴。

师（对其他学生）：你们碰到这个问题，也会很高兴吗？（学生中有不少人说"是的"）（教师叹气，摇摇头，一脸惋惜之情，学生对教师的行为感到很困惑。）

师：让我们先看一段文字。

（出示《民法通则》第100条：公民享有肖像权，未经本人同意，不得以营利为目的使用公民的肖像……）

师：读后，你懂得了什么？

生1：照相馆老板侵犯了我们的肖像权。

师：为什么这么说？

生1：他用我们的照片做广告，吸引顾客来让他赚钱。

师：你打算怎样去做？

生1：找他谈谈，告诉他侵犯了我的肖像权。

生2：要求他给予经济补偿。

师：你们自己去？

生1：（恍然大悟）叫上爸爸妈妈。

师：他不听怎么办？

生3：打官司。

师：你知道怎么打官司吗？

生3：找律师。

师：是的，当权利受到侵犯的时候，我们应该拿起法律武器。打官司是解决问题的一种好方法，但老师建议大家还可以向照相馆的主管部门投诉，如工商部门的消费者协会。

师：还可以寻求哪些部门的帮助？

（生答：共青团、妇联等）

从上述案例可以看出，当学生为自己的照片能在照相馆放大呈现而高兴的

---

① 陈萍，王勇，殷传勤. 引领学生成长为知法用法的主体[J]. 中国德育，2008(10).

时候，教师适时运用了理性引导法，激发学生由感性上升到理性层面思考，从而掌握了法与理的尺度。对于小学高年级学生来说，他们正处在由形象思维为主，逐步过渡到以抽象思维为主的阶段。强化思维能力的培养，提升他们的公民意识是十分重要的。

（十二）积极沉默法

加拿大教育学家范梅南说："在良好的对话中沉默与说话同样重要。机智者知道沉默的力量，也知道何时保持沉默。"[①]沉默是教师引领对话教学应具有的教育艺术。这里说的沉默，不是消极的沉默，而是积极的沉默。

所谓积极沉默是一种沉思的智慧，它不是身心活动的静止，而是让心智更加自由、冷静的思考。积极的沉默可分为两种，一种是等待性沉默；另一种是倾听性沉默。

所谓等待性沉默，就是静等学生的思想之花绽放。当学生陷入深刻的思考过程并努力寻求词汇表述自己思想的时候；当学生需要意识到自己行为的问题的时候；当学生需要自己做决定的时候……诸如此类的场合，教师就需要运用等待性沉默。"这种沉默不仅仅是以语言的空缺为特征，而且维持着一种期望的、开放的和信任的气氛。"

所谓倾听性沉默是指"创设一个每个学生都能安心发言的环境"，"对各种不同的意见十分敏感地倾听"[②]。在对话教学中当学生产生了自己的观点需要表达的时候，当学生情感上受到挫折的时候，当学生学习有了意外惊喜的时候，当学生需要和人分享个人秘密的时候……诸如此类的时间点，教师就需要运用倾听性沉默，让学生尽心尽情地倾诉。

张华教授认为："以教育智慧为核心的对话教学需要机智地选择沉默方式"，"教育智慧不仅体现在语言的使用中，也体现在沉默中，更体现在把语言与沉默行云流水般的默契融合。"[③]

（十三）讲授匹配法

讲授是指教师通过简明生动的语言向学生讲述或讲解有关的知识、概念。小学德育课程的对话教学不能排斥讲授，而要与"讲授法相结合"[④]。因为在对话交流的过程中，学生由于地理、历史、法律、国情知识的储备不足，对话流

---

① 张华.重建对话教学的方法论[J].教育发展研究，2011(22)．

② 同上.

③ 同上.

④ 李秉德.教学论[M].北京：人民教育出版社，1991.

程往往会面临"堵截"或遭遇障碍。针对教学中的这种"断裂",教师应采用讲授法与之匹配;通过适时地讲授或讲解相关的知识背景,以消除障碍将对话引向深入。

"对话法"与"讲授法"不仅是互动的,而且是融合的。澳大利亚的迈克卡夫和吉姆曾精辟地指出:"当学生呼唤教师进行更正式的信息讲授的时候,该讲授本身就是展开对话的时刻。"①

总之,对话教学为教师引领学生提供了广阔的舞台。一个眼神、一次掌声、一个手势、机智的幽默、会心的微笑、轻声交谈、激烈辩论、瞬间沉默等充满人格力量和人际交流智慧的行为,都能彰显教师教学艺术的魅力。师生间通过对话互动,在彼此获得发展的同时也创造了新的教学境界。

复习与思考

1. 小学德育课程有效对话教学有哪些基本特征?

2. 简析师生间真正对话关系的内涵。优化师生对话有哪些基本要素?

3. 教师与学生对话为什么要关注生成性目标?请结合具体案例说明。

4. 学生如何运用"问题追踪法""理解/倾诉法"和"反思内省法"与教材文本对话?请用具体案例说明。

5. 教师引领对话教学有哪些基本策略?请结合具体案例说明。

6. 教师引领对话教学有哪些具体方法?请选择几个具有实效性的案例加以点评。

推荐阅读

1. 王向华. 对话教育论纲[M]. 北京:教育科学出版社,2009.

2. 张华. 对话教学:含义与价值[J]. 全球教育展望,2008(6).

3. 张华. 重建对话教学的方法论[J]. 教育发展研究,2011(22).

4. 陈光全. 师生关系走向对话[J]. 思想理论教育,2012(3下).

5. 陈光全. 品德课程对话教学的有效性探微[J]. 基础教育研究,2010(3A).

6. 陈光全. 师生对话中教师的引导艺术[J]. 学校党建与思想教育,2009(2).

---

① 张华. 重建对话教学的方法论[J]. 教育发展研究,2011(22).

第六章　小学德育课程学习

本章重点

- 小学德育课程学习的含义、学习目标与学习原则
- 学生自主学习的意义与学习策略
- 学生体验学习的意义、深化体验学习的基本路径、教师引领体验学习的
七条要诀
- 小学德育课程反思学习的必要性、特点，反思学习的实施与教师的引导
策略
- 小学德育课程问题解决学习的定义、特征、操作以及教师要把握的两个
基本点

第一节　小学德育课程学习概述

按照"学"本性理念，教师的"教"要着眼学生的"学"、服务学生的"学"、成
全学生的"学"。学生的学习问题，自始至终都是小学德育课程实施所要聚焦的
核心。

一、什么是小学德育课程的学习

（一）学习的内涵及其本质

"学习"是生活中使用频率最高的词。何谓"学习"？100 多年来的心理学理
论研究对学习的刻画可以分为四种主流意识：一是把学习看作增强反应；二是
把学习视同知识获得；三是把学习喻为知识建构；[①] 四是人本主义心理学家把
学习看成是自我实现（或表现）。在比对、借鉴上述观点的基础上，盛群力教授
对学习做了如下界定：学习是"发生在学习者身上的一种相对持久的经验变
化"[②]。怎样理解这个定义呢？要义有三：首先，学习是发生在学习者自己身

---

① ［法］梅耶. 为意义建构学习设计教学——学习与教学概说[J]. 马兰，盛群力，编译. 远程教
育研究，2006(1).

② 盛群力. 论有效教学的十个要义——教学设计的视角[J]. 课程·教材·教法，2012(4).

上的；其次，学习是一种经验的变化，而不是身体的变化；最后，学习是内外协调发生的。内部心理结构的变化包括了认知变化和情意变化；外部行为表现是指学习者通过躯体和肌肉的协调运动来展示所学到的东西、完成任务或者解决问题。

学习的本质是什么？学习的本质是变化，是一种状态到另一种状态的变化。既然是变化，就意味着发展。学习的本质，说到底就是发展的本质。学习带来的变化包括内部变化和外部变化。内部变化是指心理结构的变化，外部变化是指行为表现。内部变化是基础、是根本；外部表现是形式，是承载体。学习者的学习既要有内部的体验、内部的建构，同时也要有外部的表现。内部心理结构的变化与外部行为的表现要"呈现出一种'以内养外，以外表内；内外协调，表里贯通'的关系"[①]。

(二)小学德育课程学习的界定

就个体学习而言，既有日常生活中的学习，也有教育情境中的学习。学生在学校里的学习就属于后一种。与日常生活中的学习不同，教育情境中的学习"是有系统、有计划和有指导性地进行"，"不仅学习知识，而且也学习技能，形成良好的态度与习惯，还要改变不良的行为习惯"[②]。

小学德育课程学习，含"德育""德育课程""学习"三个关键词。所谓"德育"，就是发展学生品德的教育。[③] 小学德育课程即为《品德与生活》《品德与社会》。小学德育课程的学习是指在小学德育课程实施的情境中，在教师指导下，学生以自身的生活经验为基础，以有意义的课程资源为载体，通过阅读、叩问、对话、交流和反思以实现个人经验重组所产生的外显和内隐的包括知识、能力、行为习惯、情感、态度和价值观方面的持久变化。

二、小学德育课程的学习原则

学习原则是指学生在学习中必须要坚守的学习思想以及要遵循的学习要求。

小学德育课程的学习，与一般课程的学习不同。小学德育课程的学习实际上是学生追求自我品质的提升和改善，是一种把外在道德规范内化为自身品德的学习和实践活动。品德又称"德性"[④]，其结构包括道德认识、道德情感和道

---

① 盛群力.论有效教学的十个要义——教学设计的视角[J].课程·教材·教法，2012(4).
② 邵瑞珍.教育心理学[M].上海：上海教育出版社，1983.
③ 杜时忠.小学品德与社会教育[M].长春：东北师范大学出版社，2010.
④ 同上.

德行为三个要素。①

　　小学德育课程学习的特殊性，就表现在品德建构的特殊性上。因而小学德育课程的学习原则，除了遵循一般的学习原则外，还要遵循本课程所特有的学习原则。

　　（一）有效学习原则

　　这是学习小学德育课程的基本原则之一，亦是学习各门课程都要遵循的一条原则。在教育心理学里，有效学习即有意义学习。什么是有意义学习？一种是奥苏伯尔的解释，其含义为："语言符号所代表的新知识与学习者认知结构中已有的适当观念，建立非人为性和实质性的联系。"②另一种是罗杰斯的解释，其含义为：有意义学习，包含了"价值"和"情绪"的色彩，涉及学习者的整个人和完整的生命状态；学习是自我发动的，学习要有个体内在需要作为原动力。③

　　基于上述两种解释，坚守小学德育课程的有效学习原则，一方面，要注重新旧知识的相互关联，注意与儿童的心理结构相匹配。知识如同一个个钩子，新知识只有挂靠在旧知识上，才能被学生同化和顺应，从而体现出学习的意义。另一方面，小学德育课程要关注学生的生命状态，"使儿童感受学习的需要和兴趣，产生出学习的自觉性和积极性"④，从而保证学习的有效性。

　　（二）基于生活的学习原则

　　强调学习要基于学生的生活，是因为小学德育课程的设计遵循的是儿童生活的逻辑，是"以儿童生活中的需要和问题为出发点，以儿童现实生活为课程内容的主要源泉"⑤。"课程学习本身是儿童生活的组成部分。"儿童是在生活世界中感受、体验、领悟并得到各方面发展的。小学德育课程学习只有源于儿童实际生活和真实道德冲突，"才能引发他们内心的而非表面的道德情感，真实的而非虚假的道德认知和道德行为"。用鲁洁教授的话说，就是要让儿童"去打开生活这部大书"，让他们"从自己的生活中找到生活的意义"⑥。如此，儿童才能实现"在生活中发展，在发展中生活"。

---

① 朱智贤. 心理学大辞典［M］. 北京：北京师范大学出版社，1989.
② 邵瑞珍. 教育心理学［M］. 上海：上海教育出版社，1988.
③ 王希华. 现代学习理论评析［M］. 北京：开明出版社，2003.
④ 鲁洁. 回归生活——"品德与生活""品德与社会"课程与教材探寻［J］. 课程·教材·教法，2003(9).
⑤ 中华人民共和国教育部. 品德与生活课程标准（2011 年版）［S］. 北京：北京师范大学出版，2011.
⑥ 鲁洁. 行走在意义世界中——小学德育课堂巡视［J］. 课程·教材·教法，2006(10).

(三)动心动情学习原则

小学德育课程学习与一般课程学习不同，它以凸显人的自身价值为中心，以实现学习者的自我建构、自我发展和主体道德精神境界的升华为目的。小学德育课程学习蕴含着一种情感的存在，是一种对事、对人、对社会的态度，其关键不在于"知不知""做不做"，而在于"愿不愿意知""愿不愿意做"。因为"道德的知识原本就不是靠道德推理获取和证明，而是靠人们的道德生活体验和确认，也就是通过亲切可心的情感和心灵感应来传递和生成的"①。心理学家伊扎德指出："情绪情感处于人格系统的中心。"②

小学德育课程学习是基于人对人的理解、人与人的情感交往、人对生命价值的体验和感悟。这种学习充满人性，要动心动情地学习。

(四)注重践行的学习原则

小学德育课程具有"知""情""行"因素相互协同的特点，学生的学习特别要注重践行。新版《课程标准》指出：小学德育课程中的"学习是知与行相统一的过程"③，强调学习者"在服务自我、他人和集体的行动中，学会关心，学习做人"④。小学德育课程，如果仅仅局限于学习某些道德知识，掌握某种道德判断技能，记诵一些道德行为规范，而不能亲身践履的话，这样的学习无疑是徒劳的，对学习者的品德建构不会产生任何积极作用。行为践履体现了道德的根本特性。苏霍姆林斯基说得好："由道德概念通向道德信念的通道是以行为和习惯为起点的。而这些行为和习惯含有孩子对他所做的事和他周围发生的事情的个人态度。"⑤

注重践行是学习小学德育课程的根本原则。因此，新版《课程标准》强调：小学德育课程要"注重知行统一"，侧重考查学生"将道德认知与道德行为有机结合"⑥的情况。

---

① 联合国教科文组织21世纪教育委员会．教育——财富蕴藏其中[M]．联合国教科文组织总部中文科，译．北京：教育科学出版社，1997.

② 陈萍．学生主体活动不能被活动[J]．人民教育，2011(24)．

③ 中华人民共和国教育部．品德与社会课程标准(2011年版)[S]．北京：北京师范大学出版社，2011.

④ 同上．

⑤ [乌克兰]苏霍姆林斯基．帕夫雷什中学[M]．赵玮，等译．北京：教育科学出版社，1983.

⑥ 中华人民共和国教育部．品德与社会课程标准(2011年版)[S]．北京：北京师范大学出版社，2011.

（五）享受快乐的学习原则

小学德育课程"本身是儿童生活的组成部分"①。参与并享受愉快、自信、有尊严的课堂学习生活是每个儿童的权利。朱小蔓教授说："学习道德是快乐的，做道德的人是幸福的。"对小学生来说更是如此。小学德育课程是针对儿童天性、着眼于儿童成长需要而设计的。课程"面对的是人而不是物，即使是物，我们也要显示它背后的人，显示它和人的关系；它面对的是一个个有血有肉的人、是人心，而不是抽象的概念化的人和冷冰冰的理性；它面对的是向善之心，它展示的是人对美好生活的向往、美丽人生的追求。人——人心——人的向善之心，世界还有什么比这些更有魅力"②。因此，小学德育课程的学习应该是快乐的。快乐，不独是学习的手段，而且是学习的目的。无论是知识的汲取、精神的满足，还是生命的超越，都会给儿童的心灵带来深度的快乐。小学德育学习课堂应当成为学生的自尊心和自信心、独立性和创造性不断生成、发展、提升的空间，成为学生生命灵动和个性张扬的舞台。

三、小学德育课程的学习目标

学习是有目的、有计划的活动。确立和认定学习目标，是学习的起点和归宿，直接关系学习的宗旨和取向。学习目标犹如灯塔，指引学生的学习航程，并激励、驱动学习者一步一步前行，直至圆满实现既定的愿景。

什么是小学德育课程的学习目标呢？"品德与生活""品德与社会"《课程标准》制定的课程目标，既是教师"教"所要瞄准的目标，同时也为学生的"学"描绘出了蓝图。

小学德育课程学习目标，包括学习的总目标和三个维度的分目标。

（一）小学德育课程学习的总目标

学生学习小学德育课程，从离开幼儿园进入小学直至毕业，共有六年时间。这段学程是儿童逐步熟悉学校活动、逐步熟悉和理解社会生活的重要时期，也是形成道德情感和道德判断能力，养成行为习惯的重要阶段。小学德育课程的学习目标，既要准确反映学生品德成长和社会性发展的内在需要，同时又要呼应加强社会主义核心价值体系教育，培养良好的公民素质、创新精神、实践能力的时代要求。按照"品德与生活""品德与社会"《课程标准》的精神和要求，小学德育课程学习的总目标是：具有爱心、责任心，养成良好的品质、行

---

① 中华人民共和国教育部. 品德与社会课程标准（2011年版）[S]. 北京：北京师范大学出版社，2011.

② 鲁洁. 道德教育的根本作为[J]. 教育研究，2010(6).

为习惯和个性品质；能适应社会、实现社会性发展；在充满探究和创造乐趣的童年生活中学会生活、学会做人。

（二）小学德育课程学习的分目标

在总目标统摄下，小学德育课程的学习包括三个方面的分目标：

1. 情感态度价值观方面的学习目标

情感态度价值观方面的学习目标与能力/方法、知识方面的学习目标构成为一个整体。情感态度价值观方面的学习目标是学习目标系统中的首要目标。因为《品德与生活》《品德与社会》"不是一般的知识课程，而是实施道德与价值教育的德育课程"[①]。

小学德育课程情感态度价值观方面的学习目标，如表6-1所示。

表6-1 小学德育课程情感态度价值观方面的学习目标

序号	学习目标
1	珍爱生命、热爱生活；养成自尊自律、自信勇敢；乐观向上、勤劳朴实的态度
2	孝亲敬长，养成文明礼貌；诚实守信、友爱宽容、热爱集体、团结合作、有责任心的品质
3	初步具有规则意识和民主、法律观念，崇尚公平与公正
4	热爱家乡，珍爱祖国的历史与文化，具有中华民族的归属感，尊重不同国家和民族的文明差异，初步形成开放的国际视野
5	热爱自然，逐步形成保护生态环境的意识
6	喜欢动手动脑，乐于想象和创造

2. 能力与方法方面的学习目标

小学德育课程的学习，既要学会，更要会学，这就要求学生必须掌握科学的、有效的学习方法，特别是要掌握学习德育课程的核心方法。而比方法更重要的是能力。学生学习小学德育课程，需要培养和提升道德判断能力、反思内省能力、移情能力、践行能力、分析和解决道德问题的能力和探索创新能力。按照《课程标准》的精神和要求，小学德育课程的能力与方法学习目标，如表 6-2 所示。

---

① 高德胜. 坚持·明确·完善·提高——思想品德课程标准修订的四个关键[J]. 课程·教材·教法，2012(3).

表 6-2　小学德育课程能力与方法方面的学习目标

序号	学习目标
1	养成安全、健康、乐于参加劳动、保护环境、爱惜资源的良好生活和行为习惯
2	提高道德判断和行为选择能力
3	初步掌握认识社会事物和现象的方法，掌握一些调整自己情绪和行为的方法，发展主动适应社会，学会移情地理解他人，善于与他人平等地交流与合作、积极参与社会的能力
4	学会几种简单的调查研究方法，初步掌握收集、整理和运用信息的能力，能够选用恰当的工具和方法，有创意地探究和解决生活中的问题，具有初步的探究能力

3. 知识方面的学习目标

学习小学德育课程，看重情感态度价值观和能力/方法方面的学习目标是很必要的，但绝不可弱化知识方面的学习目标。因为"道德是人的一种社会规定性，知识是德育的必要条件"[①]。知识不仅是人类智慧的结晶，而且"具有丰富的道德因素，体现着人类的道德理想和精神品质"[②]。

按照《课程标准》的精神和要求，小学德育课程知识方面的学习目标，如表 6-3 所示。

表 6-3　小学德育课程知识方面的学习目标

序号	学习目标
1	掌握自身生活所需的基本知识；理解日常生活中道德行为规范和文明礼貌；了解未成年人的基本权利和义务；懂得规则、法律对于保护个人权利和维护社会生活所具有的意义。
2	初步了解生产、消费活动与人们生活的关系；知道科学技术对生产和生活的影响。
3	知道一些基本的地理常识，初步理解人与自然、环境的相互依存关系，了解人类共同面临的人口、资源和环境等问题。
4	了解家乡的发展变化；了解一些我国历史常识，知道在历史发展进程中形成的中华民族优秀文化和革命传统，了解影响我国发展的重大历史事件和社会主义建设的伟大成就。
5	初步了解影响世界的一些重要事件，知道不同环境下人们有不同的生活方式和民俗习惯，懂得民族、国家和地区之间相互尊重、和睦相处的重要意义。

---

① 余文森. 论有效教学的三大理论基础[J]. 课程·教材·教法，2012(2).

② 同上.

以上从情感态度价值观、能力/方法以及知识三个方面说明了小学德育课程的学习目标。必须强调的是，这三项学习目标是一个整体，不能截然分开。学生学习小学德育课程应将道德观点、道德认知、道德情感和道德行为有机地整合起来。

第二节　小学德育课程的自主学习

小学德育课程以弘扬学生的主体性、能动性、独立性为宗旨，特别提倡和注重学生的自主学习。

一、小学德育课程自主学习的基本特征

"自主学习"是就学习的内在品质而言的，相对的是"被动学习"和"他主学习"。所谓"自主学习"是指学生根据社会的期望，在教师指导下自觉自愿的学习，是学生弘扬主体性、能动性、独立性的一种学习方式。"自主学习既包括学生个体的独立探究和思考，也包括学生与同伴合作开展的学习和探究。"①自主学习包括如下三个方面的含义：

（一）小学德育课程的自主学习是学生的一种主动学习

主动性是自主学习的基本品质，它对应于他主学习的被动性，两者在学习活动中的表现是："我要学"和"要我学"。"我要学"是基于学生对学习的一种内在需要；"要我学"则是基于外在的诱因和控制。学生学习的内在需要，一方面表现为学习兴趣，兴趣有直接或间接之分，直接兴趣指向过程本身，间接兴趣指向活动结果。学生有了学习兴趣，特别是直接兴趣，学习活动对他来说就不是一种负担，而是一种享受、一种愉快的体验，学生会越学越想学，越学越爱学。学习主动性的另一方面表现是学习责任。如果学生意识不到学习的责任，不能把学习跟自己的生活、生命、成长、发展有机联系起来，这种学习就不是自主学习；反之，只有当学生自觉地担负起学习的责任时，学生的学习过程才是一种真正的自主学习。

（二）小学德育课程的自主学习是学生的一种独立学习

独立性是自主学习的核心品质，如果说主体性的表现是"我要学"，那么独立性的表现则是"我能学"。"儿童的天性是活动的、创造的，儿童是天生的学

---

① 中华人民共和国教育部．品德与社会课程标准（2011年版）[S]．北京：北京师范大学出版社，2011.

习者。"①"学生的起点非零。他不仅在一般生存意义上，更在发展和高级精神活动的意义上，拥有非凡的本能，使他拥有学好语文、数学、外语等各种学科，以及人格、能力生长和发展的全部凭借。"②

小学德育课程的实施，教师应充分尊重学生的独立性，逐步培养其独立学习的能力。

(三)小学德育课程自主学习是学生的一种自我监控学习

自主学习要求学生对为什么学习、能否学习、学习什么、如何学习等问题有自觉的意识和反应③，它突出表现在学生对学习的自我计划、自我指导、自我强化上，即学习前能够自己确定学习目标、制订学习计划、选择学习方法、做好学习准备；学习中能够对自己的学习过程、学习状态、学习行为进行自我审视、自我调节；学习后能够对自己的学习效果进行自我总结、自我评价和自我补救。

二、小学德育课程自主学习的意义

小学德育课程强调自主学习，有利于学生心理潜能合理、充分地释放。学生是一个活生生的生命体。他们和任何生命体一样不断地通过"裂变"进行新陈代谢，并创造着生命的能量。一个平衡的心理结构是不断地积聚能量又不断地释放能量的结构。从自主学习的课堂上，我们可以发现学生好奇心和求知欲的萌发、交流中踊跃表达观点、思想，自己动手制作，等等，均是他们能量释放的方式。大脑研究成果表明，儿童大脑中的神经腱，只有他们主动用脑时才会得到锻炼，特别是当学生聚焦问题进行深度思考或发散思考时，更能迸发出创造性思维的火花。

自主学习的实质就是学生通过对学习过程的主动参与来培养他们自主学习的意识、自主能力、自主习惯，使其成为一个学会学习的人，一个善于独立思考的人，为促进学生的可持续发展奠定坚实的基础。注重培育自主学习能力，好比是让儿童有了"根"，它能主动地从土壤中获取养分。凭借"根"的功能的发挥，学生成长中所需的养分就可取之不尽、用之不竭。他们在自主学习中培养和形成的学习方法、学习策略，能帮助学生在陌生领域，主动地去获取新知识，应对新情境。学生有了这种本领，将会"一本万利"，一生受益。

小学德育课程教学的核心问题是学生能否自主学习。人是道德价值的承载

---

① 郭思乐. 教育走向生本[M]. 北京：人民教育出版社，2001.
② 郭思乐. 做最宽厚的教育——对生本教育实践的若干阐析[J]. 人民教育，2011(24).
③ 庞维国. 论学生的自主学习[J]. 华东师范大学学报(教育科学版)，2001(2).

者，道德品质的培养，最根本的就是要弘扬学生的主体性。德育学原理指出：品德发展是学生个体在主动参与活动的过程中实现的。无论是道德观念，还是应肩负的道德责任，都不可能由别人告知而达成，只能通过学生的自主建构才能实现。联合国教科文组织发表的报告《学会生存——教育世界的今天和明天》指出："未来的学校必须把教育的对象变成自己教育自己的主体，""成为教育他自己的人。"① 对于德育课程而言，学生借助自主学习，学会自己教育自己更具有特殊意义。苏霍姆林斯基情真意切地说："在学校里最常听到的词，莫过于'应当'这个词了。每天教师口中都把'你应当''你们应当'这两句话重复千百万次。但是，'我应当'这几个字却不那么经常被人提到或想到。可是，我的少年朋友，自我教育的道德意义恰好是要你感觉到和认识到自己'应当'如何如何。'我应当'是多么美好的字眼呀！它使一个人产生义务感和责任心。这是只有那些用自己双手、思维和意志创造出成果而亲身体验到惊异感的人，才可能领悟到的。"② 小学德育课程自主学习最重要的意义就表现在它能激发学生释放出自己教育自己的能量。

三、教师引领学生自主学习的策略

教师怎样引领学生自主学习呢？其策略可概括为"四个注重"：注重培养学生的道德需要；注重创设有利于学生主动学习的情境；注重搭建"脚手架"，积极"让学"；注重培养学生的学习成就感。

(一)注重培养学生的道德需要

叶圣陶先生说，要使学生主动学习，最根本的办法就是要让他们"需之切"，使学生感到眼前学习的内容是迫切需要的，犹如饥饿的人扑向面包一样。这就要求教师注重引导学生的道德需要。无论外界刺激多么吸引人和诱惑人，也不管有多么大的外在压力，如果学习主体的学习需要没有引发出来，那么就不会有自主学习，学习中的发现、掌握及领会等内在感觉也不会发生。反之，只有学生感到需要，才乐意学；特别需要，才会认真学、主动学。

根据教育心理学原理，教师需要引发、唤醒和激励学生的道德需要。人本主义心理学家罗杰斯认为，学习要以个体的需要为原动力。③ 教师要善于将社

---

① 国际教育发展委员会. 学会生存——教育世界的今天和明天[M]. 华东师范大学比较教育研究所，译. 北京：教育科学出版社，1996.

② [乌克兰]苏霍姆林斯基. 少年的教育和自我教育[M]. 姜励群，等译. 北京：北京出版社，1984.

③ 王希华. 现代学习理论评析[M]. 北京：开明出版社，2003.

会需要转化为学生的个人需要。例如，教学《课桌椅是我的好伙伴》一课，为了诱导道德需要，可在课首一环进行小实验。让学生在三种不同的情境中写字：其一，不用椅子站着写字；其二，不用课桌，坐在椅子上，把纸放在膝盖上写字；其三，借助课桌椅写字。通过试一试，学生能感受、体验到学习不能没有课桌椅，它是学习所必需的，是学生的好朋友。爱护课桌椅，首先是每位同学自身的需要，同时，爱护公物也是每位同学的责任。

　　注重培养学生正确的道德需要，善于将社会需要转化为学生个人的需要是极为重要的。因为它不仅是学生主动学习的源泉，而且是他们道德发展的内部源泉。诚如马卡连柯所指出：要注重"培养人的需要，引导他们走向道德的高峰"。

　　(二)注重创设有利于学生自主学习的情境

　　"教师要通过创设任务情境或问题情境，激发学生主动学习和探究的兴趣，鼓励他们大胆尝试解决问题的方法。"[1]

　　【案例 6-1】引领学生自主学习《不同地区、不同生活》写真[2]

　　1. 发现问题

　　师生共同讨论并提出：不同地区、不同生活有什么样的联系？

　　随后，多媒体出示三张地图，分别是中国地形图、中国温度带的划分图、中国干湿区的划分图。

　　2. 指导探究

　　(1)复习基本看图方法(上北下南、左西右东)

　　(2)指导读图(多媒体出示读图三步骤)

　　首先，学生齐读三幅图的名称，接着，多媒体放大中国地形图左下角的图例。

　　师：我们先找到零度，这就是海平面。零度以上我们称为海拔，零度以下就是海的深度。图中有许多信息，你发现了什么？

　　生：不同颜色代表不同的地面海拔高度。

　　生：越往西颜色越深，海拔越高。

　　生：我国的地形由东向西海拔逐渐升高。

　　生：蓝色越深，海越深。

　　……

---

　　①　中华人民共和国教育部. 品德与社会课程标准(2011 年版)[S]. 北京：北京师范大学出版社，2011.

　　②　徐丽丽."实"——小学品德课堂教学的基石. 中小学德育，2012(9).

（3）带问题去读图

①考考你（多媒体出示）

师：你有什么疑问？

> "百川____到海，何时复西归！"　　　　　　　　　——《汉乐府》
> "大江____去，浪淘尽。"　　　　　　　　　　　　——苏轼
> "问君能有几多愁？恰似一江春水向____流。"　　　——李煜

生：为什么河水从西向东流？

②出示地形图，小组讨论。

③从地形图上，你还读懂了什么？

（多媒体相机出示图片：青藏高原、云贵高原、黄土高原、东北平原、华北平原、盆地、山地、丘陵等图片）

④看了地形图，你仿佛看到了什么样的景象？

生：我忽然想起辛弃疾的"稻花香里说丰年，听取蛙声一片"的情景；

生：我仿佛看到成群的牛羊在一碧千里的大草原上悠闲自得地生活；

……

评析：对于"创设任务情境或问题情境，激发学生主动学习和探究的兴趣，做得非常好"。教师通过适时指导，学生真实地经历解决问题的过程。这样的自主学习才是真正属于学生自己的探究和发展，其学习体验也才能入脑入心。此外，教师引领学生学会读图，主动地建构地理知识也做得很好。如巧妙地结合古诗，引导学生发现问题，既能激发学习兴趣，同时还具有美化学生心灵、陶冶他们情操的作用。借助"看了地形图，你仿佛看到了什么样的景象？"的设问，激活了学生宝贵的生活经验，使原本枯燥的地理知识变得灵动起来，不仅有利于深化对教材的理解，同时又能培养学生的创新思维能力。

（三）注重搭建"脚手架"、积极"让学"

教师要充分地相信学生，把学生推向前台，当好为学生学习服务的"服务员"角色。哲学家海德格尔说："称职的教师要求学生去学的东西首先是学本身，而非旁的什么东西，"教师得"学会让他们学"[①]。教师是学生的服务者、帮助者、保护者，唯独不是学生学习行为的替代者。教师善于"让学"，旨在帮助学生更想学、更会学以及学得更好。

---

① ［德］海德格尔．人，诗意地栖居［M］．郜元宝，译．桂林：广西师范大学出版社，2002.

教师的"让学"，绝非撒手不管，而是下工夫为学生提供自主学习的"支架"。在新课程实施的背景下，教师富有创意地建构"导学卡"，是搭建脚手架，积极让学的一种有效形式。

【案例6-2】《金字塔下留个影》①**第一课时导学卡**

活动一：猜一猜

1. 李小佳(教材设计人物)的旅游目的地与这几张图片有关。(提供几幅有关金字塔和尼罗河的图片)说一说，她要到哪里去旅游？

2. 你想不想随李小佳来一趟"埃及游"？

3. 说一说你对埃及的神往之情。

活动二：做好出发前的准备

1. 了解埃及的地理位置。

(1)从教材63页找一找埃及在哪里？

(2)看一看埃及疆域轮廓(教材64页)。

(3)小心地把埃及的疆域轮廓描绘在透视纸上，再用剪刀剪下来，写上埃及，然后把它贴到非洲地图中的相应位置。

(4)在非洲地图上的适当位置填出埃及所濒临海洋的名称。

2. 读图。(模拟乘飞机到埃及)说一说，要飞越哪些海域的上空。

3. 读图。(模拟乘海轮到埃及)说一说，要途经哪些海洋。

4. 思考、整理信息

(1)说一说埃及的地理位置。

(2)埃及与中国的位置关系。

活动三：参与"候机厅"中的"开心辞典"活动

1. 用橡皮泥捏出埃及的疆域轮廓，贴到非洲的相应位置。

2. 说一说。

(1)埃及人喜欢的颜色是什么？讨厌的颜色是什么？

(2)埃及人把美好的一天称为什么？

(3)埃及人将真诚坦率的人称为什么？

活动四：探访尼罗河

1. 朗诵：尼罗河、埃及的母亲河(教材65页)。

2. 欣赏尼罗河风光。(教材65页)你感到尼罗河哪些地方很美？

---

① 鲁洁．九年义务教育六年制小学教科书(实验本)品德与社会六年级上册[M]．南京：江苏教育出版社，北京：中国地图出版社，2005．

3. 交流：尼罗河的趣闻故事。

4. 思考：古希腊著名历史学家希罗多德说："埃及是尼罗河馈赠的礼物。"他为什么要这样说？

活动五：照片辨认活动

教材66页两幅照片上的房屋各有什么特点：其中哪幅拍摄的是埃及？你的选择对吗？

请说说埃及自然条件对传统民居建筑风格的影响。

从上述案例不难看出，教师设计的导学卡，能驱动学生强烈的好奇心，调动其学习积极性，让他们充分了解地理事物之间的联系，增强读图能力，有利于达成该课时的目标：即"知道埃及的地理位置，能在图中准确地指出埃及的位置、范围以及尼罗河的大致走向"；"激发学生对古埃及文明的兴趣，培养学生具有开放的国际意识"。

（四）注重培养学生的学习成就感

所谓"学习成就感"，是指因成就动机得到满足而激发的一种兴奋、愉悦和欣慰的情感体验。美国著名教育家奥苏贝尔认为："一般称为学校情境中的成就动机，至少包括三个方面的内驱力成分，即认知内驱力，自我提高的内驱力以及附属内驱力。"培养学生的学习成就感，要从激发和满足上述三种成就动机上下工夫。

1. 学生认知内驱力的导引

所谓认知内驱力，是指了解和掌握新知识的欲望以及分析和解决问题的心理需要。人的认知内驱力，主要是由好奇心和探索欲望引起的。

怎样引发学生的认知内驱力呢？教师要善于描摹诱人的学习情境，扣住新旧知识的联结点，诱导学生打开新知识的门窗，善于设置悬念让其兴致勃勃去破解；善于激化认知冲突，牵引学生主动去探索。例如，教学《什么是勇敢行为》，教师带着引逗的口气说："小朋友都喜欢'勇敢'二字。可是，什么是勇敢呢？敢于顶撞老师算不算勇敢，同学之间逞强斗狠是不是勇敢，坚持错误是不是勇敢？什么才是真正的勇敢行为？"借助设疑，教师把学生带入"问题求解的岔口情境"，从而充分调动了学生学习的主动性和积极性，使他们在课堂上能自始至终保持探究的热情。

2. 学生自我提高内驱力的导引

自我提高的内驱力是指学生因自己的某种能力，某种学业成就而赢得相应地位和自尊的需要。

怎样激发学生的成就动机，满足他们自我提高的需要呢？教师要善于为学生提供自我表现、自我展示的时空，让其展现个性、展现能力、展现学业成果。例如，教学《小手拉大手》[①]，通过设置情境，让学生扮演其中的角色——"有两个孩子在玩乒乓球。一个孩子玩得很勉强，可能是因为肚子痛。而这个孩子从不为一点小小疼痛而诉苦，无论做什么事都不示弱。在这种情况下，如果你是与他配对打乒乓球的孩子，应当怎样体贴、关照他呢？"——请同学分别扮演打乒乓球的孩子，看谁的语言和动作表达得最好？采用这种投石问路、以"难"激将的办法，导引学生表达自己的思想和行为。这样能诱发学生的成就动机，满足他们自我表现的需要；通过自我表现，学生会获得成功的喜悦。正如比尔·盖茨所说："没有什么东西比成功更能激起进一步追求成功的努力。"

3. 学生附属内驱力的导引

所谓附属内驱力，是指学生为了保持老师和家长对他的赞许和认可而表现出的要搞好学习的一种欲望。与自我提高内驱力有所不同，它不是把良好学习成就看作赢得地位的手段，而是为了从长者那里赢得表扬。

怎样借助附属内驱力去牵引学生自主学习呢？

按照新版《课程标准》的要求，教师要"激励每一个学生参与学习并有所进步"[②]，"尊重每一个儿童在品德与行为习惯、生活态度及探究能力方面发展的独特性"[③]，"关注每一个儿童在其原有水平上的富有个性的发展"[④]，"帮助儿童不断积累成功体验，健康、自信地成长"[⑤]。

总之，为了培养学生的学习成就感，教师要激励每个儿童的品德发展与生活能力的提升。

第三节　小学德育课程的体验学习

"体验"是新版《课程标准》使用最多的一个词。小学德育课程为什么如此关注"体验"？为什么要重视体验学习？学生的体验学习该如何实施？这是很值得探究的问题。

---

① 鲁洁. 九年义务教育六年制小学教科书（实验本）品德与生活一年级上册[M]. 南京：江苏教育出版社，北京：中国地图出版社，2002.

② 中华人民共和国教育部. 品德与社会课程标准（2011年版）[S]. 北京：北京师范大学出版社，2011.

③ 同上.

④ 同上.

⑤ 同上.

一、体验的特征

(一)体验概述

体验,即以身"体"之,以"心"验之。"体",意为设身处地、亲身经历;"验"为察看、感受、验证、考察。

什么是"体验"?体验是"指主体与客体之间一种特殊的关系状态,是主体对客体在主体内心中的地位、意义、价值与自我同一性的把握和确认。体验的结果是形成主体对客体的态度、情感、感受和领悟"[①]。从心理学层面理解,体验通常表示人们在经验获得及行为变化过程中的心理感受、情感体验、认知顿悟、反省内化等心理活动。从教育学层面理解,体验是主体内在的知、情、意、行的亲历、体认与验证。

(二)体验的分类

1. 按照主体参与体验的身心因素与场域不同划分

体验可分为实践性体验和心理性体验。实践性体验,是指个体人直接参与实践,亲身经历某件事,从中获得相应的认知和情感、态度、价值观的变化。这类体验具体可分为从亲身实践中获得体验和从角色扮演活动中获得体验。前者是主体不经过任何中介而直接与客体相互作用,从而认识客体,从中获得直接经验或体验;后者是让个体人承担或扮演一定的社会角色,从中体验其角色生存的处境和道德境界。心理性体验是指学生超越时空,虚拟地亲身经历某件事或对自身的经历进行回味,从而获得相应的认知和情感、态度、价值观的变化。心理性体验也可细化为移情性体验和反思性体验两种。前者是通过将心比心,换位思考,设身处地去感受别人的需要、处境和追求,由此认知、体验到自己的责任和义务。后者是个体人借助想象、联想、记忆等手段,将自身经历和已有经验中值得珍视的东西提取出来进行回味、过滤和反思而引发的体验。

2. 按照时间维度划分

体验可分为期待性体验、当下生活中的即刻性体验和追思性体验三种。人不可以没有期待。所谓期待性体验是指对未来的憧憬,如对金色童年的讴歌、放飞理想的甜蜜就属于这种体验。当下生活中的即刻性体验是指面对现实情境引发的感悟以及参与各种各样主题活动而孕育的体验。追思性体验主要是指个体人重新发现已逝生活的意义。追思是对过去经历的感怀和反思。追思是需要触点的。这个触点即是将主体从当下推向过往的关键所在。追思可使主体以一

---

① 陈佑清.体验及其生成[J].教育研究与实验,2002(2).

种全新的眼光审度过去，使分散在时间轴上的过去、现在和未来统整在生命的完整序列中，使过去的经验转变为当下的感悟。追忆有三个要点：一是通过想象、联想和记忆，把最好的、最值得珍视的情感体验重新提取出来；二是挖掘出以往平淡生活中美的因素；三是将痛苦的经历转化为积极的生活财富。

（三）体验的特点

真正属于人的首先是体验。体验具有亲历性、个体性、形象性、情感性、生命性、境域性、融合性和印刻性等基本特点。

1. 亲历性

亲历与亲身经历不同。后者是指主体亲历现场，与他人、他物直面遭遇；而"亲历"的包容面要宽，它既含有亲身经历具体的实践活动，获取知、情、意、行等方面的体验成果，又包括从心理上所想象的与客观事物相遭遇而孕育的感受。亲历性是体验的本质特征。

2. 个体性

体验通过亲身经历形成对事物独特的具有个人意义的领悟。体验直接指向个体心灵，激发起对意义的深刻感悟。由于学生生长的环境背景不同，知识经验有别，感受、体验的层面和角度不同，每个人对意义的领悟会不一样，必然表现出个体化特征。

3. 形象性

体验是具体情境中学生的知觉、表象由外而内的反馈活动。在这个过程中，一般有直觉和形象呈现等特征。

4. 情感性

体验本身就伴随着情感。情感是体验的动力。学生在体验中最终生成的是一种新的更高意义的情感。

5. 生命性

体验是人的生存方式，也是追求生命意义的方式。德国哲学家狄尔泰认为，体验是"一种跟生命活动密切关联的经历"。体验"首先是一种生命活动，其次才是内心形成物"。在体验世界中，一切客体都是生命化的，都充满着生命的意蕴和情调。人总是把他最深刻的体验看成自己生命中最有价值的精神财富。

6. 境域性

体验的获得与特定的境域联系在一起，是对特定境域的一种直觉综合和把握。当类似境域出现时，就会有"似曾相识"的体验。

7. 融合性

一是指心理因素的融合，体验是一个人知、情、意融为一体的过程。二是指主体和对象也融为一体。个体人所获体验不仅是体验对象的产物，也是体验者自身的产物。

8. 印刻性

人一旦孕育了体验，就会印刻在心，经久不忘。这既是体验的一个特点，也是一大优势。苏霍姆林斯基说："道德素养并不是要保留在记忆中的一堆死知识，而是通过深刻感受、体验、领悟后而凝结在心灵里的东西。"

二、小学德育课程体验学习的价值

小学德育课程体验学习是在具体情境中发生的学习，"是学习者通过身体的各种感官进行学习的一种方式"，[①] 是学生将自己身心投入到与外部世界或内部世界的交往中，获得感受、体味、领悟，生成情感与意义的一种个性化学习方式。"体验学习的重要价值不在于学会某种操作方式、获得某种技能，而在于每个人在活动中获得的真实感受，这种内心体验是形成认识、转化行为能力的原动力。"[②]具体地说，小学德育课程体验学习的价值可细化为五个方面：

(一)体验学习有利于学生建构知识

早在两千多年前，孔子就指出："不观高崖，何以知颠坠之患？不临深渊，何以知没溺之患？不观巨海，何以知风波之患？"[③]这段话表达了体验对知识建构的价值。体验学习是学生基于原有经验的学习。学生借助体验对已有的经验进行修正、提纯和重建，从而建构新的经验。正如新版《课程标准》所强调的："儿童的知识，是通过其在生活及活动中的直接体验、思考、积累而逐步建构起来的。"学生借助体验学习实现对知识的建构，常常表现为茅塞顿开、豁然开朗、悠然心会、深得吾心、浮想联翩、百感交集、妙不可言等情状。

(二)体验学习有利于学生追寻生活的意义和价值

体验学习是一种追寻生活意义和价值的学习。鲁洁教授说："德育课堂，究其根本是一个引导儿童去探寻生活意义的课堂。[④]"生活是有意义、有价值的，而生活的意义和价值负载于生活事实和生活事件之中。体验学习肩负的使命是让学生在与生活事实或生活事件相遭遇时，从中体验(感悟)到其中所负载的意义。生活的意义原本存在于生活之中，如果硬是将"意义"从生活事实中剥离，然后采用告知、听受的方式传递给学生，那么这些意义"就会成为枯槁或

① 中华人民共和国教育部. 品德与社会标准(2011年版)[S]. 北京：北京师范大学出版社，2011.
② 同上.
③ 王国轩，王秀梅. 孔子家语译注[M]. 中华书局，2009.
④ 鲁洁. 道德教育的根本作为[J]. 教育研究，2010(6).

者成为教室空间中"飘浮"的"过客"，根本不可能进驻到学生的心灵；而体验学习则注重引导儿童自己去打开生活这部大书，从自己的生活中去体验生活的意义，从生活事物、事件中去体验、感悟各种关系、规则对于人所具有的不同意义和价值。如此，被学生所体认到的"意义"和价值，才能在他们头脑中生根。追寻生活的意义和价值是体验学习的一大特点，亦是体验学习的最大优势之所在。

（三）体验学习有利于经受历练，滋润和丰富学生的心灵

学生在体验中以身"体"之，以"心"悟之，无疑会经受种种历练。这种历练的最大价值，旨在滋润和丰富学生的心灵。具体地说，小学德育课程体验学习对学生的感觉、知觉、联想、想象等感性心理发展的提高和完善，有着不可替代的培养意义。借助体验学习有利于孕育形象思维、灵感思维，有利于拓展直觉、想象等非线性的逻辑思维能力，从而使学生的主体性趋于更丰富、更全面的境界。

体验学习的人性论基础，即是人的"未完成性"和人永远有可能使自己变得更富人性。借助体验学习，就像在学生人性深处打了一口井，让他们心中潜伏的同情与善意，如甘甜的井水慢慢地渗出来，聚积起来，从而滋养一生、照亮一生。

（四）体验学习有利于点燃生命激情，彰显学生生命的意义

小学德育课程的体验学习是一种切己性学习。学生学习的对象"是与他们息息相关的、镌刻着他们生命印记的内容，他们的学习所得也才真正附着于他们的生命体之中，化成为他们有血有肉生命体中的有机构成，也才可能通过学习使内在的生命力得以迸发，形成追求美好生活的力量"[1]。学生在体验学习过程中经受心灵的洗礼，既有外显的情感表露，又有内在的心灵彻悟，是"情"动与"心"动共生、感性与理性协同的过程。刘惊铎先生说："一个人几乎是伴随他自己独特的体验而成长的。个体人有什么样的实际体验，他就有可能成为什么境界的人，就有什么样的人生。"学生借助体验学习，实施对课程的深度体验，其所感、所悟、所得、所获，无疑是他们生命中最有价值的精神财富。

（五）体验学习有利于促进学生的品德和社会性发展

小学生正处在身心迅速发展和学习参与社会公共生活的重要阶段，处于思想品德和价值观念形成的关键时期。引领学生进行体验学习，正是对他们施予的最有效帮助。美国教育家杜威指出：如果不注重学生的体验，"要培养孩子对社会有益或有用的习惯，是不折不扣地在岸上通过做动作教孩子游泳。[2]"在

---

①　鲁洁. 行走在意义世界中[J]. 课程·教材·教法 2006(10).

②　徐宜秋. 让孩子在体验中成长[J]. 人民教育，2010(21).

体验学习中，学生的全部身心机能都被"动员"起来，从身体的感觉到心灵的搏动、从直接的触动到理性的分辨都得到了陶冶和培养。学生借助体验实现意义的感悟、情感的升华、意志的坚韧和行为的推动。这种知、情、意、行的和谐互动，只有在体验中共生共荣。生活因体验而丰富，思想因体验而深刻澄明，心灵因体验而善良，生命因体验的润泽而亮丽。借助体验学习，品德教育才会真正进入少年心灵，成为他们一生的追求。苏霍姆林斯基说得好："道德准则，只有当它们自己去追求，获得亲身体验的时候，只有当它们变成学生独立的个人信念的时候，才能真正成为学生的精神财富。"①

归结上述，注重体验学习，有利于实现和达成课程目标。正如新版《课程标准》所指出的："注重学生在体验、探究和解决问题的过程中，形成良好的道德品质，实现社会性发展。"②"课程目标主要通过儿童在教师指导下的活动过程中的体验、感悟和主动建构来实现。"③只有依托体验学习，学生获得的思想情感才能刻骨铭心；只有依托体验学习，学生才能加速社会性发展；只有依托体验学习，课程目标才能转化为学生的基本品质。

三、小学德育课程深化体验学习的基本路径

体验学习是表征德育课程变革最鲜活、最能彰显学生生命色彩和生命意义的学习方式。教师要从服务、优化学生的实践体验、心理体验和情境体验着眼，精心为他们提供体验的载体，优化体验的氛围，打造体验的平台。

（一）实践体验式学习

实践体验是指个体人直接参与实践，亲身经历某件事，从中获得相应的认知和情感、态度、价值观的变化。

实验体验有赖于实践活动。实践活动是"土壤"，体验的"花卉"生长在其中。进行实践体验的路径很多：一是参与社会调查，访谈有关人物。二是动手做实验，学生通过用自己的眼睛看一看，用自己的耳朵听一听，用自己的手和肢体去触摸触摸，从中就会孕育真切的体验。三是"设岗"体验，即在家庭、班级和社区为学生设置服务于他人的相应岗位。如"选择一些自己可以承担的家务劳动，坚持去做"④；或在班级中充当雨具保管员，每逢雨天，为同学们收

---

① ［乌克兰］苏霍姆林斯基. 给教师的建议［M］. 杜殿坤，译. 北京：教育科学出版社，1984.

② 中华人民共和国教育部. 品德与社会课程标准（2011年版）［S］. 北京：北京师范大学出版社，2011

③ 同上.

④ 同上.

拾、保管雨具；或在社区充当志愿者，定期为幸福院的老人们表演节目……当他（她）为别人的方便、需要、快乐和幸福付出努力时，便会从中体验到自我生命的意义，并为此而感到快乐和幸福。正像一个学生在倾诉自己体验时所说的："我这样做使别人高兴了，我自己也高兴。"四是参与德育实践基地的野外科目训练，学生在课堂上孕育的精神种子，借助在"基地"上的磨砺和实践体验，可以绽放出耀眼的思想花朵。

【案例 6-3】

"徒步登山"是野外训练的第一课。前不久，我们刚从"品德与社会"课中学过《我要攀登》，想不到今天我要用自己的脚步去丈量宋山的"身高"，心中真有说不出的高兴。

开始，我们一路欢歌，走得很轻松。在经过一段泥泞的山路时，我差点儿摔成四脚朝天，邓文郡及时拉住了我，我把她的手抓得紧紧的。此时，所有的同学都把手携在一起。我感受到了温暖和友谊正在手与手之间传递。

苍翠巍峨的宋山有无数千姿百态的植物，其中最古怪的一种树长着如同刺猬般的刺，山里人告诉我，这是树的"防身法宝"。我暗暗念叨，这"防身法宝"可真不得了，我也要向树学习，自强自立，用"可贵的进取心"和"规则意识"作为自己的"防身法宝"。

途中歇息了一会儿。我们继续循着用石板砌成的蜿蜒曲折的古道攀登。山路越来越窄，越来越陡。每向上跨一步，都是那么吃力。我的腿发软，泪水直在眼眶中打转。正当我想中途停下来的刹那，《我要攀登》课本中的那段格言"困难像弹簧，看你强不强；你强它就弱，你弱它就强"似乎在我的耳边"叮咛"、"提醒"。此时带队的刘老师也不停地高呼激励的口号："不怕腿软，不怕流汗，爬到山顶是好汉，"更增强了我的信心。我不想让同学搀扶，更不愿睡担架；而是按照课本上写的采用"自我命令"的方法，迈开脚板，一步一步往上攀。在同学们的欢呼声中，我终于到了营地。高耸挺立的宋山已经被我踩在了脚下。我禁不住发出内心的呼声：我赢了，是可贵的意志力赢了！

"纸上得来终觉浅，绝知此事要躬行。"实践活动和应运而生的实践体验是学生生命中的一次经历、一次历练、一次心灵的洗礼。实践活动的次数愈多，学生的实践体验就愈丰富、愈精彩。正是源于学生实践体验的积累和升华，学生才能彰显睿智的、闪光的思想。

（二）心理体验式学习

心理体验主要是通过将心比心、设身处地去感受别人的需要和处境；或是将自身经历中值得珍视的东西提取出来进行回味、过滤；或是因构筑梦想，希冀未来而引发的美好的、甜蜜的感受。心理体验说到底，就是要让学生能体验到自己的责任、义务以及对过有道德的生活的追求。

"心理换位"体验是心理体验中的一种重要方法。所谓"心理换位"，是让学生克服"自我中心"状态，与他人、他物进行角色置换，由此时此地此情境，换位到彼时彼地彼情境，并按照置换后的角色，感同身受地去体验问题、解决问题。例如，教学《关心他人》一课，教材用图片和文字介绍了模范共青团员刘玲关心同学、老人和病人的故事。教学时首先让学生进入文本，把握故事情节和人物的所作所为，然后启发教导学生从三个视点细腻地体察刘玲关心别人的情感世界，并让学生把自己想象成被刘玲关心的"同学"、"老人"和"病人"，将心比心，设身处地去感受，体验刘玲的爱心：

其一，在大热天里，上完体育课的同学返回教室最需要什么？身患重病的刘玲不能上体育课，她去打来开水晾着，又打来凉水洒在教室里，她这样做是怎样想的？当同学们回到凉爽的教室，喝到清凉的开水时会有什么样的情感表现？又会对刘玲说些什么？

其二，在公共汽车上，刚上车的老爷爷最需要什么？而乘坐同一辆车的刘玲却从座位上起来，她宁肯拄着拐杖站着，也要把自己的座位让给老爷爷，刘玲这样做是怎样想的？坐上座位的老爷爷会有什么样的情感表现？又会对刘玲说些什么？

其三，躺在病床上的阿姨最需要什么？而住在同一病房的刘玲却不顾病痛的折磨，一瘸一拐地走到阿姨床前，轻轻地为阿姨唱歌，刘玲这样做是怎样想的？当生病的阿姨听到悦耳的歌声后，会有什么样的情感表现？她会对刘玲说些什么？

学生置身于上述三种时空氛围中，体察人与人（即刘玲与同学、老人、病人）之间的意义联结，就能生发两种层次的感受、体验。一种是感受、体验到刘玲无微不至地洞悉别人的需要，宁愿拖着被病痛折磨的身体，千方百计去满足别人的需要，给别人带来惊喜、愉悦或战胜病痛的希望。另一种是体验、分享到"同学"、"老人"、"病人"由于得到刘玲的关心、爱护而产生的愉悦之情以及他们对刘玲的感激之情。从教例中不难看出，让学生借助联想、想象、思维等心理因素，对文本中的人、事、物、境实施心理体验，不仅能陶冶学生的情感素养，而且能提升学生的认识和价值观。心理换位体验实际上是一种移情性理解，苏霍姆林斯基强调要"百倍看重"。

(三)情境体验式学习

所谓情境体验是指教学过程中教师有目的地预设具有一定情绪色彩的、旨在凸显形象的场景，以引发学生的体验。

1. 创设真实情境，激发学生的真实体验

真实情境主要是指现实的自然、家庭和社会情境。例如，教学《父母的疼爱》[①]，教师可创设真实情境："邀请家长参加以'感恩'为主题的亲子交流活动，"[②]学生在真实的情境中可以获得真真切切的体验。

2. 采用情境模拟，丰富学生的类真实体验

体验学习的情境不一定要完全真实。如果创设真实情境缺乏现实条件，或者通过情境模拟可以反映真实环境中的重要元素，而又能避免真实体验所带来的危险，那么通过情境模拟来实施某种体验也是合适的。情境模拟有三种形式：一是情境仿真；二是角色扮演；三是营造艺术情境。

（1）在情境仿真中体验。情境仿真是指人为地创设某种高度类似真实世界的情境，让学生通过参与这种情境中的活动而进行学习，如表 6-4 所示。

表 6-4　情境仿真式体验示例表

序号	教 学 内 容	对应性的模拟体验
1	"让危险从我们身边走开"（苏教版三上）	"从防火、防盗、防触电、防溺水、防雷电等方面，演练自救自护"[③]
2	"逛商场"（苏教版四上）	模拟"购物活动，学习选择商品"[④]
3	"想想他们的难处"（苏教版四下）	"通过模拟活动，体验残疾人在生活中的不便和他们为克服困难所作出的努力"[⑤]
4	"我们的民风民俗"（苏教版四下）	"模拟民俗表演活动"[⑥]
5	"在这危急的时刻"（科教版四上）	针对地震、洪水等自然灾害，"开展模拟逃生活动"[⑦]

---

① 鲁洁. 九年义务教育六年制小学教科书（实验本）品德与社会三年级上册[M]. 南京：江苏教育出版社，北京：中国地图出版社，2002.

② 中华人民共和国教育部. 品德与社会课程标准（2011 年版）[S]. 北京：北京师范大学出版社，2011.

③ 同上.

④ 同上.

⑤ 同上.

⑥ 同上.

⑦ 同上.

续表

序号	教 学 内 容	对应性的模拟体验
6	"法律护我成长" (苏教版五下)	"开展模拟法庭活动"①
7	"可爱的地球" (苏教版六下)	"开展环游世界的模拟活动"②

"教师创设仿真情境时需要把握一点：学习情境越真实，学生体验越深，学习迁移的效果越佳。"③

(2)在角色扮演中体验。学生承担或扮演一定的社会角色，有助于产生角色体验，在这种角色体验中，学生变得更容易理解、感悟司空见惯的生活中那些实际的角色承担者的生活方式和道德境界。例如学习有关环境污染与保护的内容时，教师可让学生充当市长，发表对环境治理的立场和意见。借助角色扮演，有利于学生理解社会中相应角色的责任、使命以及该角色所要达成的道德境界。

(3)在艺术情境中体验。艺术作品惟妙惟肖地表现了生活世界的真实。通过营造艺术情境可以丰富学生的真实体验。创设艺术情境的方式很多，可用绘画勾勒情境，也可用音乐渲染情境；可用诗歌描摹情境，也可用表演烘托情境，等等。例如，教学《跟着唐僧去西游》④一课，为了让学生体验中西文化的和谐交融，教师呈现了"女子十二乐坊《茉莉花》"的视频，并切入解说词："她们有活泼靓丽的外形，具有演奏中国传统乐器的精湛技巧，也能娴熟地使用西方的打击乐器和电吉他。她们联手演奏的中西方不同风格的爵士、摇滚和古典音乐，真是太精彩了！"借助视频，学生从鲜活、动态的影像和优美动听的旋律中，真切、深刻地体验和感悟到了中西方文化在交融中发展的奇妙景观。

开展情境体验，教师要营造一种快乐、宽松、民主、和谐的氛围，调动学生体验的积极性，提升学生学习的幸福感。

(四)强化观察学习，增加学生的替代性体验

替代性体验是心理学家班杜拉所特别强调的。什么是替代性体验？简而言

---

① 中华人民共和国教育部.品德与社会课程标准(2011年版)[S].北京：北京师范大学出版社，2011.

② 同上.

③ 庞维国.论体验式学习[J].全球教育展望，2011(6).

④ 鲁洁.九年义务教育六年制小学教科书(实验本)品德与社会六年级上册[M].南京：江苏教育出版社，北京：中国地图出版社，2005.

之，替代性体验就是通过观察他人的道德行为、道德表现和道德感受，从而迁移到自身而引发的体验。如有的学生每每看到同学拾金不昧，或是帮助生病住院的同学补习功课，或是看到别人帮助残障人士过马路时，就会感动和赞许。学生的这种感动就是由替代性体验所引发的。

小学德育课程中，有些内容采用真实或类真实体验不大可能；但学习过程中的体验又非常重要。针对这种情况，可以借鉴班杜拉的观察学习理论，以便让学生获得替代性体验。例如，教学《战争何时了》①一课，对于第一、二次世界大战的战争场面，不能再现或模拟出来。怎么办？教师可以让学生观看相关的影视片，让学生从中感受战争的残酷性，"体验世界人民对和平的渴望。"②又如教学《我们为祖先而骄傲》③一课，教师可以让学生"观看一些反映我国历史上重大发明或重要文化遗产的影视片，"④使他们从中体验中华民族对世界文明的重大贡献，培养珍爱我国文化遗产的情怀。

对于小学德育课程学习来说，教师应注重提示学生观察学习，或者强调学生捕捉观察情境，从而增加替代性体验的时空。新版《品德与社会课程标准》很注重这一点，如表 6-5 所示。

表 6-5　运用观察学习实施替代性体验示例表

序号	教 学 内 容	对 应 性 的 模 拟 体 验
1	"父母的疼爱" （苏教版三上）	"观察和体会日常生活中父母的辛勤劳动"⑤
2	"有多少人为了我" （苏教版三下）	"观察或访问身边的劳动者，了解他们的劳动情况"⑥
3	"不说话的朋友" （苏教版三下）	"观察生活中常见的公共设施及其使用、维护情况，提出一些改进的建议"⑦

---

① 鲁洁．九年义务教育六年制小学教科书（实验本）品德与社会六年级下册[M]．南京：江苏教育出版社，北京：中国地图出版社，2005.

② 中华人民共和国教育部．品德与社会课程标准（2011 年版）[S]．北京：北京师范大学出版社，2011.

③ 鲁洁．九年义务教育六年制小学教科书（实验本）品德与社会五年级上册[M]．南京：江苏教育出版社，北京：中国地图出版社，2004.

④ 中华人民共和国教育部．品德与社会课程标准（2011 年版）[S]．北京：北京师范大学出版社，2011.

⑤ 同上．

⑥ 同上．

⑦ 同上．

续表

序号	教 学 内 容	对 应 性 的 模 拟 体 验
4	"购物有学问"（苏教版四上）	"观察学校或家庭附近的商业场所，比较价格变化的情况"①
5	"公共生活讲道德"（科教版四上）	"观察公共场所公共秩序的情况和人们的言谈举止、行为表现，作出自己的评价"②

观察学习特别适用于情感、态度、价值观的学习。学习科学的研究者庞维国认为："利用观察学习塑造学生的某种态度和行为，教师要注意示范者与学习者之间的相似性；二者间越相似，学习者越容易模仿榜样的行为，对于榜样的情感反应越容易产生共感。"③

四、引领学生体验学习的七条要诀

要提高体验学习的实效，教师一定要锤炼和提升自身的教育素养，掌握启动、引领学生实施体验学习的技能，具体要把握七条要诀。

（一）注重激发学生进行体验学习的自觉性和积极性

一方面，体验的内容要贴近生活，考虑学生的需要，并通过儿童喜闻乐见的形式加以呈现，使学生在体验中有收获、有快乐；另一方面，要让学生把体验学习跟自己的生活、生命、成长、发展有机联系起来，这样就能使学生孜孜不倦地投入到体验学习中。

（二）注重丰富学生的体验储备

体验储备即学生的生活经验。体验总是从已有生活经验开始的。儿童积累的生活经验越丰富，他们对相关的人、事、物的体验就越深刻。为了深化体验学习，教师应搭建平台，广开渠道，引领学生通过参观、寻访、询问、调查、收集资料等方式，积累感性认识，增加体验储备。

（三）注重创设具有磁力的体验情境

学生的体验是小学德育课程教学中最闪光、最灵动的元素；而主体之所以孕育体验，则由一定的情境所触发。情境是可以选择、创设的。借助优化情境，可以对学生的体验学习施加积极影响。因而，教师为学生选择或创设情

---

① 中华人民共和国教育部. 品德与社会课程标准（2011 年版）[S]. 北京：北京师范大学出版社，2011.

② 同上.

③ 庞维国. 论体验式学习[J]. 全球教育展望，2011(6).

境，一定要典型，要有足够的情绪、情感的冲击力。大凡教师创设的情境很鲜活，学生的体验就会很丰富；教师创设的情境有新意、有价值，学生的体验就会很深刻、很精彩。

（四）注重引领学生基于生活而体验，体验是为了更好地生活

学生自己的生活经历、生活遭遇是让他们体验生活意义的不可或缺的最切近、最真实的资源。教师要引领学生感受生活中活生生的、有血有肉的人和事，可以是一个笑颜，可以是一缕白发，也可以是一句细致入微的叮咛……教师把类似这样的资源"定格"在课堂上，让学生从平凡中体验人的需要和快乐，让他们的心变得细腻和敏感起来；体验的次数多了，学生的心灵就会不断得到甘泉般的滋润。

体验学习是一种不断赋予生活以新的意义的学习。生活和其中的人和事总是在向学生展示新的意义，教师要让学生"不断拓展他们的意义场域，使许多原来对于他们不具有生活意义的生活现象得以进入他们的意义世界之中"①。随着学生对生活意义的体验不断深化与提升，他们的意义世界也会变得越来越丰富。

（五）注重当好学生体验的"助产士"

学生的思想品德源于他们对生活的体验。这种体验不可由教师传授，也不可移植，只能由学生自己通过"亲历亲为"而引发。据此，教师要尽可能创造条件，积极启发引导，当好"助产士"角色。

（六）注重引领学生交流和分享各自的生活体验

体验直接指向个体心灵，引起心灵震撼，激发对意义的深刻感悟。学生一旦孕育了体验，教师应激励他们采用绘画、文字和口头表达等多种形式加以交流。借助体验而生成的意义，对每个学生来说，都不会是完全一样的；即便对于同一事物，不同的主体也完全可以以不同的方式去亲历，得到不同的认识，产生不同的体验。因而每个学生体验到的"意义"，都是属于他（她）个人的，不能相互取代；是个性的，不会雷同。学生对于人、事、物不能合作体验，而只能体验合作。体验学习的个性化决定了学生个体的体验是可以分享的。不同的方式、不同的感受、不同的理解，经过交流沟通，可以实现视界融合，碰撞出心灵的火花。

（七）注重将体验学习与认知学习相互匹配

体验学习与认知学习，不是互不相容的学习方式，也不存在孰优孰劣的问

---

① 鲁洁．道德教育的根本作为：引导生活的建构[J].教育研究，2010(6).

题。恰恰相反，对于提升学生道德理性而言，体验学习和认知学习都很重要。两者应相互匹配，相互依托。教师既要营造体验的磁场，同时又要让学生具有一定的道德认知力。如果只有体验，学生激动一时，也许过几天就会淡化；学生只有建构了道德理性，道德行为才能恒久。据此，体验学习与认知学习应相互协同。一方面，借助体验学习，学生孕育了心灵之悟，有利于拓宽和提升他们对道德事件、道德人物的认知深度；另一方面，学生一旦对某种人和事有了深刻的理性认识和入木三分的道德判断，当他们面对相同和相似的人、事道德情境时，就能孕育更深层次的道德体验。注重体验学习和认知学习的协同，有利于净化学生的心灵，提升他们的道德境界。

第四节　小学德育课程的反思学习

什么是反思学习？按照现代学习理论，反思学习是指学习者以自身的经验、生活过程、行为方式、学习表现或心智结构为对象，以反思性的自我观察、分析、评价等活动而展开的学习。

反思学习是学生学习德育课程最重要的、富有个性化的学习方式。小学德育课程的反思学习包括两个维度。一个维度是为了完善学习品质而反思。反思直接指向学习者的学习态度、学习过程、学习方法、学习技能、学习情感和学习效果。借助这种反思，主要是为了形成良好的学习品质，提高学习能力，从"学会"到"会学"。另一个维度是为了优化道德品质而反思。与其他课程不同，德育课程旨在为人的发展提供价值观的支点，完善人的德性，培育道德人格。这种特殊性决定了学习者在学习本课程时要不断对个体的道德动机、道德情感、道德行为进行反思，以确定自己的内在品德与社会道德规范、社会要求是否同格、是否一致，以便对个体所秉持的道德方向以及所表现的道德言行进行把握和控制。对于小学德育课程的学习而言，后一种类型的反思，显得更加重要。本节内容主要围绕学生旨在优化道德品质的反思学习而阐发的。

一、小学德育课程为什么要注重反思学习

（一）注重反思学习是继承、弘扬我国优秀文化传统的需要

注重反思学习是我国优秀学习文化的构成因素。孔子提出了"内省"的命题。所谓"内省"是指针对日常所做的事进行自我检查，看其是否合乎道德规范。曾参是深谙内省真谛的孔门弟子。他说："吾日三省吾身，为人谋而不忠

乎？与朋友交而不信乎？传不习乎？"①宋代的朱熹评价说："吾日三省吾身法"乃"得为学之本"②。

内省依靠的是自觉，不自觉也就难于真正进行自我反省。内省的结果会对人产生重要的心理作用。"内省不疚，夫何忧何惧？"③内省之后如果问心无愧，就增强了道德行为的信心和勇气。孔子认为内省并没有复杂的条件，随时都可进行。他说："见贤思齐焉，见不贤而内省也。"④见人有好品德，就向他看齐，虚心学习他的善行；见到人有不良的品德表现，就要对照检查自己，引以为戒，防止存在类似的错误缺点。

孔子提出的"内省"主张对后进影响很大。孟子首先继承了这一思想。他认为当自己的行为与别人发生矛盾时，首先要自我反省。"行有不得者，皆反求诸己。"荀子也提倡"日三省乎己"。他在《劝学》篇中就指出"君子博学而日参省乎也，则知明而行无过矣"，这句话强调了人不仅要注意博学，而且要时时注意把学到的东西用于检查、反思自己的言行，如此人才会有睿智，行为上也不会有过失。

我国宋、明时期的理学家进一步提出了"省察"的观点。"省"是反省，"察"是检察。"省察"即是经常进行自我反省、检查的意思。朱熹把"省察"分为两种："谓省察于将发之际者，谓谨之于念虑之始萌也。谓省察已发之后者，谓省察之于言动已见之无后果也。"⑤对言论行为，固然要经常反省分析；对"念虑之萌"，即哪怕是偶一露头的意向、欲望、情绪、念头也都要严格地加以审查，不得夹杂一丝一毫有违于道德规范的东西。这样既重视纠失于后，又强调防微杜渐。

综上所述，强调道德反思是我国学习文化的优秀传统；注重反思学习则是继承、弘扬这一传统的需要。

（二）注重反思学习是坚守生活德育理念的要求

按照生活德育理念，德育课程的"根本作为"，就是要让学生"学会关注生活、反思生活、改变生活"，从而实施生活的建构。⑥"反思生活"是德育课程实施中的一个关键词。所谓"反思生活"，是指让学生将自身亲历过的生活、生

① 《论语·学而》.

② （宋）朱熹.《论语集注》卷一.

③ 《论语·颜渊》.

④ 《论语·里仁》.

⑤ （宋）朱熹.《性理精义》.

⑥ 鲁洁. 道德教育的根本作为：引导生活的建构[J]. 教育研究，2010(6).

活经验置于一种被"探问"、被重新审视的位置和状况之中。生活德育视域中的"反思生活",可以从"反思生活的对象"、"反思生活的时空"、"反思生活的重点"和"反思生活的目标取向"四个方面来把握它的内涵。

1. 反思生活的对象

儿童所要反思的是他们的实存生活,不是未曾遭遇过的生活,更不是与他们毫无关涉的生活。反思绝非幻想、猜想、空想,而是要让学生真正走进自己的生活,以他们自身的生活为原点进行反思。对于任何人来说,只有自己的生活经历、生活遭遇,才是他理解、体验生活意义不可或缺的最切近、最直接、最真实的基础。

2. 反思生活的时空

作为反思主体的学生,其反思活动可以在自身生活的全时空中进行。从时间维度看,学生可以在自我需要进行反思的时刻进行。反思既可以在课前,亦可以在课中,还可以在课后。从空间维度看,儿童生活是逐步丰富、逐步拓展的,涵盖着学生的学习生活、学校生活、个人日常生活、家庭生活、社会生活以及其他的各种公共生活。反思生活意味着要将反思贯穿于、渗透到儿童自身生活的方方面面,并伴随儿童生活的全过程之中。

3. 反思生活的重点

反思无疑要提取和重温既往的生活事实。然而,生活事实只是进行反思的前提条件,而反思的重点则在于凭借这些生活事实去反思生活中的意义。基于儿童自身生活的反思,实则就是让学生在看清既往生活"是什么样"的基础上,反思其"这样的生活有价值、有意义吗?""它有什么价值和意义?""什么样的生活才是美好的"?"什么是值得追求的?""怎样去过有道德的生活",等等。通过如此的叩问和反思,学生就能辨析、追索、感悟到生活的品质和意义:即生活中的高尚与卑劣以及生活中的善与恶、美与丑、真与伪、是与非、公正与不公正等。

4. 反思生活的目标取向

反思为了什么? 就是为了过更好的生活而反思。现实的生活总是多种多样的。生活的多样性表明了生活的可变性和可发展性,也说明了生活的多种可能性和可选择性。作为反思主体的学生,借助对自身生活的反思,其目标旨在从多种可能生活中选择和实现一种好的生活,一种更有价值、更具意义的生活;从只能适应一、两种生活角色到主动去承担多种不同的生活角色。反思生活的根本价值,表现在能调节反思者的生活态度和行为,让学生的生活变得更好、更有意义、更有价值,使生活的意义不断地发展,从而使学生不断地实现自我超越。诚如《学会生存》一书中所说的："不断地进入生活，不停地变成一个人；"①而学生通过反思洗礼"不停地变"，就意味着一次次新"我"的出现。

从上述论述不难看出：生活德育视域中的"反思生活"的观念与反思学习有着内在的逻辑联系，前者对后者具有指导、引领作用；而后者则是对前者的实践和具体化，并让前者的意义在小学德育课程的实施中得以彰显。

（三）注重反思学习，是学生建构和完善优良德性的需要

道德不是纯粹的客观知识，而是情感、态度、价值观，是人们对国家、社会、集体、他人和自我的理解，是一个人的思想倾向和行为习惯，反映的是人们深层次的内心世界。对于这种精神层面的培育，只有让学生置于对知识、生活的体味、内省中，只有当学生学会自我反思、自我约束时，才能生成社会所期待的价值观念、良好的品德和行为习惯。注重反思学习对于发展和提升学生的道德品质有三大好处。

1. 有利于明辨事理人伦

反思的意义"在于发现问题，明辨事理人伦，提升自我修养，完善自我为学、为事、为人之道。反思之所以能促进人的发展，是因为通过反思，人们能够意识到自己与价值标准、行为规范之间的差距，发现自己的不足之处，发挥自己的优点。通过反思，能够自主地觉醒，并形成正确的观念"②。

2. 有利于形成关怀态度和社会责任感

"只有通过不断反思，学生才能全面、正确地认识自身以及自身与他人、社会、自然的关系，才能基于经验，形成关怀态度与社会责任感。"③

3. 有利于促进自我对话的自觉化、习惯化、理性化

一个人的自我对话和内省过程，就是逐步觉悟和成熟的过程，也是内心深处的勇气、灵感、仁爱、智慧和正直等品质逐渐形成和积淀的过程。苏霍姆林斯基说得好："自己对自己谈话，诉诸自己的良心，这才是真正的自我教育"；如此，"才能为自己的心灵吸取宝贵的东西"，"才可达到思想和生活的最高境界"。

（四）注重反思学习是培养和提升学生批判性思维能力的内在要求

注重培养和提升学生的批判性思维能力，是坚持能力为重，大力实施素质教育的内在要求。批判性思维能力是学生学习小学德育课程所应掌握的核心能

---

① 联合国教科文组织国际教育发展委员会. 学会生存［M］. 华东师范大学比较教育研究所，译. 上海：上海译文出版社：1975.

② 郭元祥. 论实践教育［J］. 课程·教材·教法，2012(1).

③ 李臣之，刘怡. "关怀伦理"视域中的社区服务与社会实践［J］. 课程·教材·教法，2011(9).

力之一。恩尼斯将批判性思维定义为："针对相信什么或做什么的决断而进行的言之有据的反省思维。"①"批判性思维的目的是得出好的判断。"②17世纪法国文学家布鲁叶说："世界上最稀有的东西，除了好的判断外，便是钻石和珠宝了。"

批判性思维是引领学生自主学习与终身发展的重要元素。注重反思学习则有利于培养和提升学生的这种能力。

二、小学德育课程反思学习的基本特点

反思学习有利于学生从"要我学习"到"我要学习"，从"不知有错"到"主动纠错"，从被动发展走向主动发展的学习。反思的过程，实质上是学生追求高尚和完美、充满智慧和快乐，彰显生命成长价值的过程。小学德育课程的反思学习具有如下特点：

（一）学习主体的自觉性

小学德育课程的反思学习不是他人强化的，而是出于自身发展的需要，是一种自觉的行为。个体受主观目的所驱使选择自己的行为，不可能在行为之前就完全意识到自己行为的社会本质和客观效果。因此，在行为之后，经社会评价与社会实践的检验，个体必将对自己行为作出反省、检讨得失，以期调整同社会要求的差距，这是自我控制的表现。

（二）学习指向的自我性

小学德育课程的反思学习，总是指向自我的，是致力于个人情感、态度、价值观的提升和人文精神的习得。即使是对照教材文本的反思，其意义追寻也是指向自我的，是为了净化自己的心灵，选择道德行为，规避不道德的认知和行为的产生。反思学习是富有个性化的学习活动和学习方式。

（三）学习主体的对话性

反思学习可以说是一种自我的互动，是作为主体的我与作为客体的我之间的互动。反思的过程其实就是主体自我建构意义的过程。学生通过与自己内心深处潜伏的另一个自己对话，逐步实现自我潜能的激发、生命的唤醒和人格的塑造。

（四）学习过程的自讼性

小学德育课程的反思学习是主体在道德学习活动中围绕自我与文本、自我与他人所涉及的有关事物、材料、信息、思想、行为的是非对错、善恶美丑、道德和非道德而进行的内心诉讼，是过去的我和当下的我、现实的我和理想的

---

① 谷振诣. 批判性思维与思维基本功[J]. 新华月报，2011(6月下).
② 同上.

我在心灵上的沟通。通过学习的"自讼"从而校正道德认知，更新道德判断，优化道德意识，提升道德境界。

（五）反思学习的情感性

人一旦进入反思，就会激活过往经历，触发相应情感；同时反思还伴随对"新我"的希冀和期许，如同迎接新的曙光，兴奋不已。

【案例6-4】

上周星期四的下午，我实在按捺不住对同桌的玩具的喜欢，就趁他不注意拿了过来。回到家里我心里一直不踏实，担心、恐惧、愧疚早已浸没了我得到心爱之物的那一点兴奋。我翻来覆去地想，未经别人允许就拿走东西，这不是小偷小摸的行为吗？我被所犯的过错折磨着，几乎一夜没合眼。第二天早晨我把玩具还回同桌的抽屉后，才长长地舒了一口气。此时我感觉到校园上空的云彩也特别的亮丽。

这个案例说明，学生在反思过错的时候，伴随着羞耻感；而当改正错误之后，心里会特别舒坦。

（六）学习意义的生成性

小学德育课程的反思学习是个体以已有经验为基础，通过与外界的相互作用和自我反思来建构对世界的理解，实现意义的生成。通过反思而孕育的新经验，已经不再是原有的生活经验了，它被赋予了新的意义；作为反思主体的自我也不再是原来的自我了，他在新的生活意义中发现了新的自我。

（七）习得意义的重建性

小学德育课程的反思学习是学生对自己的行动和经验的再思考，是切己体察，反求诸己，将经历的事情过程与自身状况关联起来，引发自我意识的觉醒和升华。鲁洁教授说："善于反思自己的经验，在有引导的咀嚼回味、自我反馈中超越直觉式回忆，获得新的理解和体验，达到经验的重组和改善。"[①]

三、学生的反思学习与教师的引导策略

学生的反思学习，一种是在课内生活时空中进行；另一种是在课外生活时空中进行。

（一）学生课内的反思学习与教师的引导策略

反思学习作为一种"内向性学习"，很多时候可能是渗透在符号、交往、操作、观察等以外在事物为对象的"外向性学习"之中。

_____

① 鲁洁.行走在意义世界中——小学德育课堂巡视[J].课程·教材·教法，2006(10).

"学生个体的自我反思在课程进行中往往是由教师、同学、教材的对话引起的。为此，反思就不是单纯的个体内化的活动，它也是一种社会的、文化的活动。"①教师如何引导学生在课内进行反思学习呢？

1. 引导学生在解读教材中进行反思学习

(1)感悟课题，引领反思学习。如《我来试一试》《我不胆小》《我不任性》《我的好习惯》四课②的课题亲切感人，教师可引导学生围绕是否愿意试试、是否胆小、是否任性，是否有好的习惯进行回顾、总结，从而点燃他们反思的激情。

(2)借助导语、提示语，引领反思性学习。如《我不要赖皮》③中的提示语："在和同学一起游戏时，有没有出现游戏玩不下去的时候？想一想为什么玩不下去呢？"类似这样的导语、提示语，具有召唤性、启迪性、情感性，教师在教学时要铿锵有力地加以强化，让学生针对自己的生活和成长进行反思，如此就能帮助他们建构生活要守规则的意义。

(3)盘活案例，引导学生的反思学习。如《多为邻居想一想》④，教材提出了一个问题："我在家里的哪些活动会影响邻居？"呈现了两个案例，其一，提示住在楼上的学生不能玩跑跳性游戏；其二，提示学生看电视要把声音开小点，以免影响因上夜班而不得不在白天休息的邻居。小向在解读教材时察己内省，想到自己有时晚上唱卡拉OK，声音特别大，会影响邻居的正常生活，今后要唱声音要小一点，小到邻居听不到。实践证明，善于盘活案例实施反思学习，有利于学生实现意义的自主建构。

2. 引导学生在对话情境中进行反思学习

反思学习有不同的表现形式。有时候需要单身幽思，"察己内省"，有时候又有赖于群体间的互动，以点燃个体的反思火花。反思学习是一种依赖群体的个体活动。它不仅要求反思者有一个开放的、对自我负责的态度；同时也要有轻松、信任、合作、宽容的环境。据此，教师可针对学生学习中的问题，注重

① 鲁洁. 德育课程的生活论转向——小学德育课程在观念上的变革[J]. 华东师范大学学报（教育科学版），2005(3).

② 鲁洁. 九年义务教育六年制小学教科书(实验本)品德与生活二年级上册[M]. 南京：江苏教育出版社，北京：中国地图出版社，2003.

③ 鲁洁. 九年义务教育六年制小学教科书(实验本)品德与生活三年级上册[M]. 南京：江苏教育出版社，北京：中国地图出版社，2002.

④ 鲁洁. 九年义务教育六年制小学教科书(实验本)品德与生活三年级下册[M]. 南京：江苏教育出版社，北京：中国地图出版社，2002.

营造宽容、尊重，有利于学习者反思的师生、生生间的互动关系，并提供相关的实例，以促进学生的反思。

【案例 6-5】"自画像"①教学片段回放

师：一娘生九子，九子九个样。这句俗语的意是说，不会有两个完全相同的人。请大家相互比较一下，你和同学有哪些不一样？

生 1：人的相貌不同。

生 2：人的指纹不一样。警察叔叔通过鉴别指纹就能破案，使犯罪分子落网。

师：你了解得真不少！

李崎：我的脾气比较粗暴，我的同桌张山的脾气比较温和。

师：你看到了自己的粗暴。我觉得你的性格还很坦诚，是吗？

李崎：（点头）

师：（走近李崎，真诚亲切地说）粗暴好吗？

李崎：不好。脾气粗暴会伤害别人。别人也不喜欢。

师：你知道粗暴不好，脾气暴是你身上的一个弱点。你看到了这一点，表现你能正确认识自己，真不错！（向李崎竖起大拇指）

师：（走回前台）李崎，能不能说说是在什么情况下你会变得粗暴。

李崎：与同学发生矛盾时，对方又不听我的，我就要发脾气。特别是别人错怪了我，我会吼起来，有时还会骂人。

师：遇到矛盾或是不顺心的事，可以与同学心平气和地交流。当别人误会了你，你可以慢慢解释。对方了解真相后，会向你道歉的。这就解决了问题。发脾气，其实什么问题也解决不了，只会把问题闹得更僵。这多不划算呀。

李崎：老师，您说得真好。粗暴的毛病我一定改。（响起热烈掌声）请您和同学们看我的表现吧！

学生的反思是在一定的生活视域中进行的。学生的生活视域一旦被凝固化、绝对化，反思生活也会受阻。为了解决这个问题，教师要善于引导学生在多种主体间的对话和交往中，在学习人类所积累的各种文化知识的过程中，促使儿童从原有的视域中跳出来，转换自己考察生活的立场和方法，从不同的参照点上去反思问题，以期实现对原有观点或思想的改变和重建。

3. 引导学生在"角色替代"中进行反思学习

采用"角色替代"，一般是将学生身上的一些不良现象转移到第三者身上

---

① 鲁洁．九年义务教育六年制小学教科书(实验本)品德与社会三年级上册［M］．南京：江苏教育出版社，北京：中国地图出版社，2002．

（通过录像、动画等方式呈现），然后引领学生针对"第三者"的行为及其后果进行讨论交流，或明辨是非，或想办法帮助"他"改正缺点。对于低年级学生来说，借助"角色替代"，有利于激发学生的反思意愿，保护他们的自尊心，提高反思学习的效果。例如教学《做事不拖拉》①一课，教师设计了"大雄求职"的课件（大雄作为"第三者"包揽了学生"做事拖拉"的坏习惯）。课始，利用多媒体课件呈现作为小学生的"大雄"做事拖拉的动画，接着大雄在"机器猫"的帮助下穿越时空，瞬间就成长为一个大人。此时带着"拖拉"坏习惯的"大雄"四处求职——应聘医生、消防员、快递员，学生则充当"院长"、"消防队长"、"经理"等。大雄每到一处求职，都遭到了拒聘。

师：大雄长得这么帅，为什么要拒聘他呢？

生1：有的病人需要马上救治，如果医生拖拉，病人可能就会死掉了。

生2：一个伤员受了重伤，伤口在咕嘟咕嘟流血，如果医生不及时治疗的话，他的生命就很危险。

……

师：是呀，医生应懂得与时间赛跑。（教师随机播放一组汶川地震时，医护人员争分夺秒救护伤员的影像）你们看，在救灾现场，时间就是生命。

大雄屡屡碰壁，懊恼不已，善良的机器猫又把他由成人变成学童。然后，教师请同学们策划、想出金点子，帮助大雄改掉做事拖拉的坏习惯。

从这个案例不难看出，"大家拒聘大雄"正是学生审视、判断"拖拉"现象的过程，也是反思自己、修正自己行为的过程；"大家帮助大雄"的过程，也是孩子们帮助自己的过程。

（二）学生课外的反思学习与教师的引领策略

在生活德育的视域中，人的存在是一种关系性存在。德育课程既要关注学生在课堂生活中的反思；同时也要引领他们针对处理课外生活中的诸多关系：即自我与自然、自我与他人、自我与亲人、自我与朋友、自我与社会的关系中所发生的生活事实或事件去进行反思。

新版《课程标准》强调：教师应"鼓励学生自我反思。"②具体可采用如下策略：

---

① 鲁洁. 九年义务教育六年制小学教科书（实验本）品德与生活二年级下册[M]. 南京：江苏教育出版社，北京：中国地图出版社，2003.

② 中华人民共和国教育部. 品德与社会课程标准（2011年版）[S]. 北京：北京师范大学出版社，2011.

1. 注重引领学生写道德反思日记

特级教师魏书生曾把写日记比喻为"道德长跑"。为了让反思的心灵火花绽放，教师应倡导学生用写日记的方式反映自己反思的所感、所得、所求和所变。

【案例6-6】

上学的路上，邻居小丁请我中午放学后等等他，他要和我一起走，我一口拒绝了。在我的心目中，小丁是一个不爱学习，成绩又差的孩子，我自然不愿同他结伴。

今天是星期一，马上就要举行庄严而隆重的升旗仪式了，可我下楼晚了，只能站在本班队伍的最后边。第一项是奏国歌升国旗，我发现站在前面的小丁双手垂在身体的两侧，笔直地站着。他没有我想象中的那种低头歪肩的怪样子，他的表现与自认为优秀生的我没有什么差别，我用老眼光看人，心里有了一点儿内疚。

升完了国旗，第二项是校长讲话，颁发流动红旗，然后是学生讲演，题目是《在生活中学会尊重别人》。我看见小兰，她是班上学习"尖子"，根本没有听，而是把一本小书捧在手心低头默看，而小丁却在认真地听。

以前我总以为是小丁这样的人不尊重别人，没有集体荣誉感，现在看来我是错的。想想过去的我，自以为成绩好就可以在成绩差的同学面前趾高气扬。对比小兰和小丁的表现，唉，我为我的想法感到羞愧呀！

前两天品德教师在教学《善待他人》[①]时，引用了孔子的"见贤思齐，见不贤而自省"的话，我原先理解是见到品德高尚的人，就向人家学习，见到品德不高尚的人就反省自己，现在我有了新的认识：见到高尚的行为就要学习，见到不高尚的行为就要反省自己。小丁尊重国旗，尊重他人的行为不是很值得我学习吗！

升旗结束后，我向小丁走去，并向他表明中午和他结伴回家。灿烂的阳光照在我身上，也照在我心里，在新的一天里，我又长大了些。我期待自己心中的道德小树能够在不断的道德反思中长成一颗在狂风骤雨中岿然不动的参天大树！

上述案例陈述了学生在课堂之外其他生活时空中通过反思学习，实现了心灵的洗礼、情感的净化和思想的提升，彰显了反思伴随学生生活所具有的极为

---

① 靳岳滨，杜时忠. 义务教育课程标准实验教科书品德与社会五年级下册[M]. 武汉：湖北教育出版社，2006.

重要的价值。

2. 注重引领学生与自我对话

学生与自我的对话，是一种"我、你"之间的叩问和反思，即学生把此刻的"自己"当作"你"，把承担反思主体的自己当作"我"。围绕"'你'做得如何"、"'你'为什么要这样做""'你'这样做带来了什么后果""'你'应该怎样做才更有意义、更有价值"等问题不断地向"你"叩问，并由"我"进行反思。正是在这种"我、你"之间的叩问和反思中，在这种掀起内心波澜而又显得静悄悄的无声对话中，推动了学生的自我意识、自我精神、自我行为的提升和超越。

【案例 6-7】

小潘在自己的网页上写了博客，记录了有关自我的对话：周末，小鲁主动约我，星期六早 8：00，我们到长江、清江汇合处的"合江楼"楼顶去观看朝阳辉映两江的壮丽景色，我答应了。第二天 7：50 我到了楼下，可是，到了 8：20，小鲁还没来，我想，他可能起床晚了，也许正在吃早点，就多等会儿吧。我掏出了"口袋书"，坐在台阶上阅读，谁知又过了半个小时，小鲁还没来。我对自己说：也许他家出了急事，要多耽误些时间，我还是要等，因为答应别人的事，一定要做到。又等了四十分钟，仍未见小鲁的影子，我只好独自一人爬上楼顶，欣赏了一下美丽的景色。尽管我的朋友最终没有到来，但我心里没有遗憾，因为"兑现诺言，我做到了"！

3. 注重培养学生的反思意识、反思习惯和反思能力

只有当学生的反思意识得到强化，学生心理上才会有一道"警戒线"。一旦出现需要反思的情境，就能自然进入状态，并采取正确的反思行动。道德反思应渗透于学生的全部生活中。小学德育课程教学的一项重要任务，"就是要使学生逐步学会对自己的生活作出既是自主的，又是主体间性的、系统和清晰的探问和反思，并形成相应的能力"。①

4. 注重培养学生知错改错、弃旧图新的勇气和理智

生活反思所审视、所叩问、所追索的"并非是拥有的，而是所缺乏的"（利科语）。反思在一定程度上是自我"揭短"，是诱发痛苦的行为。如果缺乏与错误"告别"的勇气，反思是很难顺利进行的。教师要注重培养和提升学生对是非对错善恶美丑的辨别和选择能力，让他们具有"知耻者勇"的气概和理智。一旦学生有了反思勇气和反思行为，教师和同学伙伴应满怀热情地鼓励、赞赏，为他（她）叫好、喝彩！

———————————

① 鲁洁. 道德教育的根本作为：引导生活的建构[M]. 教育研究，2010(6).

第五节　小学德育课程问题解决学习

一、小学德育课程问题解决学习的性质

(一)"问题"与"问题解决"的含义

问题解决学习的关键词是"问题"。什么是问题？戈登·罗伦德说："问题就是人不具备跨越所在的此岸与欲去的彼岸之间裂缝的方法所处的一种情境。"[①]美国学者纽厄尔和西蒙也有类似的解释。他们认为："问题是这样一种情景，个体想做某件事，但不能马上知道这件事所需采取的一系列行为。"[②]每一个问题基本上都包含四种成分：①目的，即在某种情景下想要干什么；②个体已有的知识；③障碍，即解决问题中会遇到的需要解决的因素；④方法，个体可用来解决问题的程序和步骤。问题从本质上说就是主体想做某件事时的既定状态与目标状态之间存在的差距或障碍。

什么是问题解决？问题解决就是要实现从既定状态到目标状态的转换，[③]就是对所追求目标的一种应对思考及其所采取的一系列行为，就是应用各种认知活动和一系列操作，消除"障碍"，使问题得以解决的过程。

(二)小学德育课程问题解决学习的特征

什么是问题解决学习？问题解决学习是学生在教师指导下，以问题为中心，有目的地运用所学知识，在实际情境中认识与体验客观世界，并基于多样化的操作，分析和解决问题的学习活动。

小学德育课程的"问题解决学习是使学生直接面对实际问题，学习、研究，并尝试提出某种解释问题或解决问题方案的学习方式"[④]。

小学德育课程问题解决学习有如下特征：

1. 问题解决学习是一种以问题为中心的学习

小学德育课程的问题解决学习，是学生直接面对个人成长和现实社会中的实际问题，以问题的提出为学习的开始，以问题的解决为学习的终结。问题贯

---

① 裴新宁. 现代教学设计的概念与特征[J]. 开放教育研究，2005(4).

② 陈琦，刘儒德. 当代教育心理学[M]. 北京：北京师范大学出版社，1997.

③ 柳夕浪. 课堂教学的临床指导(修订本)[M]. 北京：人民教育出版社，2003.

④ 中华人民共和国教育部. 品德与社会课程标准(2011年版)[S]. 北京：北京师范大学出版社，2011.

穿于学习过程的始终，问题的质量直接影响学习的质量。

小学德育课程的问题解决学习，没有固定的学习步骤，一般是"针对社会生活中的某种现象或实事，通过提出问题、查询资料、访问调查，提出有针对性与合理性的解决问题方案"①的方式加以实施。

2. 问题解决学习是一种具有整合性和综合效应的学习

小学德育课程的问题解决学习，是学生在寻求或解释道德发展和社会性问题的过程中，"学会综合地、关联地、多角度地，切合实际地分析和思考问题"②的学习。"在学习过程中，伦理的、道德的、对社会价值观和人的行为方式的思考与判断贯彻始终。"③因此，问题解决学习必然对学生的素质发展产生多方面的积极影响。

3. 问题解决学习是一种多样化的学习

小学德育课程问题解决学习的基础是每个学生对社会生活的观察和体验。由于学生个体的生活经历、道德发展水平存在着差异，决定了学生对问题分析角度不会完全一样，要求解决问题的办法和措施也会有差异。学生对问题的认识和解决问题方法的多样性，无疑是小学德育课程问题解决学习所具有的特色。

4. 问题解决学习是一种比较高级的学习

小学德育课程实施中的问题解决，意味着是解决新的问题，即学生从未解决的问题。为了解决新问题，学生个体需要将个人已掌握的知识、经验、信息重新组合，实现认知结构的优化；而问题解决之后，与之相伴随的学生的能力也会随之提升。正是基于上述理由，"所以，解决问题是比较高级的一种学习"④。邵瑞珍教授说得好："解决问题是一种高级的学习活动，创造性则是解决问题的最高表现形式。"⑤

注重问题解决学习具有极其重要的意义。正如有的学者所说："教育的主要方面恰恰在于，使人同生活发生千丝万缕的联系，从各个方面向他提出对他有重大意义的、富有吸引力的任务，因而被他看作自己的、必须亲自解决的任务。这比什么都重要！"⑥

---

① 中华人民共和国教育部. 品德与社会课程标准(2011年版)[S]. 北京：北京师范大学出版社，2011.

② 同上.

③ 同上.

④ 邵瑞珍. 教育心理学——学与教的原理[M]. 上海：上海教育出版社，1983.

⑤ 同上.

⑥ ［苏］苏宾斯坦. 心理发展的原则与方法[M]. 北京：人民教育出版社，1985.

二、小学德育课程问题解决学习的实施

加涅认为："教育过程重要的最终目标就是教学生解决问题。"[①]对于小学德育课程而言，教师应该怎样引领问题解决学习呢？

(一)创设问题情境，引领问题解决学习

什么是问题情境？简单地说，问题情境就是一种具有一定的困难需要学生努力去克服(寻找到完成任务的途径、方式)，而又在学生能力范围内(努力可克服)的学习情境。

问题情境是问题解决学习的前提，一个好的问题情境，往往能够激发学生强烈的问题意识。教师精心设计的问题情境是一种诱发性刺激，它会打破学生心理上的平衡，引起学生动机、注意力和情感态度的及时改变，并重新组成认知行为的心理动力系统，以保证认知探索活动的顺利进行。创设问题情境引领问题解决学习，其大体流程如图 6-1 所示。

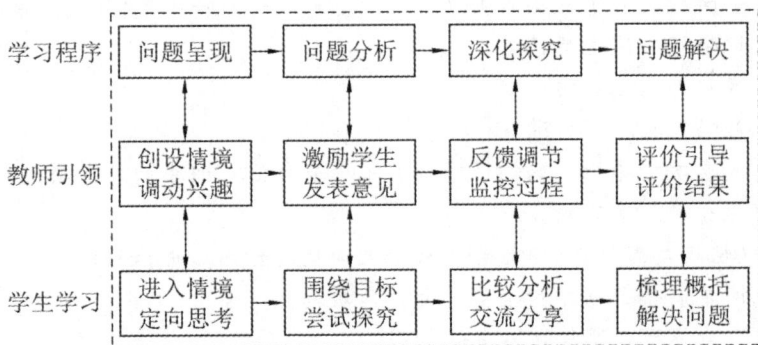

图 6-1　创设问题情境引领问题解决学习流程图

学生都是问题解决者。创设问题情境是解决问题的前提。一个好的问题情境，往往能够激发学生强烈的问题意识，引发学生的积极思考，从而自主地解决问题，发展其思维能力和创造能力。

【案例 6-8】

《别把花草弄疼了》是"爱心行动"单元中的一课，其价值取向是进行爱心和责任感教育，旨在让儿童了解花草树木对人类生存的作用；培养儿童热爱自然的情感和珍爱花草树木的态度；了解花草树木也需要呵护，自觉养成保护环境的文明行为习惯。

---

① 陈琦，刘儒德. 当代教育心理学[M]. 北京：北京师范大学出版社，1997.

学习这课时，教师精心设置的学习情境是，让学生走出教室，移步到学校的植物园里学习，解决的核心问题是："花草树木对我们有什么好处？"

师：我们坐在植物园里，请看一看、想一想身边的花草树木，它们对我们有什么好处？谁说说？

生：五颜六色的花真好看，我真喜欢。

生：向日葵的花是一个大圆盘，金黄金黄的，好大哇。

生：缸中栽培的一朵一朵的荷花，颜色粉红粉红的，真美。

师：是呀，花儿，给我们的生活增添了美。

生：花儿美，花儿香。

师：谁闻到了香气？

生：我闻到了金银花的香气。

生：我也闻到了。爬在树丛上的金银花，有金色的、有银色的，好香哟。

生：一阵风送来了荷花的香气。

师：说得好，风送荷花香。

生：我觉得花是甜的。

师：是吗？花还有味道？

生：我喜欢吃蜂糖。妈妈说蜂糖是蜜蜂采集百花酿成的。没有花，就没有蜜，我想花一定是很甜的。

师：（竖起大拇指），你真会想象。老师觉得你的话也很甜。

师：同学们夸了花，对于草，大家喜欢吗？

生：我看见绿色草坪，心里就舒服。

生：见了绿草，我的眼睛就亮一些。

生：我小时候脖子上挂过玉，一块一块草坪，像碧玉一样美。

师：是呀，绿色草坪给我们营造了赏心悦目的美好环境。

小丁：我发现蚂蚁、蚱蜢在草丛间玩，草坪为小虫们也带来了快乐。

师：你真会动脑筋。你的发言让我们感受到绿色草坪逗乐了小虫、养育了生命，动物植物在一起安家，非常和谐。让我们为小丁同学的精彩发言喝彩。

（课堂上响起了同学们鼓励的掌声）

师：下面我们来做一个小实验，请每个同学用力捏紧自己的鼻子。

（学生操作）

师：好，松开手。老师想知道，捏鼻子的这会儿，你们有什么感受？

生：很难受。

生：心里有点闷。

师：为什么会有这种反应呢？

小刚：紧紧捏着鼻子，就吸不到空气中的氧，当然难受。

师：你是怎么知道的？

小刚：我奶奶的心脏病很严重，她特别难受时就吸氧。因此我知道氧气对人的生命很重要。

师：同学们，小刚的发言怎么样？

生齐：(边拍手边称赞)好，好，好，他的发言真是妙！

师：我们再来做一个小实验，请大家站起来，张开双臂，做一次深呼吸，放松放松。

(学生操作)

师：请坐下。大家做了深呼吸，有什么感受？

生：感到吸进的空气很新鲜、很舒服。

师：你们都随爸爸妈妈逛过马路。老师想考考大家，如果在车辆很多的马路上，来一次深呼吸，也会舒服吗？

生：(急切地)不，不，马路上人多、车多、灰尘多，还有汽车排放的尾气，难闻。

师：是呀，不是什么地方做深呼吸都感到舒服。大家说说，哪里的空气最新鲜，氧气最多？

生：我刚才试了，植物园的空气新鲜。

生：我爷爷经常在公园早锻炼。他说，那儿是"氧吧"，是氧气制造厂，在公园里活动活动，精神特别爽。

生：花草树木多的地方，空气就好，氧气就多。

生：我妈妈告诉我："花草树木可以吃灰尘，像家里的除尘器一样。"很多双休日，爸爸妈妈就带我到公园里玩，那里的空气很新鲜。

师：我赞同大家的看法。花草树木专门吃对人们有害的二氧化碳气体，吐出人们所需要的氧气。

师：下面，我们来做第三个实验。请大家把温度计拿出来(课前已作布置)，第一组同学在这三棵大树下测测温度，其他各组同学到学校操场上测测温度。

(学生操作完毕)

师：(示意第一组同学)，你们测的温度是多少？

生：我在树下测的温度是 $20℃$。

师：(指名到操场上测温度的同学)你测的温度是多少？

生：我在操场上测的温度是 30℃。

师：(示意第一组以外的同学)你们测的都是 30℃吗?

生：是的。

师：想一想，两处的温度为什么会相差 10℃?

生：操场上烈日当空，温度当然高。

生：大树浓荫覆盖，能降温，温度自然低。

师：从火热的太阳下走进浓荫覆盖的大树下，你会有什么感受?

生：到大树下就凉快了，就像开了电扇，开了空调。

师(强化学生发言中的重点语词，语调铿锵有力)：同学们说得很好。花草树木如同"氧吧""氧气制造厂""除尘器""降温的空调"。花草树木的本领真大哇!(此时教师发现小勇同学举起了小手，便俯身走近他)

师：小勇同学，从你的眼神中，老师知道你还想夸花草树木的功劳，是吧?

小勇：我要夸花草树木，它能防风抗沙。

师：你是怎么知道的?

小勇：我爸爸在西北工作，是研究沙漠的。爸爸告诉我，植草种树，可以阻挡沙漠的进攻。

师：我要感谢你。同学们可以分享你爸爸告诉你的知识。

师：同学们做了实验，进行了交流。大家夸花草树木的功劳，夸得这么多，说得这么好。花草树木的最大功劳就是能改善人类的生存环境。

这个案例给予我们很多启迪：教师基于教学目标所创设的情境，蕴含有丰富的教育价值，能激发学生认知探索的兴趣;学生紧紧扣住学习要解决的问题，即"花草树木对我们有什么好处"，调动他们已有的生活经验，通过观察、实验、对比、交流等多种形式，从各个方面进行求索和解释，非常出色地解决了问题。这是小学低年级学生的问题解决学习，原来也可以学得如此生动活泼，学得如此有灵气，学得如此精彩。

(二)聚焦有价值的问题，引领学生通过调查解决问题

《课程标准》指出："通过组织儿童到现场观察与当事人交流，使儿童对所关注的问题能通过亲身体验，获得直观的印象和更深入的了解。调查活动中，要指导儿童用自己擅长的方式进行记录，对调查结果进行总结、归纳并相互交

流。"①实践证明，让学生带着要解决的问题走出学校，深入社会调查，是实施问题解决学习的有效途径之一。

"调查式"问题解决学习的运作程序如图 6-2 所示。

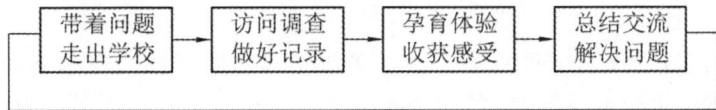

图 6-2　"调查式"问题解决学习运作示意图

【案例 6-9】

学习《保护环境》一课，师生围绕日常生活中的环保问题进行讨论，有学生提出了"用纸巾比用手帕好，还是用手帕比用纸巾好"的问题。这是一个很有价值的问题。为了把这个问题解决好，教师便引领学生进行了一次"调查式"问题解决学习。

学生在调查的基础上算了三笔账。一笔是环保账。制造一吨纸巾，要砍倒17 棵树，如果使用纸巾越多，大地上的绿色就会越少；而生产手帕（无论丝织还是绵织的）不存在影响环保的问题。第二笔是经济账，每块手帕 2 元，可用2 年，尽管纸巾每包只一元，但 2 天用一包，一年要花 182.5 元。三是健康账。手帕勤洗勤换，闻起来还渗透有被太阳晒过所散发的香味；相比之下，纸巾要差一些，如果消毒不严，还会对身体健康带来不利影响。在算"三笔账"的活动过程中，学生孕育了"使用手帕有利于环保，有利于节省开支，有利于人的健康"等方面的认识、感悟和体验。

这个案例说明，借助社会调查有利于学生在寻求解决或解释某个具体的社会问题的过程中，学会综合地、关联地、切合实际地分析和思考问题，有利于培养他们关心社会的态度和参与社会的能力。

（三）依托信息技术平台，引领问题解决学习

我们生活的这个世界时时处处都存在着问题，注重问题解决学习，正是引领学生对充满问题的世界的一种积极回应；同时，我们又生活在信息化的时代，学生要实现从学会到会学，一定要具有收集、选择和处理信息的能力。

问题解决学习是实现信息技术与小学德育课程整合的载体，充分有效地利用网络资源可以为问题解决学习注入新的活力与生机。具体操作可分为：第一

①　中华人民共和国教育部．品德与生活课程标准（实验稿）[S]．北京：北京师范大学出版社，2002.

步：围绕目标，选好问题；第二步，学生带着既定问题，从网络中收集分析信息，并从中选择有价值的资料下载（教师可引导学生学会用搜狗或百度等搜索工具收集）；第三步，课堂交流，聚合信息，反馈互动，解决问题。

【案例 6-10】

学习《我们为祖先而骄傲》①，教师课前了解到学生对汉字很感兴趣。为了落实本课所设定的教学目标："知道我国是有几千年历史的文明古国，""知道汉字对世界文明的重大贡献。"教师在考虑教学方案时就设计了依托信息技术，实施问题解决学习的环节，要求学生课前抓住我们的祖先发明汉字有什么神奇之处、为什么值得骄傲等问题，上网去查找、收集信息，上课时再进行交流。以下是课堂教学片段回放：

师：在我们的生活中，关于汉字，还有哪些有趣和神奇的地方呢？结合你收集到的资料，把你的发现说给同学们听听。

生1：有些字我们一看就知道它的意思，如："尖"上小下大就是尖，"歪"就是不正的意思。

师：从汉字本身一眼就能看出它的意思，小小汉字真奇妙！

生2：有些字，我们一看既能知道它的意思，又能知道它的读音，像"晴"，太阳出来，天就晴了，"日"表示意思，"青"表示它的读音。

师：像这样既能表音又能表意的字，我们称它为形声字，我们的汉字80％以上都是这种字。你们还知道哪些字是形声字？（学生小手如林）

师：老师知道还有许多同学想说，因为我们汉字有80％以上都是形声字，与世界上许多民族文字逐步演变为拼音文字不同，我国的汉字始终保持既有形又有声的方块字特点（出示：1. 英文、德文、日文、中文四种马的写法；2. 字幕：妈、骑、驾）。（板书：独特文字）

生3：我爸爸说，虽然我们的汉字有九千多个，可是，只要认识2000个汉字，基本上就可以比较熟练地运用汉字阅读和写作了。

师：非常正确，我们的汉字总数虽然非常多，但是真正需要我们记的并不多，这也是我们汉字的魅力啊！

生4：汉语方言很多，不同地区的人们用方言说话可能会很麻烦，有可能听不懂，但是汉字却能使人们毫无障碍地相互沟通。

师：说得好！汉字在我们日常生活中具有交际性和特有的实用性功能。

---

① 鲁洁. 九年义务教育六年制小学教科书(实验本)品德与社会五年级上册[M]. 南京：江苏教育出版社，北京：中国地图出版社，2004.

生5：我还知道日本、韩国、朝鲜等一些国家的文字受汉字的影响很大，这些国家的文字都是在汉字的基础上创制的。

师：汉字对亚洲文化的发展曾经起了巨大的推动作用。

生6：我在网上看到过这样一则消息：随着科学技术的发展，各国越来越多的专家认为：在世界几千种语言中，汉语最简短。联合国用五种文字印刷同一文件，用汉字写的文件，装订出来的文本最薄。在相同的时间内阅读中文比阅读其他文字所获得的信息要多。

师：通过与世界上其他国家的语言对比，再次形象地印证了汉字在世界语言文字上的独特性。

让学生学会学习已成为当今全球教育的共识，而学会学习的一个重要指标就是学生能利用网络信息去解决新的问题。注重信息网络资源与问题解决学习的有机结合，不仅能引导学生正确地利用网络资源，而且能激发学生的学习兴趣和学习主动性，提高学生解决问题的能力。

三、教师引领问题解决学习的两个基本点

教师引领问题解决学习要把握两个基本点：一是注重培养学生的问题意识；二是善于激励学生进行挑战性学习。

（一）注重培养学生的问题意识

"问题"是人类心理活动的内驱力，它是引导思维、启迪智慧的重要心理因素。学生的学习是以问题为基础的。我国教育的开山鼻祖孔子就强调学生："要每事问。"孔子的代表作《论语》，记载了他的弟子们问"仁"、问"礼"、问"孝"以及怎样交友、怎样修身、怎样实现家庭和睦、怎样治理国家、怎样讲诚信、怎样做"君子"，等等。这些问题是当时的焦点、热点和难点。正是靠着这些问题的牵引，才实现了师生之间的教学相长，造就了孔门的三千弟子、七十二贤人。

教师引领问题解决学习，就要注重培养学生的问题意识、批判意识、探究意识和好奇心，提供学生问问题的时空，提高他们敢于和善于探究问题的素养。

（二）注重培养学生喜好挑战性学习的品质

问题解决学习是一项艰苦的脑力劳动，学生一定要有攀登意识，有探险精神。北京大学的钱理群先生说，学习要能一次次"发现新大陆"，就需要"探险"。在直面认知冲突、遭遇困难时，只有"风生水起"、"思维潮涌"，才能在"蓦然回首处"，发现"风景这边独好"。

人类的潜能只有在受到有力挑战的时候才能被激发。问题解决的进程是走"上坡路"，必然会有挑战；正是有难度、有挑战，才能促使学生去探索、去动

脑；如此攻难而进，就会取得既增长智力，又提升情感、态度、价值观的效应。实施挑战性学习意味着学生必须有攻难的勇气和毅力。所谓毅力是指能长时间地专注和控制行动，去符合既定目的所表现出来的心理特征。学生具备了这种心理素养，在进行挑战性学习时才会有持久的热情。

高品质的学习应该是"冲刺与挑战性学习"。这是一种迎难而上、朝气蓬勃、劲头十足的学习。挑战性学习会给学生在解决问题的学习中带来快乐。它会绷紧学生思考的琴弦，给予学生锤炼创造性的砺石。诚如日本教育学者佐藤学教授所说"挑战性学习是灵动的、高雅的，而且是美丽的"①。教师引领问题解决学习，一定要注重培养学生喜好挑战难题的学习品质。

复习与思考

1. 简述小学德育课程的学习原则。

2. 注重学生自主学习有何重要意义？引领自主学习教师应采用哪些基本策略？

3. 深化体验学习有哪些基本路径？教师引领体验学习有哪些要诀？

4. 小学德育课程为什么要进行反思学习？反思学习有哪些基本特点？

5. 小学德育课程问题解决学习有哪些基本特征？

6. 问题解决学习如何实施？请用具体案例说明。

推荐阅读

1. 金延凤，吴希红. 自主与引导：基于自主学习的课堂教学引导策略[M]. 上海：华东师范大学出版社，2004.

2. 王希华. 现代学习理论评析[M]. 北京：开明出版社，2003.

3. 庞维国. 论学生的自主学习[J]. 华东师范大学学报（教育科学版），2001(2).

4. 庞维国. 论体验式学习[J]. 全球教育展望，2011(6).

5. 陈光全. 体验学习，意义、路径及其引领要诀[J]. 思想政治课教学，2011(2).

6. 陈光全. 关于德育课程反思性学习的探索[J]. 思想理论教育，2011(2下).

7. 杨白冰. 问题解决学习的研究现状及启示[J]. 科教文汇，2010(1).

① ［日］佐藤学. 学习的快乐——走向对话[M]. 北京：北京教育出版社，2004.

第七章　小学德育课程作业

本章重点
- 小学德育课程作业的意义
- 小学德育课程作业的四大转变
- 小学德育课程作业设计理念的创新、作业内容的运筹创意以及作业形式的创新

第一节　小学德育课程作业概述

什么是小学德育课程作业？作业如何分类？小学德育课程作业具有什么功能和价值？这是本节所要研究和解决的问题。

一、什么是小学德育课程作业

作业，由动词"作"和名词"业"所组构。"作"，含有"做""操作""行动""实践"之意；"业"，指学业、功课、任务，且蕴含有"问题""项目""本领"之意。

什么是作业？《现代汉语词典》的解释："教师给学生布置的功课。"[①]有的学者认为："作业是从课程、教学活动中衍生出来的学业任务。"[②]

《课程标准》曾对作业作过解释：作业是"针对某一项或几项教学目标，进行有针对性的课堂练习或课后强化练习，以让儿童学会正确的方法，养成良好的习惯"。[③] 经过了十年课改，总结、吸纳教师的实践经验，我们对小学德育课程作业可以作如下界定：它是针对某一项或几项教育目标，进行有针对性的课前练习、课中练习和课后延伸练习，以让学生掌握和运用道德知识、训练和培养道德能力，陶冶和丰富道德情感，展现和放飞个性，促进学生致知笃行、知行统一的学业活动。

---

① 中国社会科学院语言研究所词典编辑室. 现代汉语词典(第 6 版)[M]. 北京：商务印书馆，2012.
② 郭红霞. 论作业与教学关系的重建[J]. 中国教育学刊，2012(1).
③ 中华人民共和国教育部. 品德与生活课程标准(实验稿)[S]. 北京：北京师范大学出版社，2002.

二、小学德育课程作业的意义

（一）小学德育课程作业是重建和提升课程意义的工具

小学德育课程作业具有巩固知识、操习技能、陶冶情感、启迪智慧、养成良好行为习惯，促成教学目标达成的价值。陶行知先生曾强调："非给学生种种机会，练习道德行为不可。"①

作业是完善小学德育课程内容，特别是拓展课程重点内容的载体，是培养学生优良品德的平台，是建构课堂生活和课外生活"衔接"的套环，是促进课内课外生活和谐一体的"催化剂"，是重建和提升课程意义的工具。

（二）小学德育课程作业是表征儿童成长的记录和标志

与别的学科不同，小学德育课程作业为学生提供了丰富的经历，提供了更多的体验机会，享受到了更多的合作乐趣。完成作业已经成了学生的学习需要、生活需要和人生需要。

小学德育课程作业为学生成长营造了成长平台。学生正是借助作业，在不断解决问题的过程中成长，在道德知识不断运用中成长，在能力的不断磨砺中成长，在情感态度价值观的不断变化中成长。小学德育课程作业，从某种角度审视，甚至成了学生成长履历中的一种重要标记。

（三）小学德育课程作业是检测教学的工具

作业是判断学生知识、能力、情感、态度、价值观变化的工具。作业一般按照教学目标设计。一方面，通过学生完成作业的情况，教师从中回收反馈信息，可以检核教学的得失，并及时对教学流程进行调整或补救；另一方面，学生对于作业的操作和表现，可以反映其学习的进步、变化或学习中的缺失、疏漏。据此，教师通过对作业的评价和有效指导，可以促进学生更好地学习，使之达成既定的学习目标。正是基于作业的上述功能，新版《课程标准》才强调，可以用"作业检验目标达成的情况"。② 作业具有优化学生的"学"和改善教师的"教"双向功效。

三、小学德育课程作业的分类

小学德育课程作业的种类繁多。基于不同的视点，可以对小学德育课程作业进行不同的分类。

---

① 何国华.陶行知教育学［M］.广东：广东高等教育出版社，1997.
② 中华人民共和国教育部.品德与社会课程标准（2011年版）［S］.北京：北京师范大学出版社，2011.

（一）按照作业题呈现形式的不同划分

小学德育课程作业可分为：单一的以语言文字符号为题干的作业和以音乐、画面、文字融为一体的作业。前一种作业形式单调，优点是题目指向明确。后一类作业除文字表述外，还辅以图画、照片、乐曲、录像等多种手段，有利于满足学生多种感官的需要，能充分调动学生主动作业的积极性，缺点是作业制作的成本较高。

（二）按照学生完成作业的形式不同划分

小学德育课程可分为口头作业、书面作业和实践作业。

1. 口头作业

口头作业一般由教师命题，学生以口头表达的方式作答。这种作业，形式灵活，操作方便，能突破书面作业的局限。口头作业主要有"道德判断""道德辨析""请你说道理""请你出主意"等题型。如教师借助投影呈现作业题："小青自己要叠自己的小被子。妈妈说，被子我来叠，你快上学读书去吧！面对这种情况，如果你是小青，应当怎样做？还应当对妈妈说些什么？"通过对这类作业的思考、应答，有利于培养学生的道德判断能力以及分析和解决问题的能力。

2. 书面作业

书面作业指书写在作业本（或作业活页卡）上的作业，一般适用于高年级。新版《课程标准》指出："本课不排除纸笔测试。"[①]因此，高年级安排少量的有价值的书面作业是必要的。

3. 实践作业

实践作业是小学德育课程作业中最多的一种。诸如访问调查类作业、表演类作业、种植类作业、饲养类作业、搜集类作业、行为养成类作业以及画示意图作业，等等，均属于实践作业的范畴。

（三）按照作业的内容不同划分

小学德育课程作业可分为知识应用类作业、能力训练类作业、移情陶冶类作业、行为养成类作业和心灵倾诉类作业。

1. 知识应用类作业

这类作业主要是让学生将学到的知识用以分析、解决自我道德成长和社会生活中的具体问题。

---

① 中华人民共和国教育部. 品德与社会课程标准（2011 年版）[S]. 北京：北京师范大学出版社，2011.

2. 能力训练类作业

这类作业主要是设计一定的困难情境，提出一定的任务要求，让学生通过完成作业，磨砺和培养学生的道德判断能力、移情能力、反思能力、行为践履能力和创新能力。

3. 行为养成类作业

这类作业主要是让学生用内化的道德认识作指导，支配和驱动他们的外显行为，使之养成讲文明、讲卫生、知安全、懂环保等好习惯。

4. 移情陶冶类作业

这类作业主要是让学生体验既定情境（或设置情境）中的人、事、物的真善美，以陶冶学生的情感，培养他们正确的态度和价值观。

5. 心灵倾诉类作业

这类作业主要是让学生采用写道德日记或生活写真的方式，让他们陈述道德观点，进行自我道德评价，倾诉自我体验，实行自我约束，立下自我誓言，实施自我监督。如果学生养成了心灵倾诉的习惯，对于培养他们远大的道德理想，高尚的道德情操具有重要意义。

（四）按照课程实施中作业时间节点不同划分

小学德育课程作业可分为课前作业、课中作业和课后延伸作业。新版《课程标准》指出：作业可在课堂上完成，也可安排必要的课前准备活动或课后延伸活动配合。[①] 课前作业主要是引领学生参与课前准备；课中作业，一般是围绕巩固教学的重点，突破教学的难点而设计；课后延伸作业旨在引领学生致知笃行、知行统一。

（五）按照对学生作业要求的不同划分

小学德育课程作业可分为统一要求的作业和自由选择的作业。前一种作业，有利于教师的评价；后一种作业有利于把选择权交给学习者，对于培养儿童的个性，开发其潜能具有积极作用。

（六）按照学生完成作业时间的不同划分

小学德育课程作业可分为短时作业、长时作业和定时作业。

1. 短时作业

短时作业是指口头作业或用很少时间就能完成的作业。

---

① 中华人民共和国教育部. 品德与生活课程标准（2011 年版）[S]. 北京：北京师范大学出版社，2011.

2. 定时作业

定时作业指在确定时间内，具体完成某种任务的作业。为了"培养学生收听收看新闻、观察事物、积累材料的习惯"①，新版《课程标准》强调，要利用"课前几分钟相互交流"②。有的教师采用以学号为序，让学生在课前轮流宣讲一周时事，就属于定时作业。

3. 长时作业

按照作业的特点和完成作业的难度，学生需要在数周或两个月内完成的作业。

（七）按照承担作业主体的不同划分

小学德育课程作业分为个人独立作业和团队作业。前一种是由学生个体独立完成的作业，后一种是几个学生组合成一个团队，按照统一的要求，由团队中的每一个成员协同完成。借助团队性作业，有利于培养学生的合作意识和团队精神。

综上所述，小学德育课程的作业种类多姿多彩。为了最大化地发挥作业的价值，小学德育课程不同类型的作业应相互匹配。

第二节　小学德育课程作业的四大转变

作业作为课程设计和课程实施中的灵动元素，是教师引领学生实现以良好品德养成为核心的社会性发展的重要"抓手"。审视课改前后小学德育课程的作业，大体上实现了四大可喜的转变。

一、小学德育课程作业目的的转变

作业目的既受教学目标决定，同时又服务并积极影响教学目标的达成。课改前小学德育课程在知性道德观关于"学习道德就是学习书本知识，学习书本上写明了的道德"③的观点指导下，德育课程由单纯的知识性作业，转变为重在培养学生的实践能力和创新精神的作业；由注重让学生练"嘴巴"和"笔头"的作业，转变为更加注重让学生完成实践性、体验性、反思性的作业。传统思品

---

① 中华人民共和国教育部. 品德与社会课程标准（2011年版）[S]. 北京：北京师范大学出版社，2011.

② 同上.

③ 鲁洁. 德育课程的生活论转向——小学德育课程在观念上的变革[J]. 华东师范大学学报（教育科学版），2005(3).

课设计的作业，诸如"什么是公共财物""为什么要勇敢、不胆小""怎样爱护自己的名誉"等作业题，不外乎是让学生言说或书写。这种作业，一言中的，只是练练"嘴巴"和"笔头"，而未触及学生的心灵和行动。如此，学生在作业中说的、写的是一套，而行动上可能是另一套，很不利于培养他们积极健康的情感和知行统一的人格。

为了消除这种弊端，小学德育课程的作业设计和训练摒弃了"由道德知识和理论所设置的框框"[①]，作业的目的由单一转变为多维：即在注重优化和提升学生的情感、态度与价值观，行为与习惯，分析问题与解决问题能力的同时，又不忽视对生活知识和社会知识的习得。小学德育课程作业设计的价值取向旨在引导学生由"知"走向行；由逻辑推演转向触及学生的心灵；由走进文本转向走出校门去思考和解决社会上的有关问题。重在培养学生巩固新知识的能力、搜集和处理信息的能力、对美好情感的移情能力、遭遇新情境的应对能力，分析、解决道德问题的创新能力以及品德践行能力，等等。

小学德育课程作业设计的目的和价值取向的转变，旨在促进学生良好品德的养成和社会性发展，让学生的"生活走向更好，更有意义和更有价值"[②]。

二、小学德育课程作业时空的转变

（一）作业由封闭性转变为开放性

传统思品课教材设计的作业，总是限定在教师教学结束后，用于检查学生对知识的掌握；或是在课后由学生在作业本上答题。作业的时间和空间都比较固定。不仅如此，作业的答案也是固定的，一般都有统一的标准答案。品德与生活、品德与社会新课程作业设计的思路则是开放的。一是时空的开放。例如，教学《我的发现与担心》[③]教师设计的作业是："以小组为单位，调查学校五公里范围内有哪些污染源，然后走访专家，查阅有关资料，研究解决排除污染的途径和办法，最后写出调查报告。"类似这样的作业，从时间上看，学生可以在一个月或两个月内完成；从空间上看，则从课堂向课外、校外延伸，注意与学生的家庭生活、社区生活接轨，从而增强了作业的实践性、体验性、反思性、探索性和社会性。二是答案的开放性。小学德育新课程的不少作业不设定

---

① 鲁洁. 德育课程的生活论转向——小学德育课程在观念上的变革[J]. 华东师范大学学报（教育科学版），2005(3).

② 鲁洁. 道德教育的根本作为：引导生活的建构[J]. 教育研究，2010(6).

③ 靳岳滨，杜时忠. 九年义务教育小学教科书品德与社会五年级上册[M]. 武汉：湖北教育出版社，2005.

统一的标准答案，也不追求唯一答案，而是充分尊重学生对问题的独特理解和富有创意的表达。如《我会交朋友》①一课设计的出谋献策型作业，要求学生围绕如何处理和化解朋友间的意见分歧出点子。学生凭借自己的生活经验，会写出许多人们意想不到的富有童真、童趣、童味的建议。

（二）小学德育课程作业时间节点的转变

所谓作业节点是指教学中的作业时间点与优化学生学，改善教师教的关系。在知性德育观的主导下，德育课程作业是固时性的、封闭的；一般安排在一课的终了。训练方式不外乎是教师扣住配置在每课篇末的作业题（含 3～5 个），指名学生回答，以检测当堂接受和掌握道德知识的情况。这种简单化、单一性的作业节点，既不可能优化学生的"学"，也不利于诊断和改善教师的"教"，只不过是空耗时间，在教学过程中留下了一条"作业尾巴"。与此迥然不同的，小学德育新教材的作业一般分散切入或渗透在课文的关键处，成为了教材的基本构件，与教材文图相互匹配，融为一体，从而有利于随着课的动态展开，随机加以使用。按照教学论基本原理和生活德育理论的要求，小学德育课程作业的节点，由固时性、简单化、封闭性转变为作业节点的多时性、过程性和开放性。作业作为学生"学"和教师"教"的工具，理应融入到教学的全过程中，并有机地安排在课首、课中和课尾各个节点上，让学生边学边练、亦学亦练，将"知"与"做"、"学"与"用"融为一体。

1. 课首节点的作业运筹

注重把作业与课前调查、作业与洞悉学情、了解学生需要、拿捏好学生的"最近发展区"有机地结合起来。如《下课了，放学了》②开篇设计的一道以图画为主的作业。这道作业共配置了七幅图（图①上厕所；图②在走廊里跳皮筋；图③疯赶打闹；图④在楼梯扶手上往下滑；图⑤在楼梯上隔层跳；图⑥在场地上扔沙包；图⑦饮水），作业的设问和要求是："下课了，同学们应该做什么？你认为对的，请在图的右下角的'○'中画'√'，你认为错的，在'○'中画'×'。"编者的设计意图很明显，意在让学生先练后学，以便教师从中精细地了解自己所教班级中儿童的纪律意识、安全意识、规则意识的原初状况及其存在的问题。张老师在教学这课时，注意发挥课前作业节点的价值，引领学生先练后学。当教师巡回查看学生作业时，发现有对有错。主要错误表现在对图②

① 靳岳滨，杜时忠．义务教育课程标准实验教科书品德与社会五年级上册[M]．武汉：湖北教育出版社，2005．

② 鲁洁．九年义务教育六年制小学教科书品德与生活一年级上册[M]．南京：江苏教育出版社，2002．

(在走廊上跳皮筋)画"√"，对图④(在楼梯扶手上往下滑)画"√"，对图①(上厕所)画"×"。教师把发现的问题作为教学的起点。针对在图①画"×"的同学，张老师与之对话："你为什么要画'×'呢?"丁丁说："我不想小便"。张老师启发说："下课不要老想着玩，一定要到厕所方便一下，否则尿憋久了会影响身体健康。"在问及同学为什么对图④(在楼梯扶手上往下滑)画"√"时，畅畅说："我感到这样滑很痛快。"张老师告诉他："这样滑不好，很危险，说不定会栽得头破血流，将会给自己和家人带来痛苦。"对于在走廊上跳皮筋的判断，云云说是对的，不少同学判断是错的。云云争辩说："跳皮筋，真有意思，同学们在一起玩，不是很好嘛!"张老师面带微笑走到云云面前，表扬了她敢于发表个人的见解，同时又告诉她："的确，跳皮筋是一项很有意义的课间活动，大家都很喜爱，但跳皮筋如果选择在走廊里跳，就选错了地方，因为在走廊里跳个不停，会影响师生行走，留下安全隐患。""我懂了，不在走廊里跳，到操场上去跳，就对了。"云云说这话时露出了甜甜的笑容。

上述教学案例告诉我们，认真抓好课首作业节点，有利于调动学生自主学习的主动性、积极性;有利于为新课的展开营造理想的氛围和背景;有利于教师了解学情，分析学生的认知基础，搭准学生的思想和情感脉搏;有利于教学在关注儿童已有生活经验的基础上，进一步去改善和提升他们的生活经验。总之，抓好课首节点的作业运筹，能使教学更具针对性和实效性。

2. 课中节点的作业运筹

注重将作业活动贯穿在学生的动态学习进程中，让学生边学边练，学练结合，寓学于练，以练助学，真正使作业训练成为解决学习重点、突破学习难点的"脚手架"，成为深化思维、开拓思路、把握知识间内在联系的"抓手"，成为通向教学目标达成的"铺路石"。

【案例 7-1】

《多种多样的运输方式》①一课设计了一道切合童心的作业，既能调动儿童思维积极性，又有利于达成教学目标。

下边的图标分别表示速度的快慢、运量的多少和运费的高低。要求学生根据各个运输方式的特点，把它们分别放在表中适当的位置。

---

① 赵昕. 义务教育课程标准实验教科书品德与社会四年级下册[M]. 北京：人民教育出版社，2003.

交通工具＼特点	速度	运量	运费

速　度	
运　量	
运　费	

　　借助这道作业，教师引领学生把"学"与"思"结合起来，通过对轮船、火车、汽车、飞机等交通运输方式的速度、运量、运费的逐一分析、比较、归纳和整合，有利于学生感悟不同交通运输方式的特点，这恰恰是学生学习本课需要理解和掌握的一个重点，同时也是本课所要达成的目标之一。

　　以上案例说明了，课中节点的作业运筹主要是引领学生把学与思、学与做、学与用有机地融合起来，让学生的自主作业、主动探索与教师的及时反馈、精妙引导相互融合，彼此互动；让作业真正成为学生学习不断拓展、深化的"脚手架"，成为学生展示和交流学习成果的工具。

3. 课尾节点的作业运筹

教师应把作业作为课后延伸中的一个套环，将学生已学过的教育主题的意义，与他们在课外、校外的生活衔接起来。课尾节点作业运筹的思路不外乎四条：①围绕课内活动内容，延伸到课外去寻访、搜索相关的信息、以扩大视野；②由学生课内的表现扩展到学生的课外表现；③将课内解决问题的兴趣、获得成功的喜悦，延伸到课外去，继续探究相关的问题；④把课内掌握的有关生活和社会方面的知识，让学生在家庭生活、学校生活、社会生活中去运用、去确证。

例如，《春天，你好》①一课课尾，设计了持续记录春天气温变化的作业，时间为 4 周。在观察记录中学生可以选择不同途径获知每日的气温，如看气温表、看报纸、听天气预报、询问家长、上网查询、听电台广播、小组交流等。最后学生可以根据记录分析并总结出春天气温变化的特点。该作业着眼于学生长时间的亲身观察和体验，角度独特，有一定的挑战性。要完成这份持续性作业，学生必须在一定时间内坚持观察、了解、收集每天的气温指数，这不仅有利于学生观察、调查、记录等能力的提高，更是对其学习品质的培养。

上述课尾作业设计，引领学生由课内生活走进他们的现实生活，使课中所学、所得、所感、所悟，真正转变为课后所用、所做、所行、所为，将课堂教学已内化的知、情、意、行等品德因素，能够在课外生活世界中得以外化和彰显。注重与生活实践接通，为学生行为实践提供生机勃勃、气象万千的表现平台。

三、小学德育课程学生作业情态的转变

按照学生作业的动机、学生参与作业的态度、心理反应不同，可将作业分为主动性作业和被动性作业。主动性作业是指能激发学生内驱力，调动他们自觉性、积极性，满足其心理欲求和发展需要的作业。反之，缺乏吸引力，学生并不心甘情愿，而是在教师强势作用下，不得不完成的作业，属被动性作业。传统思品课教材设计的作业，置学生于被动地位，将其视为检查、考核的对象。对这样的作业，由于激发不了情趣，学生或冷漠或厌恶或生畏，每当写作业时就紧锁眉头，感到是沉重的负担。为了解决这个问题，小学德育课程设计的作业都是主动性作业，重在激发学生的主动性、积极性，让他们自己去发

---

① 杜时忠，靳岳滨 . 义务教育课程标准实验教科书品德与生活一年级下册[M]. 武汉：湖北教育出版社，2003.

现、去思考、去辨析，并且由他们自己作出表达或解决。

课改前后，小学德育课程作业状态的转变，主要表现为学生对作业的疏离，转变为对作业的亲近；由怕作业、厌作业转变为喜爱作业、主动参与作业；由把作业当作是苦差，转变为感到做作业是一种快乐的享受。正如鲁洁教授所说：小学德育课程有许多"要让儿童自己去发现、去思考、去辨析，并且由他们作出表达等的主动作业，这一切都会使儿童感到某种程度上的自我实现，得到某种成就感，从中获得快乐和喜悦"[1]。

四、小学德育课程作业评价的转变

作业是判断学生知识、能力、情感、态度、价值观变化的工具。按照测量学理论，作业评价实质上是对学生学习成效的一种形成性评价。

传统思品课的作业评价是由教师个人掌控的。尽管学生劳神费力完成了作业，但教师根本没有认真地审读，只是在学生作业本上标出一个分数值或是写上一个"查"字，就算了结。而小学德育新课程作业评价的转变主要表现在三个方面：一是作业评价不采用量化法，而是质性评价，主要表现为尊重学生的个性，发现其优点，肯定其进步，鼓励其创意，指点其不足。特别"注重知行统一，将道德认知与道德行为有机结合"[2]。二是多元评价，除教师评价外，学生也是评价的参与者，根据需要，有时还请家长与其他有关人员评价。借助多元评价，重在引领学生相互学习，弥补缺失，将所"知"转变为所"能"，真正实现"知"与"行"的统一。三是教师注重将单向的作业评价转变为师生间、生生间的对话交流、情感沟通，让作业评价真正成为师生间志趣相投的平台，成为学生人文素养的重要增长点，为孩子们创造道德成长的精神空间。

【**案例 7-2**】

《别把花草弄疼了》[3]作业评价片段回放

师：同学们，有一道很有意义的作业，你们想试一试吗？

（学生凝神期待）

师：（出示题板），我来读题："冬冬和丁丁是朋友。冬冬约丁丁到足球场

① 鲁洁. 回归生活——"品德与生活""品德与社会"课程与教材探寻[J]. 课程·教材·教法，2003(9).

② 中华人民共和国教育部制定. 品德与社会课程标准(2011年版)[S]. 北京：北京师范大学出版社，2011.

③ 鲁洁. 九年义务教育六年制小学教科书(实验本)品德与生活一年级下册[M]. 南京：江苏教育出版社，北京：中国地图出版社，2002.

的草坪上玩'斗鸡'游戏。丁丁说：'我不去，玩'斗鸡'游戏会弄疼草坪的。'丁丁的说法、做法，对不对？"

师：这是一道辨析题，谁来试一试？

小翠：丁丁爱护草坪，他说得好，做得对。

小梅：我不同意，到草坪上玩"斗鸡"游戏没有错。

师：请大家再动动脑筋，究竟是小翠答得对，还是小梅答得对？

生：小梅答得对。我觉得不是任何草都不能踩。足球场上的草坪是供我们玩的，可以踩。

生：供观赏用的草，用于美化环境的草，要爱护，不要踩；在足球场上的草坪上玩"斗鸡"游戏是可以的。

生：我补充一点，玩"斗鸡"游戏，摔倒在草坪上，不会伤身体。

生：我的外婆住在农村。双休日我和妈妈到外婆那里玩，看见一些叔叔、阿姨在棉田里除草。外婆告诉我，除了杂草，庄稼会长得壮。

师：是呀，杂草和庄稼争肥料，要保护庄稼就要除掉杂草。

师：（用眼神示意小翠）听了同学们的发言，你还有什么看法？

小翠：我明白了，草有很多种，有的草要保护，有的草可以踩，有的草要拔掉。

师：你能举例说明吗？

小翠：好看的、美化环境的草坪要保护，足球场上的草坪可以在上面玩，校园角落里长的杂草要除掉。

师：说得真好，小翠同学提高了辨析、判断能力，向她祝贺。

（课堂上响起同学们祝贺的掌声）

上例中的作业设计很精巧，作业评价很精彩。其启迪意义有四：其一，这道作业有一定难度，具有训练价值。作业设计旨在通过变式练习，破除思维定式的消极影响，拓宽学生的思路，让他们初步学会辩证地思考方法，善于针对事物的具体情境，灵活地去判断和解决道德领域中的问题；其二，师生、生生之间采用对话的、民主的方式进行作业评价，让受评者感到心理安全；其三，师生坚守发展性评价理念，将作业评价转变成为帮助学生学习的支持性力量；其四，学生完成作业动了脑子，在评价过程中，学生认真倾听，或对作业者所持观点进行评价，不同意见相互碰撞，充分彰显了学生主动学习、深度思考的风采。

综上所述，小学德育课程作业目的、作业时空、学生作业状况以及作业评价的四大转变，无疑是小学德育课程实施中所奏响的创新曲。小学德育课程作业的四大转变对于开拓学生学习的宽度、推进学生学习的深度、优化学生的学习具有重要意义和深远影响，同时对于改善教师的教学也有重要价值。

第三节　小学德育课程作业的创新

小学德育课程作业训练的价值有赖于作业的质量，而要提升作业质量，又有赖于作业设计的创新。作业设计的创新包括作业设计理念的创新、作业内容的设计创意和作业形式的创新。

一、小学德育课程作业设计理念的创新

小学德育课程摒弃了用知性德育设计作业的理念，打破了课改前小学思品课作业的习惯性思维，重新建构了小学德育课程的作业观，树立了新的设计理念。

（一）追随学生生活的设计理念

小学德育课程作业应是学生的一种生活过程，是学生成长的需要、生活需要，是重建和提升课程意义及人生意义的重要内容。被誉为法国教育学"经典作家"的埃米尔·涂尔干说："我们不能把道德教育局限于教室中的课时；它不是某时某刻的事情，而是每时每刻的事情。"据此，小学德育课程作业不能限定在课堂时空，而是要"追随学生的生活"[①]。作业作为一种工具，"要自觉地、有意识地将学生课内课外、校内校外的生活连成一体"，作业要把课程带出课堂，"使课程延伸和扩展到课堂之外，让课堂教育的作用辐射到学生的整个生活"[②]。正如新版《课程标准》所强调的，要借助作业将课内学习延伸至"校内外其他活动中，提高教学的实效性"[③]。

（二）重视提升学生能力的设计理念

作业是教学不可或缺的重要环节。按照新课改精神，作业设计要以提升学生的素质、培养学生的能力为重。作业是强化能力训练的载体。小学德育课程作业设计要着重从有利于培养和提升学生的道德判断能力、移情能力、反思能力、行为践履能力、社会实践能力和创新能力等方面进行运筹。

（三）引领学生致知笃行的设计理念

小学德育课程"作为一门生活实践的过程，从生活出发还必须让它再回到

---

① 鲁洁. 再论"品德与生活""品德与社会"向生活世界的回归[J]. 教育研究与实验，2004(4).

② 同上.

③ 中华人民共和国教育部. 品德与社会课程标准(2011年版)[S]. 北京：北京师范大学出版社，2011.

生活中去"①。作业设计要扣住这种"回归"，营造致知笃行的平台，使之由课内生活走进学生的现实生活，使课中所学、所得、所感、所悟，真正转变为课后所用、所行、所为，使课堂教学中业已内化的知、情、意、行等品德因素，能够在课外生活世界中得以践履和彰显。

二、小学德育课程作业内容的设计创意

儿童的道德思维需要训练，道德情感的敏感性和高尚性需要训练，正确应对道德新情境的能力需要训练，道德行为亦需要训练。小学德育新课程实施中要完成上述训练，作业内容的创意一定要务实、要精妙。

（一）小学德育课程作业内容的运筹思路

作业内容直接关涉着能否最佳的发挥作业的功能和价值。在知性德育观的主导下，小学德育课程的作业内容，主要是引领学生走进文本世界。在生活论德育主导下，小学德育课程的作业内容，要引领学生由走进文本世界转变为走进儿童自己的生活世界。这是因为生活德育所倡导的"道德学习要使人学会的是：关注生活、反思生活、改变生活"②。而作业，作为道德学习不可或缺的重要环节，无疑也应围绕如何引领学生"关注生活、反思生活、改变生活"而运筹。

1. 作业内容要引领学生关注生活

"道德学习与知识学习不同，它所关注的不只是生活的事实，更为重要的是基于生活事实的生活意义"，"在生活的关注中，关注者投入的是整体的生命，敞开的是自己整个的精神世界。"③按照生活德育理论，德育课程作业的内容，不仅要面向现实生活，而且要能牵引、触动和引发学生的情感、愿望和体验。例如，教学《让诚信伴着我》④一课，教师设计的作业是："一个人已经拥有了'健康''美貌''诚信''机敏''才学''金钱''荣誉'七个背囊，有一次乘船渡江，天气突变，此时风大浪涌，险象环生。船老板说，请你丢弃一个背囊，减轻船的载重，方可化危为安。这个人对自己的背囊这个也舍不得，那个也不愿丢，最后将'诚信'背囊抛进了大江里。你怎样看待这个人的选择？如果是你，你会怎样做？并说说理由。"学生经过认真思考后，说出了自己的选择和理由。

---

① 鲁洁. 再论"品德与生活""品德与社会"向生活世界的回归[J]. 教育研究与实验，2004(4).

② 鲁洁. 道德教育的根本作为：引导生活的建构[J]. 教育研究，2010(6).

③ 同上.

④ 赵昕. 义务教育课程标准实验教科书品德与社会五年级上册[M]. 北京：人民教育出版社，2004.

有的说："他不应该丢掉诚信，因为'诚信'是做人的根本。我觉得可以丢掉钱，因为金钱没有了可以再挣。"有个学生抢着说："我会丢掉'荣誉'。因为只要'诚信'不丢，'荣誉'还会再获得。"有个学生铿锵有声地说："我会丢掉'美貌'，因为'美貌'只是美在外表，而'诚信'则美在心灵。"这个案例给我们的启迪是，按照教学目标的取向，设计有一定难度的作业，可以让学生的思想变得丰富而深刻。

2. 作业内容要引领学生反思生活

"生活的'反思'是将人原有的生活、生活经验置于一种被'探问'的位置和状态之中"，"通过探问与反思的生活经验已经不再是原有的生活经验了，它被赋予了新的意义。"人们正是在反思中"生发出建构更好生活的愿望和指向"①。按照生活德育理论，小学德育课程设计和安排反思性作业具有极为重要的价值。反思性作业总是指向作业者自身的，是致力于学生自身情感、态度、价值观提升和良好行为习惯的养成，并有助于提高学生对自我学习的监控能力。例如，《拥有好心情》②设计的作业，如下框所示：

> 自我反思
>
> 我曾为_____的事生气
> 当时我的想法是_____
> 当时我的心情是_____
> 假如我这样想_____
> 就不会生气

学生通过回味、沉思、思想过滤，较好地完成了作业。请看薛明同学通过反思后是这样写的：

> 我曾为(叫潘秀同学，潘秀不理)的事生气
> 当时我的想法是(你不理我，我就不理你)
> 当时我的心情是(很烦，恨不得今后不再见到潘秀)
> 假如我这样想(潘秀也许没有听到，是我错怪了她)
> 我就不会生气了

---

① 鲁洁. 道德教育的根本作为：引导生活的建构[J]. 教育研究 2010(6).
② 赵昕. 义务教育课程标准实验教科书品德与社会五年级下册[M]. 北京：人民教育出版社，2004.

反思性作业能促进个体对已有经验的改造，实现对习得意义的重建，有利于学生发扬优点，改正缺点，弘扬道德的品德，摒弃非道德的因素，从而提升道德境界。反思性作业的操作，实质上是学生追求高尚和完善，彰显生命成长价值的过程。按照苏霍姆林斯基的话说就是"自己对自己谈话，诉诸自己的良心"。如此，"才能为自己的心灵吸取宝贵的东西"。

3. 作业内容要引领学生改变生活

鲁洁教授说：要改变或改善生活，"除了要有相应思想为指导外，更重要的是要通过感性的活动，实际的行为去改变现实境遇、现实的关系"①。学生学习小学德育课程就是"以自己的行为影响和改变生活"②。按照生活德育理论，小学德育课程应当更多地设计和安排感性的、实践性作业和学生行为践履型作业，以引领和满足学生改变生活、过有道德生活的需要。例如，教学《我也有爱》③，教师设计的作业是："试一试，给爸爸妈妈分别洗一次脚，看看父母脸上的表情，听听他们的感受。"小宁在完成作业后兴奋地说："我给爸爸洗脚，爸爸开始不让我洗。我就对爸爸说，我已经九岁了。九年来我记不清你给我洗了多少次脚。今天就让我给你洗一洗吧。爸爸高兴地说，那就洗吧。我让爸爸把脚放在热水中，我用一双小手轻轻地按摩。爸爸说，真舒服！说这话时我看到爸爸的脸上露出了灿烂的笑容。此时我也感受到从未有过的快乐和幸福。"显而易见，学生动手操作完成这道实践性作业，从而"改变了现实境遇，现实关系"，④ 强化了亲情，享受到了从未有过的快乐和幸福。

(二)小学德育课程作业内容的重点

小学德育课程作业内容的重点要围绕学生的个人生活、家庭生活、学校生活、社区生活、热爱祖国、关注世界六大方面来进行选择和运筹。

1. 个人生活方面

重点应围绕引领学生养成良好的生活和劳动习惯，做到文明购物、文明上网，遵守通信的基本礼貌和网络道德，具有基本的文明行为；辨是非，讲诚信，有羞耻感；能自我提醒、自我管束，具有反思、反省自我得失的能力；勇于解决问题，不怕困难，珍爱生命，能控制、调整自己的情绪，抵制不健康的

---

① 鲁洁．道德教育的根本作为：引导生活的建构[J]．教育研究，2010(6).

② 同上．

③ 靳岳滨，杜时忠．义务教育课程标准实验教科书品德与社会三年级上册[M]．武汉：湖北教育出版社，2003.

④ 鲁洁．道德教育的根本作为：引导生活的建构[J]．教育研究，2010(6).

生活方式，远离毒品等方面的问题设计作业。例如，教学《我的好习惯》①的课尾，教师设计的作业，如表 7-1 所示。

表 7-1　学生作业卡

要养成的好习惯	周一	周二	周三	周四	周五	周六	周日
按时起床							
不挑食							
……							

要求学生回家后把这张卡片送给爸爸、妈妈看，听听他们的意见。然后把修改好的卡片贴在自己想贴的地方。每天晚上对照卡片中要养成的好习惯检查一次，哪一条做到了，就在相应的空格内贴上金色的五角星。这种课后延伸设计主要是促使学生养成良好的行为习惯。

2. 家庭生活方面

重点应围绕引领学生懂得感恩、孝亲敬长，积极承担力所能及的家务，具有家庭责任感；合理消费，勤俭节约；学会化解自己和长辈间的矛盾；做到与邻里和睦相处，爱护家庭周边环境等方面的问题设计作业。例如，《我的一家》②一课，教师设计的作业是："向父母建议，全家人利用双休日到离家不远的景点去旅游，别忘了用相机留下家人的笑容。"

3. 学校生活方面

重点应围绕引领学生尊敬老师，增进同学、朋友间的真正友谊，男女同学友好交往；珍惜时间，养成良好的学习习惯；关心集体，积极参加集体活动，维护集体荣誉，体会民主、平等在学校生活中的现实意义以及画学校平面图等问题设计作业。如教学《我们的合作》③，教师设计的作业是"先策划好，与同学合作做一件事，并就完成这件事后的心情和感受写一篇日记，并加上自我评价和同学评价"。

4. 社区生活方面

重点应围绕引领学生尊重不同行业的劳动者，对老年人和残疾人等弱势人

---

① 赵昕. 义务教育课程标准实验教科书品德与社会五年级下册[M]. 北京：人民教育出版社，2004.

② 靳岳滨，杜时忠. 义务教育课程标准实验教科书品德与社会三年级上册[M]. 武汉：湖北教育出版社，2003.

③ 鲁洁. 九年义务教育六年制小学教科书（实验本）品德与社会四年级上册[M]. 南京：江苏教育出版社，北京：中国地图出版社，2003.

群有同情心和爱心；知道有关交通常识；了解公共生活中不同社会群体享有同等的公民权利，应相互尊重，平等相待，不歧视；学会选购商品，知道维护消费者权益；自觉爱护公用设施，自觉遵守公共秩序，维护公共安全；增强环境意识和社会责任感，主动参与力所能及的环境保护活动；了解本地的民风、民俗、文化活动以及识读本地区、旅游景区等小区域的平面示意图等设计作业。如教学《不说话的朋友》①，教师设计的作业是："调查一下，我家附近的公共设施有哪些？状况如何？采用你最适合的方式为爱护公共设施尽点力"，并进行自我评价、社会人士评价和同学间的评价。

5. 热爱祖国方面

重点是引领学生热爱祖国，知道我国的地理位置、领土面积、海陆疆域、行政区划、名山大川、名胜古迹，体验热爱祖国的情感；尊敬国旗、国徽，敬仰民族英雄和革命先辈，树立奋发图强的爱国志向；热爱中国共产党、热爱中国人民解放军、关心时事，特别是我国改革开放所取得的新成就；感受中华民族对世界文明的重大贡献，激发自豪感和自信心；知道我国各民族共同创造了中华民族的历史和文化，尊重不同民族的生活习惯，增进民族团结；知道不同自然环境的差异与人们生产、生活方式的关系，了解我国的工农业生产，感受交通在人们生活中的作用；学习利用传媒和网络，安全有效地获取信息，遵守网络道德，具有在自然灾害面前自护与互助的能力；初步了解自己拥有的基本权利和义务，初步具有民主与法制意识等方面的问题设计作业。例如，教学《隔海相望》②的第二节《历史告诉我们》一课，教师设计的作业是：呈现视频（郑成功举行受降仪式的场面。郑成功居中，英姿焕发，左右是威武庄严的卫士。下方是荷兰侵略者头目，躬腰脱帽，垂首行礼，还有几个残兵败将，也躬腰低头，战战兢兢），然后让学生移情思考，"如果你是参与受降仪式中的一名中国战士，你会有什么感受呢？"学生借助完成这道作业，激发了自己的情感。有的说："我会像过节一样高兴，因为中国人民打败了荷兰侵略者。"有的抒发自己的情感："郑统帅为中国人民争光，为中华民族扬威，是了不起的英雄。"有的激情满怀："我们打败了荷兰侵略者，让他们乖乖投降了，台湾宝岛又回到了祖国的怀抱。作为一名中国战士，我感到光荣。"通过育情性作业的训练，

① 靳岳滨，杜时忠. 义务教育课程标准实验教科书品德与社会四年级上册[M]. 武汉：湖北教育出版社，2003.

② 鲁洁. 九年义务教育六年制小学教科书（实验本）品德与社会六年级上册[M]. 南京：江苏教育出版社，北京：中国地图出版社，2004.

既培育了学生扬中华民族之威的自尊感、自豪感，同时又激发了他们从小立下报国的志向。

6. 关注世界方面

重点是围绕引领学生爱护地球、反对战争、热爱和平；知道世界的大洲、大洋的位置，具有读图能力；利用求同思维和求异思维，比较不同国家、地区、民族的生活风俗、传统节日、服饰、建筑，尊重文化的多样性，激发对世界历史文化的兴趣；了解我国与世界各国经济相互依存关系；了解科学技术与人们生产、生活及社会发展的关系等问题设计作业。如教学《战争给人类带来了什么》[①]，教师设计的作业是画一幅揭示战争罪恶的漫画，并加上自我评价和同学的评价。

三、小学德育课程作业形式的创新

小学德育课程作业内容与作业形式是相互联系的。内容决定形式，形式服务内容。伴随小学德育课程作业内容创意的转型，与之匹配的作业形式必然会有所突破和创新。总结前一段广大教师的探索和实践经验，小学德育课程作业形式的创新主要表现在如下几个方面：

（一）图文匹配的作业形式

小学德育课程由单调、枯燥的文字型作业，转变为生动鲜活，有文、有图、有表的形式多样的作业。传统思品课教材的作业，不管是低年级，还是高年级，一律用文字陈述，缺乏童趣，疏离童心。小学德育新教材的作业，一般都采用文图匹配的方式。例如，《己所不欲，勿施于人》[②]一课所设计的移情型作业，其图包括由两个轴心圆（一个圆涂上蓝色、一个圆涂上红色）所连接的十个小圆，（五个小圆涂上紫色、五个小圆涂上黄色）主要是让学生按照轴心圆内提出的"我不希望别人……"，"我就应该……"的思考方式，进行将心比心、推己及人的十项训练，以达到润泽学生心灵的目的。类似这样的作业，形式鲜活，包装新颖，深受学生的喜爱。

（二）看图表演的作业形式

看图表演既要借助观察、思维理解图意，同时又要充当画面中的角色，将其应有的道德态度、道德情感和道德行为表现出来。这类作业的形式很有吸引

---

① 靳岳滨，杜时忠. 义务教育课程标准实验教科书品德与社会六年级下册[M]. 武汉：湖北教育出版社，2005.

② 同上.

力，能够充分调动学生参与作业的积极性。例如，教学《学做文明人》①这个单元，教师设计了看图表演作业，题中呈现了四幅图，主要人物除小林和大雷外，还有公共汽车上的乘客、文具店的售货员等。每幅图都勾勒了一个情境：图①小林下公共汽车时，不小心碰了一位乘客；图②小林到大雷家，和大雷做伴去买东西；图③两人到文具店买本子；图④两人在老师办公室里，大雷劝说小林不要乱翻老师的教案。这道看图表演作业，一方面是针对在不同场域中与不同身份的人有礼貌的交往，要尊重别人，不损害别人；另一方面还要懂得并能正确充当被碰乘客、售货员和大雷的角色，需要表现与这些角色相适应的行为举止。

(三)画示意图的作业形式

例如，《请到我的家乡来》②，教材设计了家乡一日游的行程安排，并要求画出旅游线路图。

时　间	行　程
———	———
———	———
———	———
———	———

北
⇧

学生们依照自己对家乡旅游资源的了解，确定景点的安排次序，中间还包括了中午用餐时间，想得十分周到。面对旅游线路图，学生用学到的地图知识，画得虽不精致却也明了。画示意图一般要注意三点，其一，要引领学生学以致用；其二，不要约束过多，要鼓励学生大胆创意、描绘；其三，要创造机会让学生将自己的想法和作品与他人分享，让智慧成果的效益最大化。

(四)时事讲演的作业形式

按照《课程标准》提出的"每日两分钟轮流播报新闻或见闻"③的要求，教师可设计常规性作业。即每节课前，由一名学生向全班学生发布近一周发生的国际国内重大时事或社会热点问题，要求简明扼要地交代事件的背景情节以及该

---

① 靳岳滨，杜时忠. 义务教育课程标准实验教科书品德与社会二年级下册[M]. 武汉：湖北教育出版社，2005.

② 鲁洁. 九年义务教育六年制小学教科书(实验本)品德与社会三年级下册[M]. 南京：江苏教育出版社，北京：中国地图出版社，2003.

③ 中华人民共和国教育部. 品德与社会课程标准(2011年版)[S]. 北京：北京师范大学出版社，2011.

事带来的启示。然后由几名学生评议。作业的操作按学号轮流。借助这类作业既可以"培养学生收听收看新闻，观察事物，积累材料的习惯"①；同时又有利于锻炼和提高他们的分析能力和表达能力。

（五）个人展示的作业形式

例如，教学"自画像"②，教师设计了申报"班级吉尼斯"的作业，每位同学至少申报一项班级吉尼斯，填写好申报表，并准备进行现场展示。该作业激发了学生的兴趣。同学们课前积极准备，课上自信地展示，课堂现场掀起高潮。一些平时默默无闻的学生通过展示让同学们刮目相看。借助展示性作业，学生重新认识了身边的同学，也重新认识了自己，增强了自信心。这样的作业，打破了传统思品课作业的死板性，对教材进行了拓展和延伸，形式灵活多样，学生在完成作业的过程中获得了更多展示自己能力的机会和更大的发展空间。

（六）策划运筹的作业形式

策划性作业主要是围绕实现一个愿景、解决一个问题让学生在策划运筹的基础上，具体地去完成创意方案或创意作品。如教学《我的邻里乡亲》③，教师设计的作业是："请你从实际出发，为你家和邻居之间设计一次旨在促进邻里和睦的联谊活动方案。"借助策划性作业，能凸显学生的主体意识，有利于提高他们的运筹策划能力、动手能力、分析问题和解决问题的能力。

（七）实践操作的作业形式

社会实践性作业是在教师的组织和指导下，由学生亲自参与社会实践的过程，这对于开阔儿童的视野，增长他们的社会经验是非常必要的。例如《社会生活中的民主》④设计的社会实践性作业："结合本地区的情况，选择一个小小的调查主题，拟订一份调查表，搞一次民意调查。然后把调查的结果整理出来，看我们从中了解到了什么。"学生在作业时分成若干小组，分别选择了"旧城区拆迁的居民安置""怎样解决污染性小广告：城区牛皮癣的问题""居民对医院药房药价的意见"，等等。然后以作业为桥走进社区，进入居民家中，广泛地了解民意，倾听民声，最后把调查后整理出来的结果，送给政府的有关部门

---

① 中华人民共和国教育部．品德与社会课程标准（2011年版）[S]．北京：北京师范大学出版社，2011．

② 鲁洁．九年义务教育六年制小学教科书（实验本）品德与社会三年级上册[M]．南京：江苏教育出版社，北京：中国地图出版社，2002．

③ 赵昕．义务教育课程标准实验教科书品德与社会四年级上册[M]．北京：人民教育出版社，2003．

④ 赵昕．义务教育课程标准实验教科书品德与社会五年级上册[M]．北京：人民教育出版社，2004．

或社区的负责人。类似这样的作业，有利于学生走进群众，了解社会，增强社会实践能力。

（八）思辨说理的作业形式

小学德育课程要实现意义建构，必须要强化学生的道德思维操作，实现由感性认识到理性认识的升华，让道德良知铭刻在学生的心头。诚然，传统思品课作业是很重视思辨性作业的，但不足的是作业的命题生硬、呆板、封闭，追求的是唯一答案。与此迥然不同的是，小学德育新课程的思辨性作业有如下三个特征：一是针对性。小学德育新课程的思辨性作业不是泛泛而论，而是把学生现实生活中的难题和生命成长中的困惑作为思辨的问题。例如，《己所不欲，勿施于人》①设计的作业："胡文要买练习本时发现自己口袋里的 5 元钱没有了。胡文指着赵磊的鼻子说：'我丢了 5 元钱，是你捡了，快还我！'旁边的王晶听后抢着说：'你忘了，5 元钱不是你借给我吃中饭了吗？'听了胡文的话，赵磊的心情怎么样？如果你是胡文，你会怎样对待赵磊？如果你是赵磊，又将如何对待胡文？"这道题的设计，旨在让学生明白：自己的言行一定要顾及他人的感受，要学会换位思考，多想一想如果别人也这样对待我，我会怎样，从而避免对他人的伤害。类似这样的作业，具有很强的针对性，有利于学生学会化解同学间的矛盾、冲突、误解，从而增强自己的德性和生活智慧；二是设障性。小学德育新课程的思辨性作业，不是让学生轻而易举地就能言说或书写，而是设置了障碍，具有一定的难度。因为思维的脾性喜欢挑战难题，发展儿童的道德思维也不例外，一般通过设置"两难情境"的作业，将学生的道德思维由表及里引向深入。例如，教学《让友谊之树常青》②一课，教师设计的作业是："小明和小华都是班长的候选人，小明是你的好朋友，但小华比小明优秀，你会选谁呢？说一说你的理由。"类似这样的思辨性作业，可以让学生直面真实的道德冲突。在"两难"的思想博弈中，接受心灵的洗礼，以实现道德境界的提升；三是开放性。不仅思辨性作业的内容是开放的，而且答案也不禁锢在只有一个标准答案的框子里。学生可以针对作业的议题，放飞自己的思想，倾诉自己的感受，阐明自己的观点。如此，我们从作业中可以读到一个个鲜活的、真实的学生的所思所想所论。这对于培养健康人格、开阔视野、开发学生的潜能

---

① 靳岳滨，杜时忠．义务教育课程标准实验教科书品德与社会五年级下册［M］．武汉：湖北教育出版社，2004．

② 靳岳滨，杜时忠．义务教育课程标准实验教科书品德与社会五年级下册［M］．武汉：湖北教育出版社，2004．

是极其有利的。

（九）法庭审理的作业形式

例如，教学《地球生病了》①这个单元，教师采用法庭听证审理的形式设计了一道作业：近来有许多自然界的受害者纷纷向我诉说冤情，他们有森林、河流、空气、珍稀动物。他们说受到了人类的伤害。我们的"环保法庭"将开庭审理。各位小律师，可以选择一至两个受害者，通过调查取证，看看他们到底受到了哪些伤害？让我们来比一比，哪位律师最优秀？类似这样的作业，将调查实践、理性思维融于生动活泼的形式之中，不仅有利增强学生的环境意识，而且有利于培养学生调查取证、分析和解决问题的能力。

（十）协同合作的作业形式

传统的思品课作业，百分之百都是学生的个人作业。伴随学习方式的转变，小学德育新课程的作业设计，除了注重学生的个人作业外，同时也关注学生的团队性作业。例如教学《现代工业产品的诞生》②一课时，教师把学生带到学校附近的"铁将军防盗设备公司"进行实地考察。考察前师生商议参观考察应注意什么？作为公民在走向社会时应具备哪些素质？这一活动前的预热，为学生搭建一个知行合一的平台。在考察中学生时时注意自己的言谈举止，受到公司员工的一致好评。学生们在参观中了解了什么是流水线、流水线对工人的要求以及机械代替手工劳动的先进性。回来后，教师让同学们分小组以流水线的方式制作一本练习本。学生完成作业时表现出比以往任何时候都更乐于合作，因为他们知道，任何一个环节的失误都可能影响全组的效益。

协同合作的作业十分重要。因为学生在开展小专题研究、实施社会调查时，不是单个学生能完成的，而是需要学生伙伴间的合作，有时甚至需要彼此间较长时间的配合。学生完成团队性作业，需要彼此信任，互相帮助，然后将各人完成的任务进行整合，并在小组内进行加工、完善。如此就能有效培养学生的团队精神和合作品质。正如新版《课程标准》所指出的：协同合作的作业形式有利于培养学生"与他人合作完成学习任务的能力"。③

（十一）渐进积累的作业形式

培养优良的道德品质、道德情感、道德行为需要反复训练，不断强化，渐

---

①　鲁洁．九年义务教育六年制小学教科书（实验本）品德与社会六年级下册［M］．南京：江苏教育出版社，北京：中国地图出版社，2004．

②　刘松．小学品德与社会课程的实践与思考［J］．基础教育课程，2012（3）．

③　中华人民共和国教育部．品德与社会课程标准（2011 年版）［S］．北京：北京师范大学出版社，2011．

进积累，不断扩大道德成长的战果。按照品德发展的这一特点，小学德育课程设计了渐进积累性作业。例如，《我的好习惯》①设计的一道作业：卡通画面上呈现的是一棵树，枝干和枝条上有许多树叶。这道作业的提示语是："这是一棵成长树，只要你养成一个好习惯，就可以在树叶上写出来，并涂上颜色。"这道作业不受时空的限制，学生只要养成了一个好习惯，就可以在"成长树"上的一片树叶上写出来。类似这样的作业，能鞭策、激励学生不断地努力去养成一个又一个的好习惯。

（十二）自由选择的作业形式

顾明远教授指出："教师根据学生的特点和需要设计各种学习环境，并且帮助学生进行选择，"特别要注意"把学习的选择权还给学生"②。对于小学德育课程作业来说更应如此。例如，教学《不屈不挠的中国人》③这个单元，教师设计了一道自由选择的作业："请阅读本单元的历史人物卡片（如表 7-2 所示），针对三项任务：①写出历史人物的颂文；②写出一幅历史画的画评；③写出一部历史电影的观后感。"请你从人物卡片中选择一个对象，从三项任务中选择一种，在两个月内完成。

表 7-2 "不屈不挠的中国人"中的历史人物卡片（以教材呈现的先后为序）

单元	序号	历史人物	序号	历史人物	序号	历史人物	序号	历史人物	序号	历史人物
不屈不挠的中国人	1	林则徐	5	董必武	9	聂耳	13	陈毅	17	吉鸿昌
	2	邓世昌	6	陈潭秋	10	杨靖宇	14	刘伯承	18	江竹筠
	3	孙中山	7	朱德	11	赵一曼	15	邓小平		
	4	毛泽东	8	田汉	12	狼牙山五壮士	16	林觉民		

类似这样的选择性作业，有利于"尊重学生的选择权，发挥学生的主体性和主动性，学生的潜能才能得到充分发挥"④。

---

① 鲁洁.九年义务教育六年制小学教科书（实验本）品德与生活二年级上册[M].南京：江苏教育出版社，北京：中国地图出版社，2002.

② 顾明远.把学习的选择权还给学生[J].新华文摘，2012(9).靳岳滨，杜时忠主编.九年义务教育小学教科书课程标准实验品德与社会五年级下册[M].武汉：湖北教育出版社，2004.

③ 靳岳滨，杜时忠.义务教育课程标准实验教科书品德与社会五年级下册[M].武汉：湖北教育出版社，2004.

④ 顾明远.把学习的选择权还给学生[J].新华文摘，2012(9)；靳岳滨，杜时忠.九年义务教育课程标准实验教科书品德与社会五年级下册[M].武汉：湖北教育出版社，2004.

（十三）引发创造的作业形式

注重开发和培养学生的创新精神和创造能力，是新一轮基础教育课程改革的根本价值取向。这一要求无疑要贯彻到课程的方方面面，作业设计也应如此。小学德育课程的创造性作业一般按照教育主题的目标取向进行设计，作业题中往往先提供一定的材料或背景知识，让学生在消化、理解既定材料的基础上，再进行拓展和创造。例如，《美化家园》①设计的创造性作业：续写关于保护环境的小诗。教材提供了小诗的前三节："请不要把树木砍光/留一片茂密的树林/做动物的乐园，小鸟的天堂/请不要把草原垦光/留一片青翠的绿茵/做牛羊的牧场，骏马的操场/请不要把垃圾扔在地上/留一块干净的空间/让我们游戏、玩耍。"作业的要求是按照"请不要____/留____/____/的句式，把这首小诗补充完整"。学生在充分理解作业提供的材料，领悟诗的旨趣的基础上，然后驰骋想象力，彰显其创造的灵性，通过对人与环境很多关联点的思考，从而完成了对诗的拓展。有的学生富有创意地写道："请不要随意拧开水龙头/节省更多更多的水流/去浇花木，灌田地。"有的儿童表达了自己的诗意寄托："请不要扔掉能再次使用的物品/留下来让人们去继续加工改造/这样既节约了财富，又会减少能源损耗。"苏霍姆林斯基说："每一个孩子就其天性来说都是诗人，""要让他内心里诗的琴弦响起来，""要教给他发觉各种事物和现象之间的众多关系，激起他们自己的活生生的思想来。"上述创造性作业，就具有"让儿童内心中诗的琴弦响起来"的功效。不仅如此，学生在完成作业中，通过创造想象，释放出自身的诗意和激情，实际上参与了对新课程的开发和创造。

（十四）放飞个性的作业形式

小学德育课程按照对学生作业要求、作业规格的不同，可分为统一性作业和个性化作业。统一性作业是针对全体学生的，而个性化作业不同，它特别关照个体的差异，重在呵护儿童独特的内心世界，旨在彰显其个性、特长，开发其潜质，激励不同学生各具特色的个性化表现，以满足不同层次学生的不同需要。个性化作业不设定统一的标准答案，也不追求唯一答案，而是充分尊重学生对问题的独特理解和富有创意的表达。如《赠人玫瑰，手有余香》②一课设计的自我规划型作业，让学生预设自己的玫瑰愿望，设计好"玫瑰行动"计划。类

① 赵昕. 义务教育课程标准实验教科书品德与生活二年级下册［M］. 北京：人民教育出版社，2002.

② 靳岳滨，杜时忠. 义务教育课程标准实验教科书品德与社会五年级下册［M］. 武汉：湖北教育出版社，2004.

似这样的作业，凸显了学生个体的特点，其"玫瑰行动"计划可能是一个学生就有一个版本。苏霍姆林斯基强调要安排放飞个性的作业，"如果教师不给学生布置个性的作业，那就说明了他没有研究每一个学生的力量、可能性和能力"。

归结全节，小学德育课程作业的创新，主要表现在作业设计理念的创新、作业内容的创意优化和作业形式的创新。小学德育课程作业的创新有利于充分展示儿童主动学习的风采，有利于培养学生的创新精神和实践能力；有利于学生倾吐心声，孕育创意、开发潜能、提升认识、陶冶情感、优化行为，真正享受到过有道德生活的快乐。

复习与思考

1. 简述小学德育课程作业的意义。

2. 小学德育课程作业与课改前的思品课作业相比较有哪些重要转变？

3. 小学德育课程作业的设计理念有何创新？

4. 小学德育课程的作业形式有哪些创新？请举例说明。

推荐阅读

1. 鲁洁. 再论"品德与生活""品德与社会"向生活世界的回归[J]. 教育研究与实验，2004(4).

2. 黄美蓉. 课程改革点击作业布置与批改[J]. 现代中小学德育，2003(7).

3. 陈剑华. 中小学生作业形式、作业评价问题的思考[M]. 上海：上海教育出版社，2006.

4. 陈光全. 品德课程的作业创新——关于品德课程作业的设计与价值[J]. 小学德育，2010(21).

第八章　小学德育课程改革的发展趋势

本章重点
- 小学德育课程教学的诗意性与教师的诗意营造
- 提升小学德育课程教学立美育人性品质的路径与策略
- 小学德育课程教学幸福的快乐性、价值性、超越性与教师引领
- 小学德育教师的发展愿景与自我修炼

第一节　大力提升小学德育课程教学的诗意性品质

小学德育课程教学是学校德育系统工程的主阵地，任何时候都必须强化。经历了十年课改，"中国的基础教育，不再是争论，而是建设，基于中国本土文化的建设"①。课堂是课程改革的核心地带；发展是课程改革的永恒主题。按照《国家中长期教育改革和发展规划纲要(2010—2020)》的精神和要求，德育课程是培育学生美好心灵的软件工程。小学德育课程要实现强劲发展，必须狠抓素质教育的落实，大力提升课程教学的诗意性品质。

一、小学德育课程教学诗意性品质的内涵

诗是人类以节奏、韵律、谐趣等形式，观照人与自然、人与社会、人与自我三者关系的最高想象、最强烈感受的一种形式。

人是在一定的情境中生活，有激情，喜欢过一种有节律的生活，对美好事物充满憧憬和想象。这"境""情""韵"和想象，恰恰就是诗的特性。诗意性象征着人的本性，也是小学德育课程教学所要追求的境界。

"诗"基于生活又高于生活；"诗"是生活的浓缩和结晶。荷尔德林有一句名言："人，诗意地栖居在大地上。"诗意的生存，就是那种在生活里到处都能感受到趣味和美好的生存。诗意性包含着灵动和创造的元素。鲁洁教授说："教育要触及人的心灵，使人在心灵层面发生变化，只有创设心灵沟通和碰撞的平

---

① 余慧娟. 课改十年，我们走了多远[J]. 人民教育，2011(18).

台，使心与心得以相遇……这种时候会使人感到人的心灵是如此的可爱！课堂生活又是如此的美好！"①

所谓小学德育课程教学的诗意性品质是指营造诗意的环境，采用诗意性的教学形式和教学语言，激发真情实感，引发诗意想象的教学。它所追求的就是要营造人与人的心灵相遇，通过沟通和碰撞，让人感到人的心灵是非常可爱、课堂生活是非常美好的一种境界。

二、小学德育教学的诗意性与教师的诗意营造

（一）呵护童心的诗意性

每个孩子都是"游戏家""幻想家"。儿童与成人不同，他们用诗意的眼光审视生活，他们喜欢面对无生命的事物并与之交谈，仿佛这些东西就是有生命的人。② 孩子们心灵深处都有一串串梦想。有梦就会有诗。有学者认为："儿童总是以想象的方式建构世界与自我之间的生动联系，不断地唤起儿童对周围事物的想象，实际上就构成了丰盈少年个体生命内涵的基本路径。"想象和梦想不仅拓展了人的成长空间，而且激活了人的发展可能性。儿童的这种天性"恰恰是文化生长的根基，是人类生生不息的秘密，是儿童富于创造性的秘密"。③

诗意的课堂应当是让孩子的梦想自由飞翔的地方。小学德育课程教学彰显诗意性品质，就要以儿童为本，呵护童心。

所谓呵护童心，"就意味着要看重人的身心发展的自然规律，就意味着尊重自然，去枷锁，尚自由"；④ 就意味着要注重扩展儿童的想象空间。因为儿童想象的扩展就包含着自我超越的可能性。呵护童心实质上就是保护他们以儿童的姿态与周遭事物相遇，在想象中获得个体与周遭事物丰富而生动的联系。教师应站在儿童立场上，"用'诗意'的视角引领儿童去发现，用'游戏'的方式引领儿童去经历，用'童话'的方式去表达"⑤，要细腻地从孩子们心灵深处去拨动那些诗意的心弦。如此，发自儿童心灵美妙的诗就会如泉水般涌出。这是小学德育课程教学营造诗意性品质所应坚守的本体论立场。

① 鲁洁. 行走在意义世界中——小学德育课堂巡视[J]. 课程·教材·教法，2006(10).
② ［意大利］维科. 新科学[M]. 北京：人民文学出版社，1986.
③ 刘晓东. 论教育与天性[J]. 南京师范大学学报(社会科学版)，2003(4).
④ 同上.
⑤ 汪树林. 让教育保持一份儿童视角——建构"儿童教育观"的诗与思[J]. 江苏教育研究，2007(6).

（二）激活教材的诗意性

小学德育教材洋溢诗意，充满诗情。如"我的家"①，设计的引言："树叶是小毛虫的摇篮，花朵是蝴蝶的小床。歌唱的鸟儿都有一个舒适的窝，辛勤的蚂蚁和蜜蜂都住着漂亮的大厦。螃蟹和小鱼的家在蓝色的小河里，绿色原野是蚱蜢和蜻蜓的家。可怜的风没有家，跑东跑西也找不到一个地方歇一下。漂亮的云没有家，天一阴就急得不住的眼泪滴答。我们最幸福了！生下来就有妈妈爸爸给准备好了家，在家里我们要快快乐乐地长大。"课首，教师用磁性的语言，真挚的情感朗诵，孩子们为之倾倒。他们在领悟诗意、体悟诗情的氛围中，张开了学习的双翼，兴致勃勃地进入到诗意浓浓的学习情境中，充分感受到家的温暖和舒适。

（三）课堂环境的诗意性

课堂环境主要指心理环境。课堂是师生共同的精神家园。马克思指出："一个人的发展取决于和他直接或间接进行交往的其他一切人的发展。"②课堂是教师和学生交往的天地。"爱"是营造诗意课堂的源泉。瑞士教育家裴斯泰洛齐认为，在课堂境域中，只有爱、情感和信任交织在一起，才能有良心的萌芽，才能培养学生的美德。追求充满诗意的小学德育教学就要营造互信互赖的心理空间，让自由、平等、和谐的精神充盈其间。师生应是偕同进入课堂的伙伴，是学习的共同体，因此不存在谁尊谁卑、谁高谁低的地位落差。在这种充满诗意的环境中，基于主体人格的等价性，师生应在心理上实现零距离对话。教师给予学生更多的是关爱、尊重和宽容；学生从教师那里得到更多的是呵护、欣赏和期盼。有了这种诗一般的人际心理环境，学生的生命成长和德性养成就有了肥沃的土壤。

建构和谐的人际环境，课堂就会流淌诗的音韵节律。师生在如歌如诗的美妙环境中学习道德，学生的整个心灵都被诗意浸润了，无疑会促进他们健全人格的养成。

教学环境的诗意性还体现在对弱势学生的呵护和关爱上。生活在"绿色生态"环境中的每一个学生都享有尊严和学习的快乐。课堂上没有被遗忘的角落，不存在谁被忽视、谁被冷落的问题。特别是一些弱势学生，不仅没有被边缘化，而是沐浴在爱的暖流中。这是教学生态和谐美中最动人的景色，也是小学

---

① 靳岳滨，杜时忠. 义务教育课程标准实验教科书品德与社会三年级上册[M]. 武汉：湖北教育出版社，2003.

② 马克思恩格斯全集（第二卷）[M]. 北京：人民出版社，1990.

德育课程教学诗意性品质着力要营造的风景。

【案例 8-1】

我捧着一本崭新的教科书，笑意盈盈地提早站在了一（3）班教室门口，看到了四十八张陌生而可爱的小脸。

第一堂课的内容是《拉拉手，交朋友》。在教学的第三个环节，我启动了音乐盒。在《找朋友》的音乐声中，开展"找朋友"游戏。学生都找到了几个朋友，只有一个小朋友转了一圈仍然孤独一人。老师随着音乐跳到这个孩子跟前："哇，你真调皮，到这儿来了，我可找到你了，好朋友。"然后，拉着孩子，融进了音乐声中。活动结束，老师不忘紧紧拉着自己这位亲密朋友。众多学生真羡慕，这孩子也笑了。

从这个案例可以看到，为了营造小学德育课程教学的诗意性品质，教师悉心关注每一个学生的学习状况和表现；并善于对那些处境尴尬的弱势学生，艺术地、机智地播撒爱的阳光，从而将一个"小可怜"变成了"小可爱"，使课堂上的每一个学生都享受到了学习的快乐和幸福。

（四）真情涌动的诗意性

无情不能赋诗，无情亦不能育德。正像寂寞的空山需要鸟鸣，平静的大海需要浪花。德育课堂不应是冷冰冰的生硬灌输，不应是枯燥乏味的单向言说。小学德育课程教学需要有激情、需要有感动。追求充满诗意的德育教学，特别要引发学生内心的感动。什么是感动？作家毕淑敏在《感动是一种能力》中给了一个最平直的解释，那就是"感情动起来了"。小学德育课程教学要表现以"浸润"和"体验"为特征，凸显情感的价值。苏霍姆林斯基认为："情感是道德信念、原则性和精神力量的核心和血肉。没有情感，道德就会变成枯燥无味的空话。"①

实施小学德育课程教学，教师要编织一条微妙的情感纽带，并借助认知因素的协同，由低而高地引导学生从"感触"（进入情境，捕捉触点，感知人和事）、"感受"（延续感触，引发对人和事的感受）、"感染"（受情感的进一步熏陶，产生感同身受的移情体验）、"感悟"（引起道德认识的升华）、"感动"（在情感的驱动下真正有所行动）、直至"感化"（形成某种自动化的良好品质和智能结构）。人有了"感悟""感动"，意味着他的情绪已经发展成了情感；而一旦感化了，意味着情感已经发展成为人的一种情愫。

要营造真情涌动、凸显诗意性品质的课堂。首先，教师要充满生命活力，

---

① ［乌克兰］苏霍姆林斯基. 帕夫雷什中学［M］. 赵玮，等译. 北京：教育科学出版社，2000.

以自己的奕奕神采、澎湃激情、撼动学生的心灵，使他们在课堂上因兴奋而雀跃，因激动而流泪，因悲痛而扼腕，因惋惜而唏嘘。儿童有了感动，幼嫩的心灵就会震颤，一颗善的或美的种子就会悄然入土、萌芽生长。其次，教师要善于用诗的方式表达自己的生命感动，善于把寻常的道理，烹制成可口的美味；善于将习以为常的生活，点缀出诗意的灿烂。如此，德育的价值就会因情感的介入而得到彰显，儿童就会因善良情感的浸润而显示出生命的亮色。

（五）意义建构的诗意性

意义建构是指学生对道德观点、社会价值的理解、认同和内化。在美好的人生历程中，诗意和意义总是相互簇拥着前行的。小学德育课程意义建构的诗意性，首先表现在学生追寻意义的过程是全身心投入的过程。在这个过程中他们的各种潜能被激活，各种能量得到释放和扩张，各种精彩观念会源源不断涌现。课堂上儿童诗意的灵舞，内孕于思维，外显于语言、升华为思想。正如学者所评价的，儿童"所有的思想都是诗"。（海德格林语）

意义建构的诗意性还表现在教师对学生的价值引导，如诗意蕴含，不露其痕。用教育改革家阿莫纳什维利的话说：就是"让儿童现在生活的河流里，引入一股他们未来生活的水流，要把我们藏匿在遥远地方的教育目的的种子移植到生机勃勃的儿童生活的心田"。对于小学德育课程教学而言，教师要善于将社会主义核心价值体系的精神种子，悄悄播入学生的心田，在春风化雨中使之拔节生长。

（六）教学境界的诗意性

诗有诗魂，课有课魂；诗魂张扬诗的精彩，而课魂则展示课的境界。小学德育课程所营造的诗意性境界，既是一种审美境界，也是一种道德境界。人内心的诗意能启发真，激励善，并与之浑然一体，创造出崇高的人生境界。当充满诗意的教学唤醒学生内心的诗意时，美的形象与美的心灵便会相互映照。

小学德育课程教学的诗意境界，是一种洋溢着情感、想象和爱的世界，它保留了属于人的内心活动的东西：伟大的激情、悲喜交集的感受、醉人的脉脉温情、包容天下的爱心……正是这些东西，才使得课堂充满诗情。营造教学境界的诗意性是小学德育课程教学的根本追求。

（七）教学语言的诗意性

诗意扣人心弦，诗性的语言最能打动人心。为了感受诗性语言的魅力，先说一个故事。国外有一个大型公园的管理者非常苦恼。本来园内就写了"摘花可耻""禁止摘花"等警示板，可有些人就是视若无睹，仍将许多绽放的花摘了，有的花被"毁容"扔在公园里。园长带着这个问题，请教心理学家威尔逊：应当如何解决？教授面带笑容地说："让我试试。"于是威尔逊亲自创意，为公园写了"花朵的自然之美正是你心灵之美的映衬""你欣赏花的美丽，花欣赏您的高贵""把花留在枝头，让美丽留在心灵"等温馨的提示语。说巧也巧，自此以后，公园再也见不到有损坏花草的行为。这个案例揭示了诗性语言的价值。

诗性语言不同于日常科学语言。科学语言基于对概念的解释，而诗性语言则是把外在特定情境中人的情感蕴含表达出来。教师的语言要诗意盎然，如春风化雨，滋润孩子的心田；教师的笑容要激情荡漾，似和煦的阳光，温暖孩子的心房。

小学德育课程教学要充满诗意，就要用诗一样的语言去染色。无论是讲解、提示，还是反馈、答问；无论是过渡、衔接，还是评价、总结，都要讲求精确、精练、精彩，这是教师的真情传递，是师与生心与心的交流。教师要善于针对不同课题、不同时空、不同情境、不同目的，选择不同的句式和传情方式：或大海潮涌，慷慨激昂；或溪水叮咚，声情并茂；或湖水微澜，以言载情；或滴灌浇苗，细声叮咛，声声入心。这种诗性的语言，是调动学生生活经验的媒介，是培养学生优良情感、态度、价值观的推进器，是拉响学生奋发进取的汽笛，是点燃学生生命意识的火种。

综上所述，小学德育课程教学的诗意性来源于诗意的生活。苏霍姆林斯基说："应该让我们的学生在每一节课堂上，享受到热烈的、沸腾的、多姿多彩的精神生活。"教师要善于运用文学、音乐、图画等美的手段，营造诗意的学习环境，从而把学生带入诗情画意之中，使他们在不知不觉中张开诗的翅膀，舒展诗的灵性，从而享受到诗性德育的快乐和幸福。

第二节　提升小学德育课程教学的立美育人性品质

大凡美的事物、美的元素，皆能吸引眼球，浸润心灵，引发人的审美体验。小学德育课堂应当是充盈美的天地。

一、小学德育课程教学立美育人性品质的内涵

所谓"立美育人"是指"按照自然美、社会美、艺术美的规律来塑造新人"[①]。檀传宝教授认为："德育应该成为'立美德育'。谓'立美德育'就是要让

---

① 丁谷怡，孙双金．重建课堂文化[M]．北京：教育科学出版社，2009．

德育过程成为立美，因而也成为审美的过程，就是要让美的法则成为德育活动的准则。以德育对象之德美创造为目标，立德育形式之美及师表之美是'立美德育'的主要内容。"①

小学德育课程教学的立美育人，旨在强调按照美的规律，采用美的元素，用以改善、优化课程教学内容、教学过程、教学媒体、教学方式和方法；教师注重彰显自己的人格美，善于借助和营造教学资源美、教学环境美、教学手段美，用以影响、陶冶、美化学生的心灵，促使他们成为具有"德美"的人。

二、小学德育课程教学为什么要注重立美育人

美的事物是儿童最容易、最乐意接受的。小学德育课程教学不可以没有美。注重"拿美来浸润心灵"（柏拉图语），较之其他课程显得尤为重要。因为美与善是紧密结合在一起的。人不善，既无德，也不美；反之，行善养德，人的行为则美。别林斯基说："美是道德的亲姐妹。"康德则认为："美是道德的象征。"②叶圣陶先生也表达了类似的观点。他说："晶莹的宝石岂但给你一点赞美的兴趣，并将扩展你的眼光，充实你的经验，使你的思想、情感、意志在更深更高的方向发展。"③

美不仅与善融通，而且美与真亦相依相存。德国思想家海德格尔指出："美是真理的闪光。"④陶行知先生强调，"千学万学学做真人"，表里如一，心灵敞亮，才能称得上具有"德美"之人。

人的美德往往在审美活动中形成。当学生感受到道德生活的美时，才能激发出强烈的道德情感，响应道德的召唤，把自己融入道德美的怀抱中。当学生感受到自然的美，才会热爱大自然；感受到社会生活的美，才会自觉地融入到社会生活中，自觉地培养自己的社会责任感。

小学德育课程"不只是对人部分能力的'培训'，更是对人之为人的'培养'"⑤。要培养学生良好的道德品质，崇高的理想，笃信真理，就必须以"美"辅之。如果学生离开了"美"的滋润，所谓求"善"、求"真"只能是句空话。《国家中长期教育改革和发展规划纲要》指出："要加强美育，培养学生良好的审美情趣和人文素养。"注重提升小学德育课程教学的立美育人性品质，绝非"额外

---

① 檀传宝. 德育美学观[M]. 太原：山西教育出版社，1996.
② [德]康德. 判断力批判上卷[M]. 北京：商务印书馆，1964.
③ 王毓龙，郭涵端. 课堂美育设计理论与实践[M]. 北京：中国科学技术出版社，2000.
④ 彭铎. 美学的意蕴[M]. 北京：中国人民大学出版社，2001.
⑤ 邱琳. 人的存在与价值教育[J]. 教育研究，2012(5).

的添加",而是落实《教育规划纲要》精神的需要,是由课程本身的价值追求所决定的。

三、提升小学德育课程教学立美育人性品质的路径与策略

怎样提升小学德育课程的立美育人性品质呢?

(一)打造教学的精致美

着眼于和服务于立美育人,小学德育课程要讲求教学的精致美。所谓"精",按照《现代汉语词典》的解释,乃"完善,最好"之意;"致"即细致。"精致"与"庞杂"、"粗糙"是决然对立的。教学的精致美,旨在象征教学的目标与手段,教学的内容与形式,教学系统中的各个要素与各个环节都很完美。教学的精致美包括如下要素:

1. 洞悉学情精准

教学精致美的首要标尺,不是教师"教"得如何精彩,而是学生"学"得精彩以及教师提供服务的精彩。据此,唯有精准地洞悉学情,教师才能把握教学起点,激活、调动并借助学生的已有经验,实现有意义的学习。唯有精准把握学情,教师才能基于学生的"最近发展区",提供有效的、最佳的"脚手架",引领学生实现知识和德性的建构,使之最优地达成教学目标。

2. 教学目标精当

"精当"即"精确恰当"。教学目标是教学的核心和灵魂。教学的精致美,表现在教学目标的精当,有三层含义:其一,针对性强。教学目标的设定,既基于《课程标准》的要求,同时又基于学生发展的需要,体现了两者的完美统一;其二,教学目标不空泛,不偏失。教学所设定的情感态度与价值观、过程与方法、知识与技能三维目标,相互依托,融为一体,具体表现为情感态度价值观目标要素以及过程与方法目标要素都寄寓在实现知识与技能目标的载体中;其三,课时教学目标,体现了与同一单元相关课题教学目标的相互联系、相互衔接以及所应承担的任务,体现了教学价值追求的连续性和阶段性的有机统一。

3. 教学内容精粹

"精粹"就是"精练纯粹"。教学内容的精粹与教学内容的庞杂、"拖泥带水"相对立,与教学内容的"单薄"、"肤浅"迥然不同。讲求教学的精致美,必须对教学内容加工、重组、使之具有"精粹"的特征。首先,教材是教学的文本资源,教师要深入钻研、挖掘,以提取文本中的精华;其次,要围绕最佳地实现教学目标,善于将教材文本内容与相关的教学资源进行重组、整合,借此提升教学内容的价值蕴含,使教学内容更契合学生的经验,更能激发他们的学习情

趣；最后，注重教学内容的活化，善于将静态的知识，转变为"有血有肉"的具有生命态的知识。具体可通过知识与学生生活经验的融通，知识与生活世界中相关事件的联结等办法使知识的呈现得以"活化"。如此，教学内容中的"知识点"就会彰显生命的光彩，跳动生命的音符。这是追求教学内容精粹不可或缺的一招。

4. 教学过程精到

"精到"是指"精细周到"（《现代汉语词典》）。教学的精致美，表现在教学过程的精到上，主要有三大看点：其一，教学预设与教学生成保持一定的张力。教学过程既严谨有序，一层一层推进，同时教师又善于捕捉课堂中的偶发因素以及师生、生生在对话交流、思想碰撞中"冒"出来的属于预设外的问题，从而演绎精彩的生成；其二，教学过程追求的应当是学生的发展，学生不应该成为适应外在目的而被训练的对象，而是在教师指导下，经历一段生命的历程，完成自我实现的人。教师的"教"要为学生的自我实现服务，学生的"学"要迸发出自主的力量。无论采用何种学习方式，都充分调动了学生学习的主动性、独立性和学习的内驱力，真正成为了教学过程的主人；其三，教学过程除了外在的形态外，其内隐部分则是学生的"思维意识流"。课堂如果没有学生的深度思考和思维的推进，没有学生思想火花的迸发，教学过程就会显得"苍白""肤浅"。讲求教学过程的"精到"，最根本的就是启动、激活、优化学生的思维过程，包括调动学生的形象思维、逻辑思维、发散思维以及多种思维方式的相互协同，从而催生学生精彩观念的产生，这是追求教学过程"精到"的核心所在。

5. 教学技术精妙

将现代信息技术引入课堂，这是彰显教学精致美的必备要素。教学技术运用的精妙，体现在教师善于借助视频、白板、多媒体对有关的知识点，对一个大系统中各相关因素的关联、对事物发展的因果联系，进行形象化、动态化地演绎、展示，对受时空所限不可及的特大宏观世界或特小微观世界，进行放大、缩微、分解、聚焦、透视，或化远为近、化虚为实、或化大为小、化小为大、或化抽象为具体，化复杂为简单，从而使认识对象瞬间进入学生的视线，变得活灵活现，真真切切。如此，不仅能激发学生强烈的好奇心和学习兴趣，而且有利于提升学生的认知洞察力、思维直觉力和心灵感悟力，这就是教学技术精妙所带来的教学效应。

6. 学习评价精巧

学习评价是教学实施不可或缺的要素。学习评价与学生的学习过程不可分离，应该相互匹配。学习评价的"精巧"表现在教师善于把评价变成对学生的学习的呼应，变成对学生的学习的帮助，变成对学生学习的引领，变成对学生的学习提供新的动力源。

7. 教学成果精美

教学的精致美表现其教学成果具有赏心悦目的特征。金银玉器等物质产品，因为其精美令人爱不释手。小学德育课程课堂教学是由教师和学生共同创造的精神产品，其精美性表现在营造了美的境界，展示了美的教学风采，演绎了美的教学情韵。当你有幸作为观察者进入到这样的课堂，就会情不自禁地感慨："太美了！看这样的课，真是一种享受。"小学德育课程教学的精美还表现在独一无二。因为教学内容有着具体的规定性，学生的具体情况不同，教学时空的境域有别，再加上教师临场发挥等因素的作用，每一节具有审美价值的课，都表现出了独特性，几乎不可复制、不可"克隆"、不可"拷贝"。

8. 教学效益精彩

教学的精致美聚焦在教学效益上：一是学生学得精彩。主要表现是学生学得主动，学得动心，学得动情，学得有法，学得快乐；二是基于学生成长意义上的精彩。学生在学习中动脑与动手相匹配，感性与理性相沟通，认知与情意相结合，实现了知识与能力的增长，德性与智慧的提升。置身于这样的课堂，你一定能感受到学生生命的拔节生长，一定能洞察到学生实现自我超越留下的精彩足印；三是师与生，相依相伴，相互激励，共同成长。教师在课堂生活中，为了学生的发展，释放了激情，贡献了知识、智慧和心血，而结为"共同体"的学生则学得精彩，实现了最佳发展。正是在师生这种良性互动中，教师彰显了生命的光彩，体验到了自己劳动的意义，感受到了职业生活的甜美和幸福。

综上所述，教学精致美，主要表现为"八个精"：即洞悉学情精准、教学目标精当、教学内容精粹、教学过程精到、教学技术精妙、学习评价精巧、教学成果精美和教学效益精彩。

（二）奏响教学语言的"交响"美

"交响"实际上是指乐团中不同管弦乐器演奏的由不同声音构成的和声。教学语言的"交响"，是对课堂中兼容不同声音的隐喻。

反思传统思品课教学，只讲求教师教学语言的严谨之美、音韵之美、造境之美、舒展之美和灵动之美，而淡化、疏远、漠视、消融学生的声音。教学不是讲演，如果课堂上唯有教师语言的展示，还能算美吗？答案是否定的。因为这种所谓的"美"，是与教师的话语霸权相联系的，是教师充当"独奏者"的产物。这种"美"只不过是一种畸形的美、病态的美，而不是课堂文化中真正意义上的美。

按照新课改的生态理念与教师的角色定位，教学不能由教师"独奏式"地表演，教学要着眼于学生的发展。在课堂这个舞台上，学生不能沦为失语的观众；恰恰相反，学生应是舞台中的主角。一节课所演绎的"话剧"，师生都应是"乐手"。只有当课堂有了老师和学生的"和声"，那就美了；如果课堂能够兼容不同的声音，通过师生、生生话语，思想观点的交流、碰撞能够引发学生精彩观念的脱颖而出，那就更美了。

小学德育课程教学如何彰显教学语言的交响美呢？

1. 教师要做课堂中美的语言示范者和引领者

(1)教师要善于运用文明礼貌语、清晰甜美的普通话进行示范；要善于采用形象性、情感性、哲理性、幽默性语言进行示范。所谓形象性，是指运用语言摹形描状，绘声绘色，善于勾勒出真切逼真的情境。所谓情感性，是指语言的传情感人，情真意切，如春雨飘洒，润物无声。所谓哲理性，是指教学语言精练、隽永、意味深长。所谓"幽默性"，是指语言的睿智特征，其言语或委婉诙谐，或奇妙有趣，让人在忍俊不禁的笑声中，领略到语言的言外之意和弦外之音。

(2)善于借助呼应性语言，引领师生、生生间的对话交流和意义建构。所谓呼应性语言，是指教师作为学生学习的服务对象，去呼应学生的学，服务学生的学。诸如采用商量性语言(如"你们说好不好?""大家有兴趣吗?")、激励性语言(如"你真聪明!""说得好极了!")、祈使性语言(如"这是一个新问题，请你帮帮老师，有没有解决的办法?")，教师讲求语言的呼应性，其实质就是引领学生更好地展示、表现自我，实现更好地发展。

2. 激励学生发出自己的声音，表达精彩的观念

美国功勋教师德·鲍拉说："'教'主要的在于'听'，'学'重要的在于'说'。"由于种种原因，有些学生在课堂上总是怯于表达，当教师请他发言时，或沉默不语，或用"我不知道"四个字加以搪塞。如果这些学生在课堂上失语，怎么能奏响教学语言的"和声"？又怎么能促进每一个学生的发展呢？为了建构教学语言的"交响美"，教师要营造充满爱的人际氛围，提供更多的时空和机遇，善于采用"设疑""激将""请教""咨询""商讨"等多种方式，助推学生敞开心胸，发出自己的声音，激励他们表达精彩的观念。

【案例 8-2】

教学《父母的疼爱》①一课，有一个环节是让学生自己倾诉如何表达对父母长辈的爱，并填写"爱的回报卡"。在讨论交流中，有的学生说："我要做妈妈的小棉袄，让她的心里感到温暖。"有的说："我要做爸爸的小信使，爸爸在外地打工，我每周要给他打一次电话，报告我的学习进步和家中的情况。"有的说："我要做爷爷的'小拐杖'，爷爷腿脚不便，我要搀扶他到外面晒晒太阳。"有的说："我要做奶奶的'小闹钟'，奶奶患高血压病，还老爱忘事。我要提醒她每天按时服药。"正当同学们倾诉美好心愿、交流爱心行动进行到高潮时，坐在后排的一个高个子男生站起来说："我要做妈妈的一条狗。"说完就坐到了座位上。

"你能变狗吗？"教室里出现了窃窃私语声，还夹杂着笑声。大个子学生感到不是滋味，整个脸都涨红了。为了能听到学生倾诉自己心灵的真实声音，教师并没有转移话语权，而是走到这个学生面前亲切地说："你怎么想变成狗呢？老师真想听听你为什么会有这种想法。"大个子学生又站起来用激动的语气说："去年我的爸爸去世，家中只有我和妈妈，我上学后，一栋楼内只有妈妈一个人，她胆子很小，很害怕。如果我做妈妈的一条狗，时时跟随妈妈的身边，壮妈妈的胆，妈妈就不会有忧愁了。""'说得真好！你这样爱妈妈，妈妈舍得你变成狗吗？"教师用赞许的语气说。"变狗不成，我的话有点粗，但爱妈、报答妈的心愿却是很强烈的。"听到高个子学生的这番话后，课堂响起了同学们热烈的掌声。

这个案例说明，教师走进学生，用心叩问，从而助推学生倾诉了发自美好心灵的声音。

3. 师生协同演绎教学语言的"交响"美

教师与学生组构成学习的共同体。教师与学生、学生与学生借助语言这个工具，实现"知识、信息、思想"的交换互动、分享与融通，不仅有效地实现了学生的发展，同时教师也学到了新的东西，感受到了事业成功的自豪。小学德育课程教学的精致化，在语言审美上所表现的特点就是教师的语言美，学生的语言也美，美美与共，师生共同演绎教学语言"交响"美的乐章。

(三)注重培养学生感知美、体验美、评价美和创造美的能力

崇尚美是人的天性，学生同样也希望在课堂上享受美的琼浆的润泽。他们

---

① 鲁洁. 九年义务教育六年制小学教科书(实验本)品德与社会三年级上册[M]. 南京：江苏教育出版社，北京：中国地图出版社，2002.

希望感受美的形象，享受美的环境、美的语言。据此，小学德育课程应当在心旷神怡的审美场中实施，师生在一起有声有色地进行审美感知、审美理解、审美共鸣，有滋有味地体验和分享"教"与"学"的快乐和幸福，这无疑是人世间最动人的景观。教师应当如何营造这种景观呢？

1. 入"境"察"形"，让学生成为美的发现者，以培养他们的审美感知能力

审美的主要对象是形象。美是通过形象来表现的。学生要发现美，就得调动自己的视觉、听觉、触觉等感官去感知多姿多彩的形象；如果缺乏感知的兴奋，他们就不可能有对美的感受。

(1)解读文本，入"境"察"形"，让学生成为美的发现者。小学德育课程教学要注重引导学生入"境"、察"形"。入"境"，就是让学生进入教材的道德人物所在的环境、所在的事件，进入道德人物的内心世界。察"形"，就是要扣住外显和内隐在课文和插图中的视觉、听觉和触觉形象，并从这些形象中去捕捉和发掘出美的因素。例如，《隔海相望》①一课，教师借助课件呈现了民族英雄郑成功统率船队，穿越海峡去反击外来侵略者的情境，堪称是一幅美的画卷。为了让学生领略其中的美，教师启导说："从课件上可以目睹三百多年前郑成功及其将士为收复台湾而英勇渡海的行为，请大家看看天，天空下的海，海上的船，船上的人，说说有哪些形象能引起你的欢心、愉悦和美的感受。"此时学生兴致勃勃地观察画面，他们看到了湛蓝的天空下，波涛汹涌的海面上打着"郑"字号军旗的船队浩浩荡荡，船上装载着军容威武的将士，正乘风破浪向台湾海峡挺进。大家为画面上水天一色的景色、船队磅礴的气势、威武的阵容所激动，真切地感受到渡海场面的壮美，并为自己能发现这种美丽兴奋不已。接着，教师又引导学生把视线投射到画面中心，去观察郑成功：他挺立在指令船船头，头戴将军帽，红色帽缨，犹如火焰熊熊燃烧；方正大脸上有一双炯炯有神的眼睛，正逼视着前方目标；肩头披着红色大氅，格外耀眼夺目；左手叉腰，右手握着宝剑剑柄，显现了坚定而无所畏惧的英雄气概。通过入微观察，并让学生组织语言加以描绘，郑成功雄健和英武的形象就能转化成学生视觉中的审美感知。这个案例说明，教师借助课件对教学内容进行优化处理，能把学生带入一个能看得见、摸得着的人物的思想和行为，能闻到气味，能听到音响、能辨出色彩的世界。这样既能激活学生感官的兴奋，又能强化他们对美的

---

① 鲁洁．九年义务教育六年制小学教科书(实验本)品德与社会六年级上册[M]．南京：江苏教育出版社，北京：中国地图出版社，2004.

感受力度。又如《我们的合作》[①]这课，教师可把童话情节制作成投影件，并配上相应的声响。当教师讲到关键处时：即一滴水唤来了千千万万个小伙伴，用力扛，拼命托，此时投影中搁浅的木船由静而动浮起来了，录音机里也响起了水滴们情不自禁的欢呼声："团结合作的力量真大呀！"像这样画面与声音微妙结合，作用于审美心理，学生不仅能真切地感受到"声"美、"形"美、"色"美，而且能领悟到其中的意境美，真可谓是美不胜收！

（2）感悟板书，让学生成为美的发现者。板书是教师的第二语言。板书的目的在于使教学内容简约化、结构化、审美化。板书绝非无情物。只要设计巧妙，就可为教学的立美育人提供载体，成为引发学生美感体验的"酶"。小学德育课程优质板书的特点是简明精要，善于通过鲜活的形象、象征性符号，表达意义之间的逻辑关联，折射出教学目标，从而使学生在感受美的形式与领悟美的内容两方面和谐共进，如图 8-1 所示。

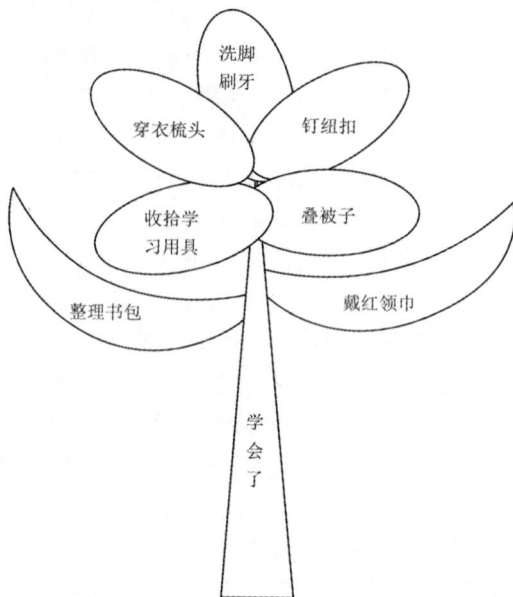

图 8-1　你学会了吗

资料来源：李雪红．小学品德教学拓新［M］．广州：广东教育出版社，2005．

---

① 鲁洁．九年义务教育六年制小学教科书（实验本）品德与社会四年级上册［M］．南京：江苏教育出版社，北京：中国地图出版社，2003．

2. 以情激情，让学生成为美的体验者，以培养他们的美感体验能力

美总是和情联系在一起的。所谓"美感"，即是一种较深层、较丰富、较稳定的情感体验。心理学研究表明，仅仅是对美的事物的感知还是不深刻的，学生对美的形象的认识与感受，只有通过审美体验，把美的琼露提炼出来，引起审美情感共鸣，在心灵深处积累起审美经验，才能促使美感体验能力的提高。美感体验一般是通过感知、联想和想象而产生的。小学德育课程教学，要引发学生的美感体验，一般可通过如下三种渠道进行运作。

（1）借助挂图，引发学生的美感体验。叶圣陶先生说：挂图"不单是文字的说明，且拓展儿童的想象，涵养儿童美感"。例如，《我送教师一朵花》①，教师制作了一幅挂图。图中描绘了江南水乡盛夏的夜晚，王维克和他的学生华罗庚坐在竹椅上正在院子里乘凉。老师摇着蒲扇，仰望星斗对学生说："世界上的知识，就像星光灿烂的宇宙，深奥极了，人生有限，精力有限，不能不抓紧时间啊！"华罗庚屏息凝神倾听老师谆谆教诲的话语，如醉如痴。这幅"教诲图"深邃、幽远，不仅让人遐想，而且能激发学生的审美体验。

（2）由表入里去透视道德人物的美好心灵，可以引发学生的美感体验。例如，教学《坚持民族气节》，在"思乡曲"的轻音乐声中，让学生进入教材之境，感受苏武在大漠荒原中度过十九年，"渴饮雪，饥吞毡"，遭遇种种磨难仍忠贞不屈的崇高形象；想象苏武牧羊时仍怀抱"使节"，翘首遥望南方的心情。学生借助想象去透视苏武的美好心灵，仿佛看到他钢浇铁铸般挺立在茫茫沙漠中，脚下依然是白雪覆盖，怒吼的狂风吹起他褴褛长衫的下摆，吹乱了他被岁月和折磨染白的胡须，苏武翘首遥望南方，注视大雁南归的踪迹，好像在向它们寄予期望："飞吧，飞吧，快快飞到我的祖国，把我苏武怀念故土之心，效忠祖国之情，转告给广大的人民吧！"借助想象，以情激情，苏武的爱国情操、美好心灵会深深感染学生，促使他们的道德感和美感交融在一起。

（3）抓住课文中的意义空白，让学生用亲身感受以及思考和想象的内容，去进行填补和扩充，以引发学生的美感体验。从心理学和美学的角度讲，"空白"易使人产生一种急于填补、充实，并使之匀称、完美的倾向。这种对"完形"结构的追求一旦实现，从中就会获得极为愉悦的美感体验。例如，《最可爱的人》一课在描写山洪暴发时写道："雨越下越大，山洪奔腾呼啸，瀑布发出令人恐怖的轰响。"而遇险学生的心态和行为是"一接触洪水吓得脚乱蹬，手乱

---

① 鲁洁．九年义务教育六年制小学教科书（实验本）品德与社会三年级下册［M］．南京：江苏教育出版社，北京：中国地图出版社，2003．

抓"。带队老师在这万分危急的情况下大声鼓励同学说："有人民子弟兵在，别怕。"这个"别怕"，就是课文中的意义空白，其潜在的含义深长，真可谓此处无声胜有声。教师教学时，抓住这个"意义空白"设问："带队老师说的'别怕'，除了安慰同学外，还有什么别的意思？"有的说："这是老师的肺腑之言，她既是安慰学生，也是对解放军的相信。"有的说：这是想到有人民子弟兵这座靠山。因为他们在任何情况下，都能保住人民的生命安全。"有的还说："别怕，有赞颂的意思，表达的是对人民子弟兵的无限信赖之情。"学生通过联系现实生活中的事例，结合个人的亲身感受，并借助思考和想象的内容，对课文中的意义空白进行了填补和完善，对人民解放军一切为人民的风范进行了讴歌和赞颂，从而使学生获得了既丰富又愉悦的美感体验。

3. 评价美丑，让学生成为美的鉴赏者，以培养他们的审美评价能力

评价美是在感知美、品尝美的过程中，按照审美标准和伦理标准，引导学生对优美的或丑恶的，崇高的或卑劣的形象做肯定或否定的评价，它是在情绪体验的基础上，由形象思维进入逻辑思维，借助理性指导而进行的情感判断。因此，评价美丑在审美教育中属于较高层次。例如，教学《不给邻居添麻烦》[①]，教师先创设一个情景：时令是夏天午睡时间，有一位小朋友正在楼前，与住在五楼的一位小朋友(已推开窗户)大声说话。然后依托情景设问："这两位小朋友隔空喊话好不好？你怎样评价他们的行为？"类似这样的评价，既能发展学生批判性道德思维能力，又能促使他们明确如何矫正错误的行为。苏霍姆林斯基说："要让少年不仅对美好的行为，而且对那些不允许的行为作出情感上的评价。这一点是很重要的，实际上就是确定个人在社会上的道德方向。"总之，通过审美评价，学生对美的感受和体验能升华到更高的境界。

4. 操作实践，让学生成为美的追求者，以培养他们的审美创造能力。美，不仅是儿童道德行为强有力的发动者和鼓舞者，而且能激发和强化他们的创造冲动。高尔基说：人"无论在什么地方，总希望把美带到他们生活中去"。马卡连柯也认为："既然每个人先天固有的对美的追求是一种最好的动力，那么利用它就可以使人变得文明。"在小学德育课程教学中怎样让学生创造美呢？

(1)善于选择。有位科学家说：创造就是选择，选择不可避免地要由美感所支配。在小学德育课程教学中，要让学生创造美，应引导他们择善而从，择

---

① 鲁洁．九年义务教育六年制小学教科书(实验本)品德与生活一年级上册[M]．南京：江苏教育出版社，北京：中国地图出版社，2004.

美而为。例如，教学《坐立走有精神》①一课，按照审美感受和小学生行为规范要求，让学生分别对"抬头挺胸，动作协调，步伐有力"的走路姿势与"低头凹胸，上下肢动作不协调，脚步移动缓慢"的走路姿势进行比较、选择。前一种走路带劲、有精神、挺帅，显得很美；而后一种是懒洋洋的，脚步零乱，显得很丑。在审美心理的驱动下，择美而为，美就融入到学生的日常生活中。

（2）借助由课内移植到课外的实践活动，引导学生去创造美。其一让学生通过自身的行为举止以及待人的态度，如关心他人，助人为乐，尊老爱幼，等等，表达出自己的行为美；其二是播美于物。如给"墙壁爷爷"的"白外套"除去污点，给正在呻吟的花姐姐浇水，给折弯脊骨的树娃娃做支架，等等，像这样驱动学生去实践，他们就能在自己的生活和行为中创造出美。

第三节　大力提升小学德育课程教学的幸福性品质

小学德育课程是引人求真、导人向善的课程。课改前学生对于思品课的学习，不自主、不自由，总感到精神受到禁锢、压抑，严重的似乎有一种心理窒息的感觉。而教师日复一日地生硬灌输，从学生那里自然收获不到笑容，对课堂生活必然感到乏味、枯燥，有难以言说的困顿感和挫折感。显然，师生这种生理上、心理上的感受与人的幸福诉求，完全背道而驰。为了从根本上解决这个问题，小学德育课程必须注重提升教学的幸福性品质。

一、小学德育课程教学幸福性品质的内涵

（一）"幸福"的定义

幸福是最迷人、最美好的字眼。对于什么是幸福有多种多样的解释。《辞海》的注解是：幸福是"心境舒适的境遇与生活"。我国学者赵汀阳认为："关于幸福的问题实际上是关于生活方式的问题，即需要研究的，什么样的生活方式是有意义的。显然，有意义的生活必将引起幸福感。"哈佛大学的泰勒·本·沙哈尔在《幸福的方法》一书中则将幸福概括为"快乐与意义的结合"。而颇具代表性的解释是：幸福是一种主观体验与客观境遇的结合，它至少包括生理维度、心理维度、伦理维度三层含义。第一，幸福是一种愉悦的心理体验；第二，幸

---

① 鲁洁. 九年义务教育六年制小学教科书(实验本)品德与生活一年级上册[M]. 南京：江苏教育出版社，北京：中国地图出版社，2004.

福是一种快乐的生存状态；第三，幸福是一种自我价值的满足与实现。

（二）小学德育课程教学的幸福性品质解析

小学德育课程教学的幸福性包含学生的幸福和教师的幸福。

1. 学生的幸福

乌申斯基说："教育的主要目的在于使学生获得幸福，不能为任何不相干的利益而牺牲这种幸福，这一点当然是毋庸置疑的。"[①]2011 年 9 月 1 日，全国中小学生同上第一课，主题是"幸福"。课上，成龙、杨利伟、邓亚萍等知名人士共同宣读了《中国少年儿童幸福成长宣言》。这份宣言将成长、乐观、自信、超越、感恩、宽容、沟通、关爱、赞美、努力、奉献等词汇纳入学生的"幸福要件"。这些要件，究其实质不外乎就是学生的德性。亚里士多德认为，幸福乃是在完善生活中德性的实现。在他看来，学生对德性的追求就是对幸福的追求。小学德育课程教学中学生的幸福表现为，课堂中所建构的意义不断充实，德性不断发展。用鲁洁教授的话说："学生在课堂中学得愉快、满足，从而得到自我的充分发展与自由，得到唯独人才有的一种最高享受。"[②]

2. 教师的幸福

按照现代教学理念，幸福并非为学生所独享，教师也应是幸福的诉求者、享有者和受惠者。什么是教师的幸福？学生的成长是教师的最大幸福。学生成长了，教师则进入"自我实现"的境界，自然会有欣慰感、愉快感、幸福感。有位教师在总结人生经历时用了八个字"好生辛苦、好生幸福"。这辛苦是在培养学生中的艰辛付出，这幸福也就是在付出后的收获。

从整体上看，学生的幸福和教师的幸福实则互为依托、相互支撑、凝结一体。小学德育课程教学的幸福性品质表现为：教师用心灵拥抱学生的心灵，用情感激发学生的情感；师生在心灵相约、情感共振、思维互动、行为搀扶中，共同分享成长的喜悦，携手走向真、善、美的境界。小学德育所追求的幸福课堂，要像帕克·帕尔默在《教学勇气》一书中描述的：成为师生"内部的深层愉悦与外部的深层渴望相遇相融的圣地"。如此，师生的幸福感就会油然而生。

二、教学幸福的快乐性与教师引领

小学德育课程教学要建构和提升幸福性品质，必须从彰显教学幸福的快乐性、教学幸福的价值性和教学幸福的超越性三个层次上下工夫。其中，教学的

---

① 郑文樾. 乌申斯基教育文献[C]. 北京：人民教育出版社，1991.
② 鲁洁. 试论德育之个体享用性功能[J]. 教育研究，1994(6).

快乐性是建构教学幸福性品质的基本前提。

（一）学生感受和享受快乐的重要性

快乐是一种状态，快乐是一种品质。快乐是外表掩饰不住的喜悦与内心不可抗拒的美好感受。小学德育课程教学应该彰显快乐的属性，让中华经典文化中的"孔颜之乐"得以传承。

快乐是孩子们的权利，也是他们的学习方式。人的情感是会影响人对事物看法的，孩子们感受到快乐，便会乐观地看待这个世界，以积极的态度面对生活和学习。当孩子们沉浸在快乐中时，他们才会领略到快乐的真谛，才会以友好的态度，对待别人，在别人也感受到快乐的时候，自己的快乐就会增值。快乐的心情使人的灵魂得以宁静，使人的精力得以恢复，使美丽更加芬芳四溢。苏霍姆林斯基特别强调："教育方面真正的人道主义，就在于珍惜孩子有权享受的快乐和幸福。"①

（二）注重引领学生在建构德行中感受和享受快乐

孕育快乐的体验是学生在小学德育课程学习中感受和享受快乐的唯一途径。而快乐的体验又源于学生道德的自我建构。夸美纽斯说过："快乐的本身就是一种甜蜜的喜悦，这种喜悦是一个沉浸于德行的人由于做好了公道所要求的一切事情，喜见自己诚笃心的时候所发生的。"②

（三）注重引领学生在学习中感受和享受快乐

1. 注重优化教学方式

教师要善于借助有趣的游戏、生动的语言、丰富的表情，让学生在愉快的心境中吸收道德营养，不断增强道德的力量。围绕学生的学习旅程，教师要想方设法让同学们的情绪高涨起来，引导他们争相提出问题、回答问题。为了让学生感受成功的喜悦和自我价值实现的满足，教师不应吝惜肯定与赞美的话语，不要吝惜鼓励的目光。③

2. 注重做快乐的教育者

教师是快乐者，才能引发、激励学生的快乐情感。教师要让快乐从自己的心灵流向孩子的心灵，让学生在快乐的学习中，把自己塑造成充满爱心、豁达、乐观的道德主体。

---

① ［乌克兰］苏霍姆林斯基. 苏霍姆林斯基全集第二卷［M］. 蔡汀，等译. 北京：教育科学出版社，2001.

② ［捷克］夸美纽斯. 大教学论［M］. 傅任敢，译. 北京：教育科学出版社，2002.

③ ［美］马尔腾. 成功之路［M］. 林语堂，译. 西安：陕西师范大学出版社，2003.

3. 注重引领学生主动地去创造快乐

教师"不应该只是让学生被动地感受快乐，等待快乐的自我加盟；还应该让学生在生活中主动地创造快乐，学会让自己成为一个快乐的人，学会让生活流动着快乐的音符，让心灵变成道德的宇宙"①。

三、教学幸福的价值性与教师引领

从伦理维度看，幸福是一种自我价值的满足和实现。教育学者莫妮卡·泰勒说："教与学的过程是一种价值过程。"②

(一)小学德育课程教学的价值追求

德育的要义是培养和陶冶人的丰富的精神世界，以追求和享受生活的快乐和幸福。品德与生活"以培养具有良好品德与行为习惯、乐于探究、热爱生活的儿童"为目标③，品德与社会是"以学生良好品德形成为核心，促进学生社会性发展的综合课程"④。小学德育课程的基本特性主要是教育学生学会做人。"人作为价值性存在，其生存和发展之根就在于价值探索、价值实现和价值创造。"⑤

叶澜教授说："任何时候，学生的发展都应该是教学及教育的终极目标及价值归属。课堂教学的价值属性集中反映在学生的发展上。"⑥按照新版《课程标准》的精神，小学德育课程的价值追求主要有四个方面。

1. 培养学生良好品德与行为习惯

小学生是形成道德情感、道德认知和道德判断能力，养成行为习惯的重要阶段。小学德育课程以社会主义核心价值体系为指导，教育学生学习做人，培养他们具有良好的品德和行为习惯，形成健全的人格以及为学生建构正确的价值观和人生观奠定基础，是小学德育课程所要追求的核心价值。

2. 促进学生的社会性发展

儿童的社会性发展是指儿童在与社会的相互作用中，为积极适应和参与社会生活所形成和表现的心理特征。小学德育课程的教学价值基于社会性层面，主要是培养学生"五学会"(即学会关心、学会爱、学会负责任、学会分享、学

---

① 李雪红. 小学品德教学拓新[M]. 广州：广东教育出版社，2005.

② [英]莫妮卡·泰勒. 价值观教育与教育中的价值观[J]. 教育研究，2003(5).

③ 中华人民共和国教育部. 品德与生活课程标准(2011年版)[S]. 北京：北京师范大学出版社，2011.

④ 同上.

⑤ 邱琳. 人的存在与价值教育[J]. 教育研究，2012(5).

⑥ 叶澜. 什么样的课是一堂好课[J]. 福建论坛，2005(11).

会合作)的精神和能力，培养学生的公民素养和参与意识，为把他们培养成为未来的好公民奠定基础。

3. 乐于探究

人类进入 21 世纪后，知识更新的速度增快。如果仅从占有知识的数量方面去追求，无论多么努力，所能获取的知识也是有限的。要想在信息时代的潮头上"冲浪"，关键是要学会学习，具有主动获取知识的真本领和创新精神。创新应从乐于探究开始。小学德育课程应把"乐于探究"作为课程价值属性的构成要素。注重探究旨在培养学生的科学素养，让他们从小就有创造的愿望和乐趣，勤于动手、动脑，学习探究方法，养成探究习惯，增添生活的色彩和情趣，并在探究的过程中提升自己的智慧，享受创造带来的愉悦。

4. 热爱生活

生活是人的生命的存在形式。《汉语词典》中对"生活"的解释是"生存、活着"。生活作为人的生命世界，不同于观念世界。观念世界由图像、符号组合，而生活世界由人的活动展开；人在活动中舒展自己的生命，体验自己的生存状态，享受生命的幸福和生活的乐趣。"热爱生活"实质上是要培养和提升学生的生命意识，让他们从小懂得珍爱生命，积极、愉快地生活，有应付挑战的勇气，养成乐观向上的生活态度，为孩子的一生"打一层精神的底色"。

上述良好品德和行为习惯、促进学生社会性发展、乐于探究、热爱生活四个层面的价值属性，深刻反映了小学德育课程对多维教育目标的要求，体现了课程对促进儿童人格和社会性整体发展的高度关注。

(二)教师要有实施价值引领的自觉和担当

价值性是小学德育课程教学耀眼的明珠。德育课堂如果仅仅着眼于感性快乐，而淡化了价值性，就等于保存了躯壳而去掉了灵魂，这不能不说是最大的悲哀。价值追求出自人的本性。人的特性表现于个体"对人格尊严、生命意义的寻求"[①]。小学德育课程教学引领学生的价值追求，提升学生的价值素养，教师应该肩负这种使命，具有自觉性，敢于担当。怎样对学生进行价值引领呢？

1. 引领学生增强理性，改善人性

彰显小学德育课程教学的价值性，在于丰富学生的人性，增强理性，充盈人生的意义，促成学生享受幸福的生活。著名哲学家康德认为："通过教育，人性可以不断地改进"，"人必须尽早地使自己受理性的指挥。"幸福就存在于增

---

① 邱琳. 人的存在与价值教育[J]. 教育研究，2012(5).

强理性，改善人性并接受理性指挥的过程之中，这是小学德育课程教学所追求的主旨所在。

2. 引领学生的价值追求和价值实现

教师要善于通过与学生的对话、交流、沟通、商谈，引领儿童树立合理的价值观念和价值理想，培养他们的价值认知和价值创造等方面的能力。促使学生"价值行为的调控和基于正确价值原则的生活方式的养成"，从而"将社会普遍认同的一套价值内化于心，生成自身的人格系统"①。

四、教学幸福的超越性与教师引领

无论是享受快乐，还是追寻价值，都关涉到人的生活境遇、生活品质。小学德育课程教学的幸福性品质，最根本的则是师生去追求和感悟生活的意义，或者说师生去创造一种更有意义的课堂生活，不断地提升生活品位，增强其幸福感。

"创造生活"②是新版《课程标准》提出的新要求。小学德育课程教学回归生活，绝非回归生活的原生态，而是包含着对生活的超越和创造。创造性是人的一种基本特性。对于小学生而言，"创造生活"主要包含两层意思：其一，是指进入新的生活领域，拓展对生活的感悟。生活中的人和事总是在向儿童展示新的意义；当学生获得新的生活经验、唤起新的感受、取得新的认识的同时，也总是不断赋予生活以新的意义。小学德育课程"要不断引导儿童去拓展他们的意义场域，使许多原来对他们不具有意义的生活现象得以进入他们的意义世界中"③。如此，学生对生活意义的体验就会不断地得以深化和提升；其二，创造性意味着去建构一种更好的生活。所谓更好的生活，即是能促使学生更好发展的生活。用著名学者赵汀阳的话说，这种更好、更有意义、更有价值的生活，就是对"可能生活"的建构。"人的每一种生活能力都意味着一种可能生活。尽可能去实现各种可能生活就是人的目的论意义上的道德原则，是幸福生活的一个最基本条件。"④

特级教师孙民在小学德育课堂潜心耕耘，形成了"务实""幽默""智慧"的教学风格。"始于快乐，终于幸福"是孙老师着力要营造和彰显的教学境界。他的

① 邱琳. 人的存在与价值教育[J]. 教育研究，2012(5).

② 中华人民共和国教育部. 品德与生活课程标准(2011年版)[S]. 北京：北京师范大学出版社，2011.

③ 鲁洁. 道德教育的根本作为：引导生活的建构[J]. 教育研究，2010(6).

④ 赵汀阳. 论可能生活[M]. 北京：生活·读书·新知三联书店，1994.

课既给学生的课堂生活带来幸福，同时自身也是幸福的受惠者和享有者。孙老师说："看到自己的学生在生活的课堂里不断成长，看到他们不断地迸发智慧的火花，我就有一种发自内心的欣慰感和幸福感。"[①]

大凡优秀教师，都把课堂生活视为拓展自身"志业"的"精神家园"。所谓"志业"，是指教师把职业与生命融为一体的追求，通过引领学生的卓越发展，而使教师自身的生命意义得以丰富和升华。哲学家伯特兰·罗素说得好："真正令人满意的幸福总是要有更高的目的，生命感或发挥全部潜能，实现自我存在的意义。"这段话或许是对教师"志业"精神境界的褒奖，是对教师课堂生活幸福感的最好诠释。

综上所述，小学德育课程教学幸福性品质所内含的快乐性、价值性和超越性，是师生课堂生活中最亮丽的彩虹。小学德育课程教学要深化发展，提升教学境界，一定要追寻生命意义，让师生享受到源自心灵深处的幸福。

第四节　小学德育教师的发展愿景

小学德育教师肩负着提升教学的诗意性品质、立美育人性品质和幸福性品质的崇高使命，要强化自我修炼，加快自身发展。按照《国家中长期教育改革和发展规划纲要(2010—2020 年)》提出的有关要求，我们一定要做"充满活力""业务精湛"和具有"高素质"的德育课程教师。

一、做充满活力的小学德育教师

"活力"意味着"生气""生长"。对于小学德育教师来说，"充满活力"涉及六个维度。

（一）身体上的"活力"

小学德育教师只有坚持锻炼身体，才能在日复一日的工作中保持精力充沛。

（二）心理上的"活力"

小学德育教师心理上不要有压抑感，要消除负性情绪的侵扰，保持乐观心态，要勇于进取，自信自强。

（三）专业上的"活力"

"为有源头活水来。"小学德育教师要酷爱读书，通过不断地"充电"、"吸

---

① 孙民. 生活的课堂成就成长[J]. 小学德育，2009(5).

氧"，以实现教学理念和专业知识的更新。

（四）思维上的"活力"

俗称脑子活，善于针对具体的教学情境，灵活地分析问题，智慧地处理问题。小学德育教师彰显思维上的"活力"，最有效、最关键的一招是"每日反思"。这样不仅可以磨砺思维的敏锐性，提升思维的活力，而且借助反思，可以优化自身的教育教学行为。思维与思想相互联系、相互支撑。思想激励思维，而思维活则可以赢得思想上的闪光。

（五）课堂上的"活力"

小学德育课堂绝不可沉闷、呆板。德育教师走上讲台，应生机勃勃，要像特级教师于漪所说的"用生命歌唱"①。课堂上的活力源于课堂教学模式的创新。小学德育课程改革要在不断深化的进程中，真正建构起学生主动思考、敏于表达、相互质疑、互助共学、勇于创新、乐于实践的"活力式"课堂教学模式。

（六）创新上的"活力"

小学德育教师的生命意义在于创造，要敢于尝试、勇于开拓，善于挑战教材、挑战自我，不断在职业生活中演绎创新的故事。迈克·富兰认为：创造依赖活力，活力带来创新。"探索是活力与自我更新的发动机。"②

身体上的"活力"、心理上的"活力"、专业上的"活力"、思维上的"活力"、课堂上的"活力"、创新上的"活力"是互动的。小学德育教师注重将这"六个活力"凝集，可以增强专业发展的动能，提升专业发展的效能，不断推出专业发展的成果，积小成便可为大成。

二、做业务精湛的小学德育教师

小学德育教师要做到业务精湛，需要有先进的教学思想、优化的知识结构、灵动的教学智慧。

（一）先进的教学思想

教学思想蕴含着教师的理想、信念、情感，包括对什么是教学、教学的目的以及如何开展教学等方面的见解和认识。小学德育教师一定要有理论思维，有哲学思想的底蕴，善于用普遍联系的、发展的、对立统一的观点看问题和处理问题。美国教育哲学家乔治·F·泰勒说："那些不会用哲学思考问题的教

---

① 于漪，王赑轩. 选择了教育，就是选择了高尚[J]. 中国德育，2011(1).

② [加]迈克·富兰. 变革的力量透视：教育改革[M]. 中央教育科学研究所，译. 北京：教育科学出版社，2007.

育工作者必然是肤浅的。一个肤浅的教育工作者不可能是好的教育工作者。"德育教师只有具有先进的教学思想，才能使自己的课堂教学彰显其高度。

(二)优化的知识结构

优化的知识结构决定着教学功底的深度和宽度。考量小学德育教师的知识结构是否优化，主要看三点：其一，本学科的专业知识；其二，条件性知识，主要包括教育学、心理学、教学法方面的知识以及一般的文化知识；其三，实践性知识，即在鲜活的、动态的情境中，正确处理和解决教学事件和教学问题的知识。小学德育教师这三方面的知识必须求深。只有深，教学时才能融会贯通；只有深，教学时才能游刃有余；只有深，教学时才能深入浅出、收放自如、左右逢源。

(三)灵动的教学智慧

小学德育教师不仅要掌握精湛、娴熟的教学技能，还应具有精妙的教学智慧。所谓教学智慧，是指教师个体在教学实践中，根据自身对教学现象和教学理论的感悟、深刻洞察，敏锐机智并高效便捷地应对教学情境，从而达到融通共生，自由与美的境界的一种综合能力。

对于小学德育教师而言，教学智慧常常表现为动态性、创新性、高效性和个性化等诸多特征。诸如善于引导学生，"点石成金"的智慧；巧设疑障，开拓"柳暗花明又一村"的智慧；推波助澜，演绎教学高潮的智慧；善于搭建"脚手架"，支持学生自学、攀高的智慧；主动"让学"，甘当绿叶，扶助和滋润学生朵朵红花绽放的智慧；变通预设方案，演绎精彩生成的智慧；乔装钝拙，"激将"学生学得精彩的智慧；信手拈来，灵动采用课程资源的智慧；巧用认知冲突，引导学生精彩观念脱颖而出的智慧；延迟评价，化错误为美丽的智慧；帮助学生转"知"为"智"、转"智"为"能"的智慧……小学德育教师具有灵动的智慧，才能孕育创造力，演绎教学的精彩。

综上所述，树立先进的教学思想，小学德育教师的专业发展才会有高度；建构优化的知识结构，小学德育教师的专业发展才会有宽度、有深度；具有灵动的教学智慧，小学德育教师的专业发展才会迸发创新的活力，不断地实现自我超越。

三、做具有高素质的小学德育教师

教师素质的内涵极为丰富。对于小学德育教师而言，首先要解决的是人格素质、情感素质和语言素质。

(一)人格素质

小学德育教师要时时修炼，处处显德，成为人格修炼的楷模，做到课内课外用自己的人格魅力去感染学生。

(二)情感素质

小学德育教师应把教书育人当作"志业"，要对自己的学科多一份"油然而生"的痴情，多一份"纯粹忘我"的投入，多一份内心的沉静和高贵气质的积淀。教育是充满激情的事业。小学德育教师如果从来没有激情，没有诗意，没有"精神高地"，他就不可能"占据"学生的心灵。他的课也绝不会有感染力，因而也就失去了专业发展力。

(三)语言素质

教师的语言是人类最美的语言。教师语言具有抑扬顿挫的节奏美、诙谐幽默的机智美、声情并茂的情感美、逻辑严密的理性美、启迪心灵的道德美①、关切呼应的和谐美，这些都应是小学德育教师需要修炼和具有的语言素质。

随着我国由教育大国走向教育强国，需要有更多的小学德育名师脱颖而出。做名师并非是不可企及的理想愿景，而是前行路上经过努力、拼争后，完全可以实现的中期或长期目标。

小学德育教师要有梦。做"充满活力"、"业务精湛"、具有"高素质"的小学德育教师，说到底就是要"追梦"。凭借自己的努力和业绩，每位德育教师都可成为享誉一方甚至享誉全国的明星教师、功勋教师。人本主义心理学家马斯洛说：当人们的物质生活得到满足后，应当从需要的阶梯上攀升，即要有强烈的取得成就而带来的受人尊重与自尊的需要。而处在"需要系列"顶层的则是"超越性需要"。小学德育教师应强化精神层面的需要，扬起"自我超越"的风帆，为通向"名师"和"教育家"的目标而努力。

"课堂是平台，课程是曲谱，教学是歌。"小学德育课程改革的深入发展，需要奏响什么样的歌呢？要奏响提升教学的诗意性品质、教学的立美育人性品质、教学的幸福性品质的歌！奏响小学德育教师专业素养强劲发展，演绎精彩故事的歌！

复习与思考

1. 小学德育课程教学的诗意性品质有哪些重要表现？

2. 怎样提升小学德育课程教学的立美育人性品质？请运用教学案例加以说明。

3. 简析小学德育课程教学的快乐性、价值性和超越性品质。

---

① 郭元祥. 教师的 20 项修炼[M]. 上海：华东师范大学出版社，2007.

4. 怎样做"充满活力""业务精湛"和具有"高素质"的小学德育教师？你有何规划和打算？

推荐阅读

1. 国家中长期教育改革和发展规划纲要(2010—2020).

2. 檀传宝. 德育美学观[M]. 太原：山西教育出版社，1996.

3. 刘次林. 幸福教育论[M]. 北京：人民教育出版社，2003.

4. 陈光全，杜时忠. 德育课程改革十年：反思与前瞻[J]. 课程·教材·教法，2012(5).

5. 陈光全. 生活德育理念的三维解读——新版品德与生活、品德与社会《课程标准》的学习体会[J]. 中小学德育，2012(6).

6. 陈光全. 思品课的教学语言美[J]. 小学教学研究，2000(2).

参考文献

1. 鲁洁. 道德教育的当代论域. 北京：人民出版社，2005.

2. 鲁洁，王逢贤. 德育新论. 南京：江苏教育出版社，1994.

3. 鲁洁. 教育社会学. 北京：人民教育出版社，1990.

4. 杜时忠. 小学品德与社会教育. 长春：东北师范大学出版社，2010.

5. 杜时忠，卢旭. 多元背景下的德育课程. 南京：江苏教育出版社，2009.

6. 檀传宝. 德育美学观. 济南：山西教育出版社，1996.

7. 朱小蔓. 情感德育论. 北京：人民教育出版社，2003.

8. 胡守棻. 德育原理. 北京：北京师范大学出版社，1991.

9. 刘惊铎. 道德体验论. 北京：人民教育出版社，2003.

10. 江山野. 简明国际百科全书课程. 北京：教育科学出版社，1991.

11. 郭成. 课堂教学设计. 北京：人民教育出版社，2012.

12. 盛群力. 教学设计. 北京：高等教育出版社，2005.

13. 郭元祥. 综合实践活动课程设计与实施. 北京：首都师范大学出版社，2001.

14. 高峡，康健，丛立新，高洪源. 活动课程的理论与实践. 上海：上海科技出版社，1997.

15. 刘焱. 幼儿园游戏教学论. 北京：中国社会科学出版社，1999.

16. 王向华. 对话教学论纲. 北京：教育科学出版社，2009.

17. 郭思乐. 教育走向生本. 北京：人民教育出版社，2001.

18. 国际教育发展委员会. 学会生存——教育世界的今天和明天. 北京：教育科学出版社，1996.

19. 金延凤，吴希红. 自主与引导：基于自主学习的课堂教学引导策略. 上海：华东师范大学出版社，2004.

20. 李雪红. 小学品德教学拓新. 广州：广东教育出版社，2005.

21. 傅道春. 教师技术行为. 哈尔滨：黑龙江教育出版社，1994.

22. 陈剑华. 中小学生作业形式、作业评价问题的思考. 上海：上海教育出版社，2006.

23. 王毓龙，郭涵端．课堂美育设计理论与实践．北京：中国科学技术出版社，2000.

24. 彭铎．美学的意蕴．北京：中国人民大学出版社，2001.

25. 刘次林．幸福教育论．北京：人民教育出版社，2003.

26. 郭元祥．教师的20项修炼．上海：华东师范大学出版社，2007.

27. 董小英．再登巴比伦塔．北京：生活·读书·新知三联书店，1994.

28. 金生鈜．理解与教育．北京：教育科学出版社，1997.

29. 丁谷怡，孙双金．重建课堂文化．北京：教育科学出版社，2009.

30. 柳夕浪．课堂教学的临床指导（修订本）．北京：人民教育出版社，2003.

31. 赵汀阳．论可能生活．北京：生活·读书·新知三联书店，1994.

32. 何国华．陶行知教育学．广州：广东高等教育出版社，1997.

33. 李秉德．教学论．北京：人民教育出版社，1997.

34. 联合国教科文组织21世纪教育委员会．教育——财富蕴藏其中．北京：教育科学出版社，1997.

35. 陈琦，刘儒德．当代教育心理学．北京：北京师范大学出版社，1997.

36. 邵瑞珍．教育心理学——学与教的原理．上海：上海教育出版社，1983.

37. 王希华．现代学习理论解析．北京：开明出版社，2003.

38. 张春兴．教育心理学．杭州：浙江教育出版社，1998.

39.［乌克兰］苏霍姆林斯基．帕夫雷什中学．北京：教育科学出版社，2000.

40.［德］康德．判断力批判．北京：商务印书馆，1964.

41.［德］马克思．1884年经济学——哲学手稿．北京：人民出版社，1979.

42.［美］加涅．教学设计原理．上海：华东师范大学出版社，2007.

43. 钟启泉，黄志诚．美国教学论流派．西安：陕西人民教育出版社，1993.

44. 赵祥麟，王承绪．杜威教育论著选．上海：华东师范大学出版社，1981.

45.［美］泰勒．课程与教学的基本原理．北京：人民教育出版社，1994.

46.［美］爱利诺·达尔沃斯．精彩观念的诞生——达尔沃斯论文集．北京：高等教育出版社，2005.

47.［巴西］保罗·弗莱雷．被压迫者教育学．上海：华东师范大学出版社，2001.

48.［德］博尔诺夫．教育人类学．上海：上海师范大学出版社，1999.

49.［加］马克思·范梅南．教学机智——教学智慧的意蕴．北京：教育科学出版社，2011.

50.［乌克兰］苏霍姆林斯基．给教师的建议．北京：教育科学出版社，1984.

51. [乌克兰]苏霍姆林斯基. 少年的教育和自我教育. 北京：北京出版社，1984.

52. [德]海德格尔. 人，诗意地栖居. 桂林：广西师范大学出版社，2002.

53. [苏]苏宾斯坦. 心理发展的原则与方法. 北京：人民教育出版社，1985.

54. [意]维科. 新科学. 北京：人民文学出版社，1986.

55. 马克思、恩格斯全集(第二卷). 北京：人民出版社，1990.

56. 郑文樾. 乌申斯基教育文献. 北京：人民教育出版社，1991.

57. 蔡汀等. 苏霍姆林斯基全集(第二卷). 北京：教育科学出版社，2001.

58. [捷克]夸美纽斯. 大教学论. 北京：教育科学出版社，2002.

59. [美]马尔腾. 成功之路. 西安：陕西师范大学出版社，2003.

60. [加]迈克·富兰. 变革的力量：透视教育改革. 北京：教育科学出版社，2007.

61. [格鲁吉亚]阿莫纳什维利著. 孩子们，你们好. 北京：教育科学出版社，2002.

62. 布罗非. 激发学习动机. 上海：华东师范大学出版社，2005.

63. [日]佐藤学. 静悄悄的革命. 长春：长春出版社，2003.

64. [日]佐藤学. 学习的快乐——走向对话. 北京：教育科学出版社，2004.

65. [日]佐藤学. 教师的挑战——宁静的课堂革命. 上海：华东师范大学出版社，2012.

66. 董远骞等. 教学的艺术. 北京：人民教育出版社，1993.

67. 傅道春. 新课程中课堂行为的变化. 北京：首都师范大学出版社，2002.

68. 钟启泉，崔允漷，张华. 为了中华民族的复兴，为了每位学生的发展——基础教育课程改革纲要(试行)解读. 上海：华东师范大学出版社，2001.

69. 陈旭远. 中小学视野中的基础教育课程改革——基础教育课程改革纲要(试行)学习导引. 长春：东北师范大学出版社，2002.

70. 教育部基础教育司组织. 走进新课程——与课程实施者对话. 北京：北京师范大学出版社，2002.